하버드 비즈니스 강의

《哈佛商务课》
作者：哈佛公开课研究会

copyright ⓒ 2016 by China Railway Publishing House Co.,Ltd.
All rights reserved.
KoreanTranslationCopyright ⓒ 2020 by Little Cosmos
Korean edition is published by arrangement with China Railway Publishing House Co.,Ltd.
through EntersKorea Co.,Ltd.

이 책의 한국어판 저작권은 (주)엔터스코리아를 통한
중국의 China Railway Publishing House 와의 계약으로 도서출판 작은우주가 소유 합니다.
신 저작권법에 의하여 한국 내에서 보호를 받는 저작물 이므로 무단전재와 무단복재를 금합니다.

그들은 어떻게 세상을 경영하는가?

# 하버드 비즈니스 강의

## HARVARD

하버드 공개 강의 연구회 지음 | 송은진 엮음

BOOK AGIT

하버드 비즈니스 강의

초판 1쇄 발행 · 2020년 6월 5일
개정 1쇄 발행 · 2025년 10월 30일

지은이 · 하버드 공개 강의 연구회
펴낸이 · 김승헌
외주 디자인 · 유어텍스트

펴낸곳 · 도서출판 작은우주 | 주소 · 서울특별시 마포구 양화로 73, 6층 MS-8호
출판등록일 · 2014년 7월 15일(제2019-000049호)
전화 · 031-318-5286 | 팩스 · 0303-3445-0808 | 이메일 · book-agit@naver.com

ISBN 979-11-994526-2-6  03320

| 북아지트는 작은우주의 성인단행본 브랜드입니다. |

하버드 대학은 8개 명문 사립대학으로 구성된 아이비리그 중에서도 최고 자리에 있는 명문이다. 전 세계 각 대학 연구기관 및 언론이 제공한 거의 모든 순위에서 하버드는 늘 가장 높은 순위에 있다. 일례로 미국의 3대 시사 주간지 중 하나인 〈뉴스위크〉의 대학 순위에서 하버드는 항상 1위를 차지한다. 이처럼 세계적인 명문 대학으로서 하버드가 배출한 엘리트들은 각 영역에 널리 분포해있다. 지금까지 미국 대통령 6명, 노벨상 수상자 34명을 배출했으며, 세계 정상급 문학가, 사상가, 학자들이 하버드를 거쳤다. 사실상 모든 분야의 최고 봉에 하버드 출신이 있다고 볼 수 있다.

지금의 하버드는 단순히 대학이 아니라 하나의 브랜드, 그것도 성공을 상징하는 브랜드가 되었다. 하버드는 미래를 이끌어갈 엘리트들을 사회에 대량 공급하면서 세상을 밝히는 데 일조한다. 빠른 속도로 발전하는 오늘날, 자본의 힘에 기대어 부자가 된 사람 중에도 물론 하버드 출신이 대거 포진했다.

2012년 5월 27일, 미국의 유명한 경제잡지 〈포브스〉는 하버드가 억만장자를 가장 많이 배출한 대학이라고 발표했다. 그들에 따르면 미국 억만장자 469명 중 50명이 하버드에서 공부했다. 이는 억만장자를 두 번째로 많이 배출한 스탠퍼드 대학보다 20명이나 많은 수다. 하버드 출신의 억만장자 중에는 MS 창업자 빌 게이츠, MS 최고경영자 스티브 발머, 뉴욕 시장 마이클 블룸버그, 세계적 미디어 기업 비아콤의 회장 섬너 레드스톤 등이 있다.

하버드는 어떻게 비즈니스 엘리트의 산실이 되었을까? 하버드는 학생들에게 어떠한 비즈니스 정신과 이념을 전수할까? 이 책은 바로 이런 질문들에 대답을 제공하고자 하버드 출신 혹은 하버드 경영학의 영향을 받은 세계 비즈니스 엘리트들의 성공 지혜를 다루었다. 열 가지 키워드로 하버드가 전수하는 비즈니스 이념을 분석했으며, 세계 최고 비즈니스 엘리트들이 어떻게 사업을 펼치고 기업을 경영하는지 설명했다.

하버드 출신의 비즈니스 엘리트들은 사고에서 행동으로 전환하는 과정을 통해 전략을 추진력으로 삼으며, 커다란 계획을 책임지고 이행해 기업의 효익 최대화를 실현한다. 또 뛰어난 협상술로 상대방이 'NO'라고 말할 수 없게 해서 적대가 아닌 합작의 길을 연다. 이외에도 마케팅, 투자, 재무, 인맥, 인력자원, 정보 그리고 위기관리 분야까지 모두 특유의 생각과 방식이 있다.

하버드 교수들은 학생들에게 늘 이렇게 경고한다. "만약 사회에 진출한 후에 언제 어디서라도 일이 원하는 대로 풀리고 바라는 평가를 얻고 싶다면, 하버드에 있는 동안 한가로이 햇볕을 쬘 시간이 없어야 한다. 모든 위대한 꿈은 탄생과 키움의 과정 중에 꾸준한 태도가 필요하기 때문이다."

아무리 성공을 열망해도 모든 사람이 하버드 경영대학원에 들어가서 배울 수는 없다. 이 책은 그 실제 수업을 생동감 넘치는 글로 옮기고, 전 세계 수많은 비즈니스 엘리트의 성장 과정 및 성공 사례를 들어 분석했다. 독자들은 이 책을 통해 하버드 경영대학원에서 전수하는 이념과 사상을 배우고 흡수해 지금보다 몇 단계 높은 자리에 오를 수 있다.

자신만의 확고한 꿈을 잃지 않고 계획한 길을 꾸준히 걸어 나간다면 비즈니스의 최고봉에 올라 세상을 깜짝 놀라게 할 위대한 성공을 이룰 것이다!

차례

· 첫 번째 수업 ·

## STRATEGY 전략
### 생각을 행동으로, 전략을 추진력으로!

01 경영가의 자질, 결단력 016 | 02 실현 가능한 청사진 022 | 03 오래도록 기업을 이끌어줄 경영 전략 026 | 04 시장의 향방을 꿰뚫는 예측력 030 | 05 멀리 보고 행동하는 통찰력 033 | 06 실행 전략의 구체성 037 | 07 성공을 포착하는 거시적 안목 042 | 08 기회를 보는 예리함 046

· 두 번째 수업 ·

## EFFICIENCY 효율
### 최고 효율×최대 효익의 공식

09 제대로 목표를 세우는 법 054 | 10 어느 한 쪽으로 치우치게 하라 059 | 11 일의 경중완급 064 | 12 시간관리의 시작은 그 귀중함을 아는 것 069 | 13 중요한 일 vs 급한 일 075 | 14 시간 낭비를 막는 업무 계획표 079 | 15 계획해야 일이 제대로 된다 083 | 16 어정쩡한 대답은 안 하느니만 못하다 088

· 세 번째 수업 ·

## NEGOTIATION 협상
### 세계 최고의 협상가처럼

17 가장 빠르게 돈을 버는 법, 협상 096 | 18 부드러운 분위기 만들기 101 | 19 원칙으로 협상하라 106 | 20 일과 사람을 분리하라 112 | 21 이익만이 협상 테이블 위에 오른다 116 | 22 절반의 함정에서 벗어나라 121 | 23 숫자로 사고하는 습관 126 | 24 안이 많으면 선택하게 된다 130 | 25 객관적 표준으로 협상한다 134 | 26 상대방이 진짜 원하는 걸 알고 있는가? 138 | 27 양보는 좋은 전략이 아니다 143 | 28 테이블에 갈등을 남겨두지 마라 147

· 네 번째 수업 ·

## MARKETING 마케팅
## 기업경영의 모든 것

29 어떤 위치에 서 있어야 할까? **154** | 30 가격전쟁에 관하여 **159** | 31 마케터는 타고나는가, 길러지는가? **165** | 32 통찰력 없이 마케팅할 수 없다 **170** | 33 매력적인 마케터의 조건 **175** | 34 열광적인 지지자 만들기 **179** | 35 아주 약간만 바꾸면 된다 **183** | 36 고객에게 더 밀착하라 **189**

· 다섯 번째 수업 ·

## INVESTING 투자
## 돈으로 돈을 버는 법

37 어리석은 자만 일해서 돈을 번다 **196** | 38 돈이 당신을 위해 일하게 하라 **201** | 39 투자의 적, 맹종 **205** | 40 원금은 무조건 지켜라 **209** | 41 부동산 투자는 길고 또 길게 **215** | 42 잃지 않는 자산배치 전략 **219** | 43 세 가지 투자 스타일 **223** | 44 투자할 때 만나는 달콤한 함정 **228**

· 여섯 번째 수업 ·

## FINANCIAL MANAGEMENT 재무
## 돈 관리의 기본을 세우다

45 어쨌든 돈은 꾸준히 많이 버는 게 좋다 236 | 46 최소 비용으로 최대 효과를 240 | 47 모든 비용은 가치를 창조한다 243 | 48 돈의 시간 가치를 계산하라 247 | 49 돈이 멈추는 순간, 위기가 찾아온다 251 | 50 이익이 있는 곳에 위험이 있다 254

· 일곱 번째 수업 ·

## PERSONAL CONNECTIONS 인맥
## 맨손으로 꼭대기에 오르는 방법

51 인맥 경영의 시대 260 | 52 인맥의 시작은 학교다 266 | 53 비주류 청년에서 미국 대통령으로 269 | 54 인맥이 곧 그 사람의 가치다 273 | 55 가난해도 부자의 줄에 서라 277

· 여덟 번째 수업 ·

## HUMAN RESOURCES 인력자원
## 최고의 인재와 함께하라!

56 원팀(one team)의 힘 284 | 57 모두가 장점을 발휘하게 하라 289 | 58 칭찬하면 움직인다 292 | 59 상사를 관리하는 법 296 | 60 가장 우수한 사람이 아닌 가장 적합한 사람 300 | 61 YES맨에게 NO를 가르쳐라 304 | 62 차별 없는 MS의 인재 양성법 308 | 63 필요할 때는 이별도 해야 한다 312 | 64 명확한 평가 기준 마련하기 317


· 아홉 번째 수업 ·

## INFORMATION 정보
## 시장의 소리를 듣다

65 정보가 이익과 손실을 만들어낸다 322 | 66 정보가 과할 때 해야 할 일 327 | 67 데이터와 정보를 구분하라 332 | 68 Think의 힘 336 | 69 공짜로 호텔을 지은 힐튼의 지혜 340 | 70 정보는 태생이 비대칭적이다 344 | 71 당신의 사과를 그의 귤과 바꿔라 348

· 열 번째 수업 ·

# CRYSIS 위기
## 악착같이 살아남는 기업이 되어라

72 위기를 싹부터 잘라 없앤다 **354** | 73 위기 속에서 기회가 자란다 **360** | 74 살아남으려면 바꾸어야 한다 **364** | 75 위기관리의 핵심은 속도다 **369** | 76 위기에는 포기도 전략이다 **373** | 77 혼자서는 해결할 수 없다 **376** | 78 위기를 통해 새로워진다 **382**

· 부록 ·

## 하버드 경영학 강의 사례

**386**

월마트 | 델 컴퓨터 | 듀폰 | 고베 제강 | 코카콜라 | 벤츠 | 포드

HARVARD BUSINESS LECTURE

· 첫 번째 수업 ·
# STRATEGY
전략

## 생각을 행동으로, 전략을 추진력으로!

•

비즈니스는 전쟁이다. 기업을 이끄는 리더로서 이 전쟁에서 승리를 거두려면 반드시 최고의 전략을 세우는 법을 알아야 한다. 전략을 의미하는 'strategy'는 '장군'이라는 뜻의 그리스어 strategos에서 유래했다. 원래는 군대를 지휘, 통솔하는 기술이나 과학을 가리키는 말이었지만, 현재는 하나의 조직 혹은 기업이 어떻게 목표를 발전시키고 자신을 포지셔닝하는가에 관한 말이 되었다. 일반적으로 전략이란 기업이 장기적인 목표를 세우고 엄청난 노력을 통해 그것을 실현하는 과정이자 생각에서 행동으로의 전환이다. 추진력으로 삼을 만한 훌륭한 전략이 있는 기업은 성공에 더 가깝다. 오직 탁월한 전략을 내놓는 리더와 기업만이 전쟁터에서도 '영원한 봄'을 누릴 수 있다!

HARVARD
BUSINESS
LECTURE

# 01

## 경영가의 자질, 결단력

우리는 인생과 비즈니스를 모두 전략적으로 경영해야 한다.
그것은 도박이 아니니 하늘에서 행운을 내려주기만 기다려서는 안 된다.
• 전 하버드 총장, 드류 길핀 파우스트 •

---

　비즈니스는 도박이고, 결과도 운에 따른다고 생각하는 사람들이 있다. 알다시피 하버드는 수많은 비즈니스 엘리트business elite[1]들을 배출하는 산실로, 이름만 대면 누구나 알 수 있는 저명한 사업가, 경영자들이 하버드를 거쳤다. 비즈니스가 도박이고 운에 따라 결정되는 일이라면 하버드 출신들이 유난히 두각을 드러내는 이유가 무엇인

---

1　사업, 경영활동 등 실업계에서 우수하거나 유능한 사람을 일컫는 말이다.

가? 비즈니스는 도박이 아니며, 운에 맡길 일은 더더욱 아니다. 그 안에는 뭔가 보편적이고 조작 가능한 성공의 지혜가 분명히 있다.

"성장은 도박꾼의 게임이다." 세계적인 제약업체이자 소비재 제조업체인 존슨앤드존슨 Johnson&Johnson의 전 CEO 랄프 라슨 Ralph Larsen이 한 말이다. 아마 어떤 사람들은 비즈니스 엘리트들이 거둔 성공이 대부분 도박에 가까운 모험심과 하늘이 내린 천재일우 千載一遇 덕이라고 생각할 것이다. 단언컨대 그렇지 않다. 그들의 성공은 '간덩이가 부었다고' 말할 정도의 결단을 내렸기에 가능한 일이었다. 이런 결단들은 다소 비이성적으로 보이나 미래를 보는 탁월한 예측력, 끊임없이 도전하는 진취성, 그리고 강한 기회 장악력이 결합해 만들어낸 상당히 구체적인 결과다. 모토로라 Motorola의 창업자 중 한 명인 폴 갤빈 Paul Galvin은 끊임없이 자신에게 도전해 성공을 이룬 대표적 인물로 손꼽힌다.

폴 갤빈은 매우 단호하고 신속한 업무 처리로 유명한 사람이었다. 그는 항상 매우 도전적인 목표를 세웠다. 누가 봐도 실현 불가능한 목표였지만, 갤빈은 끊임없이 엔지니어들을 자극해서 완수하도록 했다.

1940년대 말, 텔레비전 사업을 시작한 갤빈은 현실성이 전혀 없어 보이는 목표를 세웠다. 첫해부터 한 대당 179.95달러의 가격으로 10만 대를 팔아 수익을 남기겠다는 야심찬 목표였다. 당연히 직원들의 불만이 쏟아졌다. "우리는 이만한 물량을 만들어낼 공장이 없습니다. 10만 대라니 말도 안 됩니다. 적어도 업계 3, 4위는 되어야 가능한 일이에요. 라디오도 최고 성적이 업계 7, 8위 이상은 못 하지 않았습니까?" 생산 담당 엔지니어까지 나섰다. "제조원가를 200달러 밑으로 할 수 있을지도 확실하지 않습니다!"

사방에서 터져 나오는 원망과 불만에도 갤빈은 요지부동이었다. 그는 목표를 바꾸거나 직원들을 설득하려 들지 않고, 그저 단호한 목소리로 말했다. "나는 우리가 충분히 할 수 있다고 생각합니다. 이 가격으로 이만큼 판매한 수익을 보고하기 전에는 내게 비용과 관련해서 어떠한 보고도 하지 마세요. 우리는 반드시 이 목표를 달성해야 합니다!"

1년 후, 모토로라는 업계 4위의 텔레비전 제조업체로 부상하는 쾌거를 올렸다. 더 중요한 성과는 목표를 세우고 수행하는 과정에서 직원들에게 '도전을 통해 발전하려는' 생각이 생겨난 것이었다. 이후 직원들은 스스로 도전적인 목표를 세워 자신을 압박하면서 개인과 회사를 모두 발전시켰다.

폴 갤빈은 자신의 뒤를 이은 아들 로버트 갤빈 Robert Galvin에게도 '도전과 발전을 계속하는 것'이 얼마나 중요한지 끊임없이 강조했다. 그는 어떤 방향이든 최대의 역량을 동원해 전진해야만 앉아서 패배하는 일이 없다고 굳게 믿는 사람이었다.

폴 갤빈이 1959년에 세상을 떠나고 수십 년이 흘렀지만, 회사의 정책 결정 기조는 여전히 '도전과 발전'이다. 지금도 직원들은 '도전적인 목표를 세워 눈에 보이는 기회와 이익을 전부 장악한다는' 기업이념을 정확히 이해하고 있다. 이들은 선진형 전자산업 주도 기업, 말콤 볼드리지 국가 품질상 MBNQA 수상, 혁신 기술 실현 등 비교적 높은 목표를 세워 스스로 자신을 자극해왔다. 로버트 갤빈은 '자기혁신'이라는 말로 '꾸준히 변화함으로써 발전하는' 경영이념을 확립했다. 모토로라는 대담한 목표와 결단으로 이 이념을 실현했다.

갤빈 부자의 이야기에서 알 수 있듯이 비즈니스는 도박이 아니라, 담력과 식견을 바탕으로 한 전략적인 수행이다. 정확한 정책 결정은 운이 아니라, 시기와 기회를 놓치지 않고 결단을 내릴 때만이 가능한 일이다.

미국을 대표하는 투자금융 회사인 모건 스탠리 Morgan Stanley 의 창립자 J. P. 모건 John Pierpont Morgan 역시 기회를 놓치지 않고 빠르게 결단을 내린 사람으로 잘 알려져 있다.

J. P. 모건은 1859년에 대학을 졸업하고 던컨 상사에 입사했다. 어느 날 그는 해산물 거래 업무로 쿠바에 출장을 떠났다. 일을 모두 마치고 막 떠나려는데, 한 남자가 뒤에서 그를 불러 세웠다. "여봐요, 커피 살 생각 없어요? 절반 가격에 줄게요!" 모건이 믿기 어렵다는 표정을 짓자 남자는 난처한 표정으로 사정을 이야기했다. 그는 브라질에서 커피를 가득 실은 배를 몰고 온 선장이었다. 원래 미국 상인이 사기로 한 커피인데, 브라질에서 쿠바까지 오는 사이에 파산한 바람에 거래가 무산되었다는 것이다. 선장은 배에 가득한 커피를 팔지 못해 마음이 여간 조급한 것이 아니었다. "보아하니 무역하는 사람 같은데, 내 커피를 사면 나쁘지 않을 거요. 지금 내가 워낙 급해서 절반 가격에 주는 거지, 아주 좋은 커피라고!"

모건은 선장의 말이 믿을 만하다고 생각했다. 사실 브라질 커피는 향이 좋기로 유명해서 찾는 사람이 많았기 때문에 이 가격이라면 분명히 좋은 기회였다. 그는 주저하지 않고, 던컨 상사의 이름으로 커피를 전량 구매했다. 꽤 좋은 거래였기에 사장이 좋아할 것이 분명했다. 하지만 사장의 반응은 예상과 전혀 달랐다. 던컨의 보고를 받은 사장은 누구 마음대로 커피를 사냐면서 당장 거래를 취소하라고 노발대발했다.

사장의 반응은 모건에게 청천벽력과 같았다. 이미 대금을 치르고 물건까지 넘겨받았으니 인제 와서 거래를 취소하기는 불가능했다. 거듭 생각한 끝에 모건은 직접 커피 사업을 해보기로 했다. 그는 사업가인 아버지에게 돈을 빌려 사장에게 주고, 커피 소유권을 넘겨받았다. 얼마 후, 브라질에 유례없는 한파가 몰아쳐서 커피 생산량이 크게 줄어들었다. 그 바람에 커피 가격이 폭등했고, 싼 가격에 커피를 사둔 모건은 이익을 배로 챙겼다. 나중에 이 사실을 안 사장은 크게 후회했다.

모건의 아버지는 이 일로 아들이 사업에 소질이 있음을 알아차렸다. 그는 아들에게 목돈을 주면서 본격적으로 사업을 해보라고 제안했다. 아버지의 든든한 지원을 받은 모건은 미국에서 금융업이 발전하리라 예측하고 바로 금융기업 J. P. 모건앤드컴퍼니 J. P. Morgan&Co를 설립했다. 이후 그는 다양한 사업기회를 발굴해서 끊임없이 대기업에 도전하며 발전해 업계에서 두각을 드러냈다. 이렇게 해서 J.P.모건은 미국 금융 역사의 풍운아가 되었다.

J.P.모건은 일을 운에 맡겨 처리하지 않았다. 그는 일시적인 충동이나 운이 아니라 좋은 기회를 알아보고 과감하게 결정을 내린 덕에

성공했다. 커피 사업으로 돈을 번 것도 좋지만, 무엇보다 큰 수확은 아버지에게 자신의 사업 재능을 증명한 일이었다. 좋은 기회는 놓치면 다시 오지 않는 법이다. 뛰어난 사업가가 되려면 좀 더 과감해져야 한다. 기회가 왔을 때, 절대 놓치지 말고 꽉 붙잡아야 한다.

비즈니스는 도박이 아니며 운에 맡겨서 될 일도 아니다. '운이 좋았다'라는 말은 성공한 사람들이 겸손하게 하는 말일 뿐, 세상의 어떤 성공도 운이 좋아 된 일은 없다. 특히 치열한 비즈니스의 세계에서 행운의 여신을 기다리는 것처럼 어리석은 짓은 없다. 그곳에는 오직 기회를 알아보는 눈과 과감한 결단력이 있을 뿐이다. 기회가 오면 대담하게 나아가 부딪히자. 자리에 앉아 행운을 기다리는 것보다 훨씬 현명한 행동이다.

## 02

# 실현가능한 청사진

성공은 아이디어에서 시작한다. 그러나 아이디어만 있고, 행동하지 않으면
절대 성공할 수 없다. 깊이 생각한 결과를 행동으로 옮기는 사람만이
자신이 원하는 것을 얻을 수 있다.
• 마이크로소프트MS 창립자, 빌 게이츠 •

    거의 모든 하버드 학생은 자신만의 미래 청사진이 있다. 그들이 가슴에 품은 미래 구상은 원대하나 허황되지 않다. 사람은 목표가 있어야 전진의 동력을 얻어 원하는 삶을 향해 달려갈 수 있다. 목표는 망망대해를 항해하는 배가 의지하는 나침반이며, 어둠을 밝혀 길을 안내하는 등대가 된다. 목표를 세우려면 먼저 모든 혼란과 혼돈에서 멀어져 '깊이 사고하는 법'을 배워야 한다.

    사고의 대상은 바로 '시기와 추세'다. 시기는 좋은 시기, 나쁜 시

기, 보통 시기로 나뉜다. 좋은 시기라면 하는 일마다 저절로 잘 되겠지만, 나쁜 시기에는 뭘 해도 되는 일이 없다. 보통 시기에는 딱 수고한 만큼만 가져갈 수 있을 뿐, 추가적인 이익을 얻을 가능성이 없다. 추세 역시 강세, 약세 그리고 균세均勢의 세 가지로 나뉜다. 강세일 때는 바위를 산 위에서 산 아래로 굴리는 것처럼 힘을 들이지 않아도 거침없이 나아갈 수 있다. 반대로 약세에는 바위를 산 아래에서 산 위로 굴려 올리는 것처럼 상당히 큰 힘과 노력이 필요하지만, 성공 여부는 확실하지 않다. 마지막으로 균세일 때는 마치 평지에서 바위를 굴리듯 오직 자신의 노력과 실력에만 의존해야 한다. 이때에는 기댈 데가 없지만, 방해하는 것도 없다.

 크게 성공하려면 남들보다 뛰어난 이지理智, 탁 트인 시야, 진중하고 침착한 천성이 필요하다. 또 시대의 흐름에 맞춰 통찰력과 분별력을 키우고, 지식과 능력을 확대해 꾸준히 발전을 추구해야 한다. 이런 이유로 조직이나 기업을 지휘하고 통솔하는 사람은 반드시 모든 방면에서 자신을 향상시키고 '충전'해야 한다. 경영자는 시시각각 시기와 추세를 살펴 정확한 판단을 내려야 하지만, 안타깝게도 자리가 높아지고 권력이 커질수록 프로세스에 눈이 가려지곤 한다. 진정으로 현명한 경영자라면 결정적인 순간에 자신이 하는 일의 목표를 정확하게 알고 있어야 한다.

 미국 제약회사 MSD Merck&Co[2]의 창립자 조지 머크 George W. Merck는 '사

---

[2] 머크앤드컴퍼니. 같은 가문에서 출발한 비슷한 이름의 독일 제약기업과 혼동을 피하려고 MSD로 부른다. 한국 법인의 이름도 한국 MSD다.

고'할 줄 아는 사람이었다. 그는 끊임없이 성공을 향한 청사진을 그렸다. 조지 머크는 1920년대 말에 이미 MSD의 화려한 청사진을 구상했다. 이때 그는 회사를 세계 최고로 만들어 의학 분야에서 인류에 공헌하는 동시에 큰돈을 벌겠다고 결심했다.

무엇보다 남달랐던 점은 MSD의 핵심이념과 조지 머크의 이상이 꾸준히 서로 일치했다는 사실이다. 그는 회사가 발전하는 내내 꾸준히 기업이념에 걸맞은 원대한 목표를 내놓았다. 그 내용은 다음과 같다.

- 1930년대 초: 대학 및 연구기관과 동등한 수준의 연구소를 설립한다.
- 1950년대 초: 완전한 제약회사로 통합 조정하고, 의약업계 경쟁에 본격적으로 뛰어든다.
- 1970년대 초: 해외로 진출해 80년대에 세계 최정상급 제약회사가 된다.
- 1980년대 초: 모든 질병에 대해 선진 연구기술을 보유한 첫 번째 제약업체가 된다.
- 1990년대 초: 제약업의 범주를 재정립한다.

MSD는 꾸준히 미래 청사진을 그리는 동시에 구체적인 계획과 행동도 잊지 않았다. 그들은 엄격한 기준을 세워 품질 관리와 향상에 심혈을 기울였으며, 경영진들은 이러한 요소들이 모두 회사를 세계 최고의 자리에 올려놓는다는 기업경영이념을 잊지 않았다. 그 결과, MSD는 〈포브스〉가 선정한 '가장 존경받는 10대 미국 기업'에 무려 열

여섯 차례나 선정되었다.

    비즈니스라는 전쟁터에서 실력을 겨루는 일은 마치 끝이 보이지 않는 광활한 사막을 탐험하는 것과 비슷하다. 이 사막에서 살아남으려면 사막 전체의 큰 그림과 상황을 이해하고, 계획을 세워 목표물과 그 대략적인 방향이 어디인지 알며, 작은 부분에서부터 전체 환경을 파악하고 분석할 수 있어야 한다.

원대한 목표가 없는 기업은 정상적인 발전 궤도로 나아가지 못한다. 실제 상황과 환경을 고려해서 가장 적합한 청사진을 그린 기업만이 더 밝게 빛나는 곳으로 끊임없이 발전할 수 있다.

HARVARD
BUSINESS
LECTURE

## 03

# 오래도록 기업을 이끌어줄 경영 전략

경영에 관한 뚜렷한 틀이 있다면, 발전의 키는 이미 당신 손에 있다!
· 심리학자 · 전 하버드 교수, 줄리언 타플린 ·

　기업이 나날이 복잡다단해지는 환경 속에서 살아남고 발전하려면 자신의 행위에 대한 전반적인 전략이 있어야 한다. 물론 1960년대 이전 기업들도 이와 유사한 행위를 했다. 하지만 그것은 전략이라기보다 일종의 업무 계획, 기업 정책 혹은 기업 경영자의 활동 계획에 더 가까웠다. 경영 전략이 과학의 옷을 입고 대기업들이 주목하기 시작한 것은 1960년대에 들어선 후의 일이다.

전략경영 Strategic Management 의 아버지라 불리는 러시아의 이고르 앤소프 Igor Ansoff 는 경영 전략이 기업 내부보다 외부, 특히 해당 기업이 생산하는 상품의 구성 및 판매 시장과 더 큰 관련이 있다고 보았다. 그에 따르면 이러한 요소들은 기업의 발전 방향 및 경영 스타일까지 결정한다. 현대 경영학을 창시했다고 평가받는 피터 드러커 Peter Drucker 는 기업이 전략을 통해 두 가지 문제에서 해답을 얻을 수 있다고 했다. 하나는 '기업이란 무엇인가?', 다른 하나는 '기업은 무엇이어야 하는가?'다. 정리하자면 기업의 발전 방향과 그 여정은 모두 경영 전략과 매우 밀접한 관련이 있다.

기업을 둘러싼 환경은 빠르게 발전하고, 급격하게 변화한다. 도전의 수준은 날로 높아지고, 경쟁도 치열해진다. 그 속에서 두각을 드러내려면 빠르게 미래 동향을 예측해 발전의 기회를 찾고, 그에 적합한 구체적인 전략을 세워 나아갈 길을 찾아야 한다. MSD는 1965년에 미국 기업 역사상 최초로 '무결점 프로세스'를 채택해 장기 경영 전략을 내놓았다. 그들은 이 경영 전략을 바탕으로 미래 발전 방향을 확정하고 더 크게 성공할 수 있었다.

글로벌 자동차 그룹 포드 Ford Motor Company 의 CEO 도널드 피터슨 Donald E. Petersen 도 1980년대에 탁월한 경영 전략으로 회사를 크게 발전시켰다.

'가치관, 사명, 지침의 일체화'라는 포드의 경영 전략은 상품과 직원을 이윤 창출의 전면에 나서게 했다. CEO는 품질 개선, 직원 적극성 제고 및 고객만족도 향상에 더욱 집중했고, 이는 곧 전략적 포지셔닝 positioning으로 이어졌다.

　당시 그들은 '자동차 산업'으로의 회귀를 추구하며, 직원들이 잠재력과 창조성을 발휘할 수 있는 독립적인 팀을 만들어 '가장 참신하고 가지고 싶은 자동차'를 만들도록 했다. 이렇게 해서 탄생한 결과물이 바로 토러스 Taurus 시리즈다. 경영진은 고객 중심의 디자인을 구현한 토러스 시리즈에 크게 주목했다. 무려 32억 5,000만 달러를 투입했으니 그들이 이 프로젝트를 얼마나 중요하게 생각했는지 알 수 있다. 이 액수는 포드 역사상 최고 투자액이며, 이전 최고 투자액의 약 4배에 해당한다.

　또 포드는 더 정확하고 즉각적으로 고객의 의견을 듣고자 '품질-인정-성과'로 이루어진 매우 엄격한 사후관리 플랜을 세웠다. 덕분에 포드는 판매상의 서비스 품질에 대한 고객의 평가를 더 편리하게 수집했다. 이를 바탕으로 여러 고객에게 꾸준히 호평받은 판매상에게는 'CEO 대상' 수여로 보상했다. 이처럼 포드는 다양한 방식을 동원해 '가치, 사명, 지침의 일체화'라는 경영 전략을 기업 내부의 모토이자 업무 및 생활 준칙으로 자리 잡게 했다. 포드는 명확한 경영 전략을 바탕으로 꾸준히 발전했고, 이후 해외 시장 진출의 동력까지 마련할 수 있었다.

　하버드 경영대학원 Harvard Business School, HBS의 MBA 과정에서 경영 전략 관리에 관한 내용은 꽤 큰 비중을 차지한다. 경영 전략은 기업을 향해 '얻을 수 있는 것'을 알리는 동시에, '도달하고픈 목표를 위해 끊임없이 노력하고 행동하라고' 자극한다. 기업 전체가 미래 청사진, 즉 경영 전략을 염두에 두고 성공, 아니 더 높은 곳을 향해 한 발 한 발 나아가야 한다.

비즈니스 엘리트들은 명확한 경영 전략을 통해 발전의 키를 손에 넣는다. 전략은 성공으로 가는 지름길이며, 발전을 추구하는 모든 경영자가 반드시 갖추어야 하는 정신이다. 이 정신을 기업 곳곳에 불어넣어 직원들이 스스로 업무 전략을 세워 주어진 일을 하는 수준에 도달한다면 기업의 효익이 크게 확대되고 발전할 수 있다.

HARVARD
BUSINESS
LECTURE

## 04

# 시장의 향방을 꿰뚫는 예측력

시장의 발걸음이 향하는 곳을 예측할 수 있다면, 성공의 문을 여는 열쇠가 보일 것이다. 하지만 그 열쇠를 손에 넣는 데만도 엄청난 노력이 필요하다.
• 경제학자·전 하버드 교수, 루크 와튜 •

---

미국 작가 마크 트웨인Mark Twain은 "나는 기회가 떠나려고 하자 비로소 그것이 기회인 것을 알았다."라고 말했다. 아마 현대의 사업가들 대부분 역시 그와 비슷한 감정을 느낀 적 있을 것이다. 천 년에 한 번 올까 말까한 기회를 눈앞에 두고도 주저하면서 결정을 내리지 못하다가 기회가 점점 멀어지자 그제야 소중함을 깨닫지만, 때는 이미 늦었다. 이런 일이 발생하는 까닭은 시장을 정확하고 객관적으로 예측하지 못하고, 시장의 향방과 발전 추세를 제대로 보지 못하기 때문

이다. 시시각각 변화하는 시장에서 '예측력'을 발휘하지 못하는 기업은 '도태'라는 끔찍한 위험에 빠질 수밖에 없다. 이런 기업들은 결국 타고 남은 재처럼 바람에 흩날려 사라지는 재앙을 피하기 어렵다.

성공한 기업들은 모두 기회를 잘 잡아 이용할 줄 안다. 비즈니스 엘리트들은 늘 시장의 각종 변화에 촉각을 곤두세우고 있으므로 남들이 무시하고 지나치는 거대한 기회를 발견하는 데 탁월하다.

랩톱레인 Laptop Lane 의 CEO는 잘 차려입은 비즈니스맨들이 공항에서 노트북 충전 콘센트를 찾아다니는 모습을 우연히 보고서 사업 아이템을 떠올렸다. 그는 앞으로는 노트북을 들고 이동하는 비즈니스 여행자가 더 많아질 테고, 외부에서도 동료나 고객들과 연락하고 소통할 수 있기를 바랄 것이 분명하다고 생각했다.

이 CEO는 이동 중인 비즈니스맨들에게 '통신 지원'이라는 수요가 존재하며, 시장에 아직 이를 만족하는 상품이 없다는 사실을 알아차렸다. 이에 그는 공항에 24시간 택배 서비스, 복사, 회의실 대여, 팩스 발송 및 인쇄 등 전방위적 서비스를 제공하는 워크스테이션을 만들기로 했다. 각 워크스테이션은 면적 3.3~4.5㎡, 벽 높이 2.1m가량의 사무실 4~12개로 구성되며, 사용료는 첫 5분 동안 2달러, 이후 1분마다 0.38달러씩 추가되었다. 이 사용료에는 팩스발송, 시내 시외 전화료가 포함된다.

CEO의 탁월한 예측력 덕분에 랩톱레인은 커다란 날개를 달고 엄청난 이윤을 거두었다. 이처럼 비즈니스 엘리트들은 예리한 시장 예측력을 바탕으로 시장의 향방을 가늠하고 문제의 핵심을 찾아 남보다 빠르게 움직인다.

　사회가 발전하면서 시간, 노동, 자본 등 요소의 가치가 날로 상승하고 있다. 이런 상황에서 높은 예측력으로 시장의 미래를 정확하게 바라볼 수 있다면 제한적인 자원의 소비를 크게 줄이고 더 큰 이윤을 얻어 성공에 더 가까이 다가갈 수 있다. 자원을 경쟁업체와 똑같이 사용해서는 경쟁우위를 확보할 수 없다. 경영자는 기업의 각 부분이 성공을 거둘 수 있는 핵심을 정확히 간파하고 승리 요건을 예측한 후, 그에 따라 가지고 있는 자원을 배치해야 한다. 이렇게 해야만 치열한 경쟁 속에서 자신의 기업을 남들보다 더 높은 자리에 가져다 놓을 수 있다.

　정리하자면 전쟁터에 비견할 만한 경쟁 속에서 우위를 점하려면 경영자가 예측력을 갖추고 끊임없이 갈고 닦아 그 수준을 높이는 수밖에 없다. 시장의 미래 향방을 정확하게 가늠하려면 무엇보다 고객의 '입맛'을 잡아야 한다. 업계를 이끄는 기업들은 그 입맛을 식별하는 능력으로 시장 수요를 예측해 고객을 끊임없이 만족한다.

경영자라면 시장의 미래 향방을 가늠하는 '예측력'을 갖춰야 한다. 뛰어난 예측력으로 고객의 다양한 수요를 이해하고, 문제를 해결하는 관건 요소를 파악해서 효과적인 노력을 더 하는 기업만이 경쟁업체를 따돌리고 최종 성공을 거둘 수 있다.

## 05

# 멀리 보고 행동하는 통찰력

산꼭대기는 보기만 하는 사람이 아니라 오르는 사람에게 진정한 의미가 있다.
비즈니스도 마찬가지다. 멀리 보기만 하고 행동하지 않으면 흩어진 모래알과 다름없다.
• 루크 와튜 •

    큰 성공을 거두려면 탁월한 식견과 통찰력이 필요하다. 사업가로서 당신은 전체 판도를 꿰뚫어 보고 있는가? 성공을 거둘 수 있는 핵심 요소를 파악하고 있는가? 시장의 잠재적 위협을 간파하고 있는가? 멀리 보는 눈으로 전체를 조망하고 시장의 발전과 변화를 알아보는 사업가만이 누구보다 앞서 나가 우위를 확보한다. 이런 사람만이 최종 성공을 거둘 수 있다.

1977년, 해운회사 젭슨Jebsen Group은 노르웨이 최고의 기업으로 평가받았다. 당시 소유주이자 경영자인 아틀레 젭슨Atle Jebsen은 뛰어난 통찰력과 선견지명으로 업계의 미래를 내다보고 전체 판도를 예측해 회사를 크게 발전시켰다.

중동전쟁이 발발하고 동서양을 잇는 해상운송의 관문인 수에즈 운하가 봉쇄되었다. 그 바람에 대부분 서방국가와 일본이 구매한 석유는 희망봉을 돌아서 와야 했기에 운송 시간이 크게 길어졌다. 이런 이유로 유조선의 수요가 대폭으로 증가했으며, 석유 운송은 당시 세계 해운업계의 핫이슈로 부상했다.

베르겐에서 태어난 아틀레 젭슨은 아버지가 돌아가신 후, 서른한 살이라는 젊은 나이에 해운회사를 물려받았다. 당시만 해도 젭슨 해운회사는 보유 선박이 일곱 척에 불과한 작은 회사로 대형 해운기업과 경쟁하기 어려웠지만, 그의 아버지 크리스티안 젭슨Kristian Jebsen은 업계 분위기를 따라 가진 돈을 전부 끌어다가 유조선 세 척을 샀다. 유조선은 일반 화물선보다 건조 비용이 훨씬 많이 들기 때문에 회사는 곧 자금 압박에 시달렸다. 더 큰 문제는 애초에 유조선 세 척만으로는 경쟁력이 전혀 없다는 점이었다. 아틀레 젭슨은 회사를 물려받은 후, 여러 가지 상황을 고려한 끝에 석유 운송 경쟁에서 발을 빼기로 했다. 일 년 후, 그는 가진 유조선 세 척을 전부 매각했다.

주변 사람들은 아틀레 젭슨의 결정을 이해하지 못하고 심지어 비웃기까지 했다. 하지만 그는 아랑곳하지 않고 유조선을 매각한 돈으로 벌크선박 몇 척을 구매해 철강 제품을 비롯한 각종 원재료를 운송하기 시작했다. 벌크운송에 집중한 그는 대기업들과 철강 및 원재료 장기 운송계약을 맺었다.

다시 몇 년이 흐른 후, 또 중동전쟁이 일어났다. 중동의 산유국들은 미국 등 서방국가들의 이스라엘 지지를 비난하며 원유가격을 올렸고, 유가가 천정부지로 뛰어오르자 전 세계 석유 소비대국의 석유 수요량이 급감했다. 이와 동시에 북해와 알래스카에서 석유 채굴이 성공하면서 석유 운송 노선에도 큰 변화가 발생했다. 이 두 가지 변화는 세계 석유 운송 업계에 엄청난 영향을 미쳤다. 대부분 유조선은 텅 빈 상태로 항구에 묶여 있었고, 해운기업들은 자금 압박을 견디지 못하고 급하게 유조선을 매각했다. 다른 해운기업들이 미래를 걱정할 때, 오직 젭슨만이 평소와 다름없이 안정적으로 사업을 계속했다. 그들은 체결해둔 장기계약에 따라 꾸준히 벌크운송을 했고, 수익은 상승세를 유지했다. 거의 모든 해운기업이 폭풍에 휘말려 적지 않은 타격을 받는 시기에 젭슨만 안전하게 자기 길을 걸었다. 이는 모두 아틀레 젭슨의 뛰어난 통찰력과 선견지명 덕분이었다.

이후 젭슨은 크게 성공해서 총 120만 톤, 해운 선박 90척을 보유한 대형 해상운송 라인을 형성함으로써 노르웨이 최고의 해운기업으로 발돋움했다.

경영자라면 반드시 멀리 보는 눈과 과감한 행동력이 있어야 한다. 남들보다 더 높은 곳에서 전체 판도를 조망하고 형세를 간파해야 제대로 된 전략을 세울 수 있다. 그래야 가장 중요한 시기에 전체적인 관점에서 출발해 회사를 성공에 더 가깝게 이끌 수 있으며 망망대해처럼 끝없이 이어지는 전쟁터에서도 살아남을 수 있다.

비즈니스는 군사를 이끌고 벌이는 전투와 같아서 전략이 무엇보다 중요하다. 전체적인 측면에서 문제를 분석하는 능력과 전략은 현대 시장경쟁에서 자본, 규모, 명성 등보다 훨씬 중요하다. 멀리 보는 눈과 핵심을 꿰뚫어 보는 통찰력, 선견지명의 유무는 비즈니스의 성패와 직접적인 연관이 있으며, 성공하고 싶다면 이를 행동으로 옮겨 누구보다 먼저 시장의 발전 및 변화 추세를 정확히 간파해야 한다. 그래야 자신의 기업에 더 많은 기회와 더 커다란 발전 공간을 제공할 수 있다.

## 06

## 실행 전략의 구체성

아무리 완벽한 전략도 현실과 동떨어져서는 안 된다.
현실에 맞는 전략이야말로 생명력이 있다.
• 시인·전 하버드 교수, 로버트 프로스트 •

    좋은 전략을 세우는 것과 그것을 집행해서 최종적으로 실현하는 것은 전혀 다른 이야기다. 어떤 경영자들은 공수표를 날리면서 직원들, 심지어 회사 전체가 허황한 꿈을 꾸게 만든다. 하지만 만약 전략이나 계획이 제대로 실행되지 못해 한껏 부풀었던 희망이 텅 빈 채로 사라지면, 직원들의 의욕과 열정은 큰 상처를 입고 경영자는 위신과 믿음을 잃어 역효과만 생긴다. 경영자는 반드시 현실에 기반해서 전략의 실행 가능성을 중시해야 한다. 예상이나 기대와 다른 정반대의 결과를 마주했을 때, 기업은 응집력을 잃고 표류할 것이다.

화웨이華爲는 세계 500대 기업으로 2015년 전 세계 판매액이 3,950억 위안元(한화 약 66조 3,521억 원)을 기록했다. 창업주 런정페이任正非는 '거짓의, 부풀린, 텅 빈' 전략 목표를 세우지 않는 사람으로 유명하다. 창업 초기뿐 아니라 2000년 전후에 화웨이의 판매액이 이미 220억 위안(한화 약 3조 6,955억 원)을 넘어섰을 때도 마찬가지였다. 당시 한 인터뷰에서 런정페이는 전략 목표에 관한 질문을 받자 이렇게 대답했다. "사실 화웨이는 특별한 전략이 없습니다. 그래도 굳이 대답을 원하신다면 이 치열한 경쟁 국면 속에서 어떻게든 살아남는 거라고 말할 수 있겠네요. 무슨 수를 써서라도 경쟁자들보다 한숨이라도 더 내쉬는 것이 우리 목표입니다."

런정페이는 실무를 무척 중시하는 경영자다. 그는 뜬구름 잡는 식의 목표가 아니라 그저 '치열한 경쟁 국면 속에서 어떻게든 살아남는 것'을 목표로 삼았다. 이는 현실을 기반으로 한, 실행 가능한, 그리고 매우 명확하고 효과적으로 직원들을 자극하는 목표였다.

전략의 실행 가능성을 높이려면 실제 환경과 조건에 근거해서 구체적인 방침과 계획을 세워야 한다. 구체적인 방침이란 조직 행위를 이끄는 총칙으로 목표의 건립, 전략의 선택 및 실시에 대한 개술(槪述)이다. 이는 임무를 더 명확하고 뚜렷하게 보이게 하는 수단 중 하나다.

기업의 총체적이며 장기적인 목표, 발전 방향, 중점 및 채택한 기본 행동방침이 모두 전략에 포함되어야 한다. 모두 개괄적, 원칙적인 규정이며 행동 강령으로서의 의미가 있다. 이러한 전략적 계획들에 실제적인 의의를 부여하려면 반드시 사실을 기준으로 현재 상황에 맞게 해서 실행 가능성을 보장해야 한다. 그래야만 구체적인 행동 계획이 될 수 있다.

어떠한 기업이든 전략을 세울 때는 추구하는 목표와 사명을 명확하게 규명한 후에 처음부터 끝까지 실제 상황과 결합해야 한다. 다음은 하버드 경영대학원이 경영 전략 수립과 관련해 제안한 내용이다.

### 1 | 경영관리 계획을 수립한다.

경영관리 계획은 목표관리의 시작으로 각 업무 지표를 설정 및 달성하는 것은 목표관리의 핵심 수단이라고 할 수 있다. 또 목표관리는 경영관리 계획을 집행하는 방식으로 모든 기업의 경영자는 경영관리 계획의 중요성을 명확하게 인식해야 한다.

### 2 | 실제 상황에 맞는 전략 목표를 세운다.

경영자는 전략 목표를 세울 때, 반드시 회사와 직원들의 실제 상황을 기초로 삼아야 한다. 미리 직원들의 업무 수준, 기업의 자원 및 경영관리 시스템의 지원력 등을 고려해야지, 최고 정책결정권자의 환심을 사려고 현실과 맞지 않는 너무 높은 목표를 세워서는 안 된다. 더불어 전략 목표를 세울 때는 시작만 하고 끝을 맺지 못하거나 이야기만 하다 마는 상황을 반드시 피해야 한다.

### 3 | 최종 목표와 과정 목표가 서로 보완하게 한다.

경영의 최종 목표와 관리 과정상의 목표는 모두 중요하며, 둘 중 하나가 없으면 경영 전반에 불균형 혹은 비연속이라는 위험이 발생한다. 예컨대 최종 목표가 없이 과정상의 목표만 있으면 뿌리 없는 나무처럼 헛수고만 반복하는 셈이 되고, 최종 목표만 세우고 과정상의 목표를 세우지 않으면 제대로 된 수단, 제도 및 프로세스가 없으니 최종 목표를 달성할 수 없다.

### 4 | 예산 및 상벌제도를 확정한다.

경영자는 목표관리 방안을 세우는 동시에 자금 예산 및 직원 상벌제도를 확정해 이후에 목표 실현 여부에 따라 집행해야 한다. 이를 통해 직원들을 격려하고 목표관리의 효과적인 집행을 보장하는 선순환을 형성할 수 있다.

### 5 | 전략은 명확하고 합리적이며 핵심을 드러내야 한다.

경영자는 전체 국면에서의 목표들을 확정한다. 그런 후에 각 부문 혹은 개인이 차례대로 그것을 분석해서 핵심적인 부분만 남기고 부차적인 것은 전부 정리해야 한다. 목표를 세울 때는 반드시 전면적인 고려가 필요하지만, 너무 복잡해서도 안 된다. 그랬다가 자칫 앞뒤가 맞지 않은 모순적인 상황이 발생할 수 있다.

전략관리는 매우 엄격하고 시스템적인 경영관리의 일환이다. 실행 가능성이 없는 좋은 전략이란 있을 수 없다. 실제 상황을 기초로 그 실행 가능성을 보장한다면 발전의 기폭제가 되어 기업의 안정적인 발전을 이끌 것이다.

실사구시(實事求是)는 일종의 인생철학이자 조직 철학이다. 사실에서부터 시작해 성실하게 현실에 기반을 두고 자신의 가치를 높이는 목표를 세워 차근차근 나아가야 한다. 실행 가능성이 큰 전략을 바탕으로 기업이 향후 걸어갈 길을 끊임없이 수정하고 완성한다면 더 빠르게 커다란 성공을 거둘 수 있다.

# 07

## 성공을 포착하는 거시적 안목

눈앞의 이익만 보면 더 커다란 부를 얻을 기회를 놓친다.
· 빌 게이츠 ·

하버드 졸업생 중에서도 시대와 사회에 큰 영향을 미친 사람들은 모두 다른 사람보다 먼 미래를 볼 줄 알았다. 전 세계 유명 기업들의 성장 과정을 살펴보면 그 발전 동력이 단순히 주주의 재산을 불리거나 이윤을 최대화하는 데 있지 않다는 걸 알 수 있다. 그들에게 돈을 버는 일은 목표 중 하나일 뿐, 가장 중요한 목표가 아니다. 비즈니스 엘리트들은 남들보다 더 먼 미래를 바라보며 장기적 이익을 추구하고, 기업의 사명 및 핵심 가치를 키우는 데 주목한다. 미래를 바라보는 기업들은 오직 영리만 뒤쫓는 기업보다 더 많은 돈을 번다.

윌리엄 휴렛 William Hewlett 역시 미래를 보는 사람이었다. 덕분에 HP는 반짝하고 사라지는 기업이 아니라 영원히 푸르러 쇠락하지 않는 기업으로 남았다.

1946년 HP의 판매액이 크게 떨어졌다. 다들 깜짝 놀라 어쩔 줄을 모르는데 정작 회장인 윌리엄 휴렛은 동요하지 않았다. 그는 기업의 미래 발전을 염두에 두었기에 힘들어도 높은 연봉을 받는 고급 기술직들을 회사에 남겨두었다. 이는 결과적으로 HP의 장기 이익에 매우 유리한 결정이었다. 휴렛은 HP를 경영하는 내내, 당장 이익에 눈이 멀어 회사의 장기적이고 건강한 발전을 포기해서는 안 된다고 강조했다. 그에게 HP의 장기적인 신용과 명예는 눈앞의 이익보다 훨씬 중요했으며 어떻게 해서든 반드시 보호해야 할 대상이었다. 현재가 아니라 미래를 보는 경영 철학은 HP가 이룬 연이은 성공의 기반이 되었다. 휴렛의 경영 철학에 영향을 받은 직원들은 혁신적인 제품을 꾸준히 내놓았고, 덕분에 HP는 수년간 업계를 주도했다.

실제 경영을 하다 보면 눈앞에 놓인 이익의 유혹에 넘어가거나 경영 압박을 이기지 못해 단기적 행위를 선택하고 미래에 유리한 장기적 행위를 포기하는 일이 흔하다. 이것이 바로 보통 기업과 훌륭한 기업을 가르는 분수령이 된다. 물론 당장 급한데 미래만 바라보고 있는 것이 오히려 허무맹랑하고 뜬구름 잡기에 불과하다고 생각하는 사람도 있을 것이다. 하지만 실제로는 조금 멀리 바라보는 것만으로도 직원들의 업무 상황을 개선하고 효율을 높여 더 많은 부를 창조할 수 있다. 경영진이 제시하는 미래 청사진은 무의미한 이성적 인식에 그치지 않고, 직원들의 마음속 깊이 파고들어 원동력으로 작용할 것이다.

아버지의 뒤를 이어 MSD를 이끌던 조지 머크 2세 George Merck, Jr는 "이 업계에서 일하는 사람들은 의학의 발전을 촉진하고 그에 봉사한다는 꿈이 있습니다."라고 말했다. 이후 3대에 걸친 가족 경영을 마치고 새롭게 CEO에 취임한 로이 바겔로스 Roy Vagelos도 비슷한 견해를 밝힌 바 있다. "가장 중요하게 기억해야 할 점은 우리의 임무가 질병과 싸워 이기고 인간을 위한 것이라는 사실입니다."

비즈니스 엘리트는 연구개발과 신사업을 추진할 때, 현재가 아니라 먼 미래를 내다본다. 일본 전자제품 기업 소니 SONY가 좋은 사례다.

1952년, 소니는 트랜지스터 기술을 이용한 '미니'라디오를 개발하기로 했다. 당시의 라디오는 모두 진공관으로 만든 것으로 트랜지스터 기술을 라디오라는 소비재에 사용한 기업은 세계 어디에도 없었다. 이 혁신적인 계획이 외국에까지 퍼져나갔을 때, 미국의 엔지니어들은 딱하다는 듯이 고개를 절레절레 저었다. 트랜지스터 라디오라고? 뭐 잘못 안 거 아닌가? 트랜지스터는 미국에서도 상업적 용도보다는 국방과학기술에만 사용하는데……, 만든다고 해도 비용이 엄청날 텐데 누가 그렇게 비싼 라디오를 사겠어? 거의 모든 사람이 소니의 새로운 계획을 좋게 보지 않고 심지어 비웃기까지 했지만, 그들은 혁신의 발걸음을 멈추지 않았다. 묵묵히 연구개발에 매진한 소니는 얼마 후, 아주 성공적으로 트랜지스터 미니 라디오를 생산하는 데 성공했다. 이 최신형 라디오는 전 세계로 퍼져나가 '미니 라디오' 시대를 열었다.

여러 문제가 있었지만, 소니는 업계의 미래 모습을 예상하고 장기 이익에 더 집중한 덕에 성공적으로 해외 시장에 진출했다. 큰 사업을 벌이려면 눈앞의 손톱만 한 작은 이익에 치중하지 말고 눈을 좀 더 멀리 두어서 미래의 이익을 추구해야 한다. 성공한 사람의 시선은 언제나 현재의 이윤뿐 아니라, 앞으로 자신과 기업이 더 발전할 수 있는 공간에 맞춰져 있다.

한 조직의 사명에는 조직의 목적과 철학이 담겨 있어야 한다. 조직의 목적이란 경영을 통해 달성하고자 하는 목표이며, 조직의 철학이란 경영 방식에서 보여줄 신념, 가치관 및 행위 준칙이다. 끝까지 생존해서 성공하고 싶은 조직은 미래를 바라보며 장기 이익을 추구하는 신념을 조직의 모든 방침과 행위의 전제로 삼아야 한다.

## 08

# 기회를 보는 예리함

아무리 훌륭한 조언을 듣고 상황이 좋아도 미리 구체적으로 준비하지 않으면
기회를 놓칠 가능성이 크다.
· 철학자·심리학자·전 하버드 교수, 윌리엄 제임스 ·

    기회는 아차 하는 순간 사라진다. 잠시만 부주의하거나 주저해도 기회는 가차 없이 당신의 어깨를 스쳐 지나갈 것이다. 비즈니스에서 기회는 곧 '돈을 벌 기회'이니, 이거다 싶으면 과감하게 손을 뻗어야지 머뭇거려서는 안 된다. 그래서 더 큰 성공을 바라는 경영자들은 아직 수면 위로 드러나지 않은 기회를 붙잡는 데 온 신경이 쏠려 있다. 실제로 경영자의 이런 자세는 각종 비즈니스를 추진할 때 무엇보다 중요하다. 사업을 하다 보면 아직 확실히 드러나지 않았어도 기

회다 싶은 느낌을 받는 순간이 있다. 이때 이런저런 걱정과 고민으로 위축되어 지나치게 조심하다가는 큰일을 이루기 어렵다. 손을 뻗어야 할 때는 뻗어야지, 묵묵히 기다린다고 무조건 현명한 처사라 할 수는 없다. 물론 손만 뻗는다고 일이 술술 풀리는 것은 아니다. 미리 착실하게 준비하고 계획한 사람만이 기회가 왔을 때, 그 기회를 원하는 대로 완벽하게 이용해서 더 커다란 부를 창출할 수 있다.

비즈니스 엘리트들은 조용히 형성되고 있거나 잠재된 수요를 발견하기만 해도 이미 절반 이상의 성공을 거둔 것과 같다고 생각한다. 과거에 전자제품 업체들은 요리, 세탁, 청소 같은 집안일에 소모되는 시간을 줄이고 싶은 여성들의 심리를 알아차리고 기회로 삼았다. 이렇게 해서 나온 것이 세탁기, 건조기, 식기세척기, 전자레인지 같은 생활가전이다. 모두 잠재한 기회를 알아차리고 붙잡은 비즈니스 엘리트들의 지혜가 만든 결과다.

미국의 유명한 정치가이자 기업인인 버나드 바루크 Bernard Baruch 는 20대에 이미 유명한 백만장자가 되었다. 그가 이룬 성공은 모두 기회를 발견하고 훌륭하게 이용했기에 가능했다. 창업 초기에는 바루크 역시 다른 이들과 마찬가지로 힘든 시간을 보냈다. 하지만 그에게는 사물과 사람 사이의 긴밀한 관계를 발견하는 예리한 눈이 있었다. 바루크는 이 관계 속에 숨어 있는 기회를 찾아냈고, 엄청난 성공을 거두었다.

1899년 어느 날의 초저녁, 라디오 뉴스를 듣던 바루크는 귀가 번쩍 뜨였다. 연방정부 해군이 샌디에이고에서 스페인 함대를 격퇴했다는 보도로 이는 오랫동안 계속되었던 미국과 스페인 사이의 전쟁이 곧 끝난다는 의미였다. 바루크는 곧 경기가 살아나고 주가가 크게 오를 것이라고 예상했다. 그날은 증권거래소가 열리지 않는 날이었지만, 다행히 개인 간 거래는 정상적으로 가능했다. 새벽이 오기 전에 사무실로 달려가 주식을 대량으로 사들인다면 단시간에 큰돈을 벌 것이 분명했다. 이처럼 바루크는 기회가 아직 수면 위로 뜨기도 전에 알아차려서 사업을 연이어 성공시켰다.

19세기 말에는 장거리 화물 운송을 할 수 있는 교통수단이 기차뿐이었다. 하지만 기차는 밤에 운행하지 않아 좀 더 빠른 운송을 원하는 대중의 수요를 만족하지 못했다. 이를 간파한 바루크는 차를 여러 대 임대해서 야간 운송 사업을 벌여 큰돈을 벌었다. 이후에도 바루크는 몇 차례 큰 사업을 계속 시도했다. 그는 다른 사업가들이 눈치조차 채지 못하고 있을 때, 누구보다 먼저 기회를 낚아채서 승승장구했다.

현대에도 바루크처럼 많은 비즈니스 엘리트들이 능력을 펼치고 있다. 미국의 저명한 경제학자이자 작가인 제랄드 크레페츠Gerald Krefetz는 이들을 다음과 같이 묘사했다. "비즈니스 엘리트는 장시간 수련한 사업 재능과 고도의 '촉'을 가지고 있어서 사람들의 수요를 만족하는 기막힌 사업을 선택해 추진한다."

비즈니스 현장에서 기회는 어디에나 있으며, 발견되기를 기다리고 있다. 이 기회들은 누구에게나 공평하게 제공되므로 먼저 잡는 사람이 임자다. 그러므로 아직 수면 위로 드러나지 않은 기회를 발굴하고 손에 넣지 못한다면 기회는 그저 당신을 스쳐 지나가기만 할 것이다. 좋은 기회는 이미 성공한 사람에게만 생긴다고 불평할 필요도, 운명이 너무나 불공평하다고 원망할 필요도 없다. 그들이 성공을 거둔 까닭은 운이 아니라 당신보다 더 민감하고, 더 집중하며, 더 과감하게 기회를 쟁취했기 때문이다.

그렇다면 어떻게 해야 아직 드러나지 않은 기회를 쟁취할 수 있을까?

### 1 | 수요에 주목한다.

평범한 일상 중에서 기회를 발견하려면 우선 그것이 어떻게 드러나는지를 알아야 한다. 가장 기본적인 방식은 역시 수요다. 수요가 있는 곳에 기회가 존재하고, 대중의 수요가 곧 기회다. 예컨대 더운 여름에 사람들은 시원함을 원할 테고, 그러면 선풍기나 에어컨 같은 냉방 가전이 기회가 되는 식이다.

### 2 | 정보를 확보한다.

정보는 기회가 입은 겉옷이자, 당신을 기회로 안내하는 중개인이다. 확보한 정보가 많을수록 기회를 더 쉽게 발견할 수 있다. 정보 하나가 기업을 구하고, 가난한 사람을 부유하게 만든 사례는 무척 많다.

### 3 | 미래를 본다.

"어리석은 자는 오늘을 벌고, 지혜로운 자는 내일을 번다." 이 말은 미국 기업계에 알려진 유명한 격언으로 경영에서 성공하는 비결이라 할 수 있다. 시장경제의 흐름은 언제나 변화무쌍하고 기이해서 순식간에 수만 번씩 바뀐다. 또 아무리 히트한 상품도 그 제한된 라이프사이클 life cycle 을 벗어날 수 없다. 그러니 기업을 경영하다 보면 늘 온갖 굴곡과 위기, 고난이 연이어진다. 이런 환경에서 경영자가 눈을 오늘에만 고정하고 상품을 파는 데만 급급해서 쫓으면 어떻게 되겠는가? 금세 너도나도 시장에 뛰어들어 동류 상품이 넘쳐나고 경쟁력을 잃게 될 것이다. 반대로 눈을 미래에 두고 다른 사람보다 먼저 움직이면 더 쉽게 성공할 수 있다.

### 4 | 위기에서 찾는다.

위기는 기회를 품고 있으며, 큰 위기일수록 더 큰 기회가 숨어 있다. 위기를 기회로 만들 때, 관건은 당신이 그것을 어떻게 다루는가다. 위기를 잘 다루는 사람만이 그것을 기회로 바꿀 수 있는 법이다. 책임감을 발휘해 효과적으로 위기를 관리하고 해결하는 모습을 보일 때, 대중은 기업을 더 깊이 이해하고 인정하며 기억한다. 이런 기업과 경영자만이 두각을 드러낼 수 있다.

잠재된 기회를 먼저 발견하고 잡는 사람만이 큰 이익을 얻을 수 있다. 지금처럼 끊임없이 발전하는 사회에서는 기회와 도전, 위험과 수익이 모두 병존하며 그 안에는 무시할 수 없는 관계가 있다. 기회가 '빈틈'을 보였을 때, 재빨리 그것을 알아보는 '혜안'으로 누구보다 앞서나가 부를 창조해야 한다.

HARVARD BUSINESS LECTURE

HARVARD BUSINESS LECTURE

· 두 번째 수업 ·

# EFFICIENCY
효율

## 최고 효율×최대 효익의 공식

•

시간이란 매우 희소하고 제한적인 자원이다. 기업이 이 자원을 최대한 이용하려면 반드시 합당한 계획을 세워서 효율을 높여야 한다. 전면적이고 통일된 계획은 효율을 높이는 비장의 카드가 된다. 명확한 목표는 계획의 시작으로 기업은 최종 목표를 추구하며 일의 경중을 구분해서 전력을 다해 수행해야 한다. 모든 직원이 하나가 되어 최선의 상태를 유지하며 목표를 향해 끊임없이 나아가야만 기업이 더 강해질 수 있다.

# 09

## 제대로 목표를 세우는 법

나는 넘지도 못할 7피트 장대를 넘으려 애쓰지 않는다.
대신 내가 쉽게 넘을 수 있는 1피트 장대를 주위에서 찾아본다.
· 워런 버핏 ·

　　지금 마음속 깊은 곳에 원대한 꿈을 품고 있는가? 뛰어난 실력으로 종횡무진 활약해서 인정받기를 원하는가? 능력을 발휘해 세상을 밝히고자 하는가? 회사를 세계 500대 기업의 반열에 올리고 싶은가? 어떤 꿈을 꾸든 그것을 현실로 만들려면 가장 먼저 해야 하는 일은 '목표 세우기'다. 경영자에게 목표란 현 단계에서 해내야 하는 성취, 완성할 결과, 도달할 상태를 포함하며 수치화하는 것이 가장 좋다. 하버드에서는 목표가 합리적인가를 판단하는 방법으로 'SMART 목표관리 기법'을 제시한다.

SMART 목표관리 기법은 피터 드러커가 1954년에 저서 《경영의 실제 the practice of management》에서 제안한 개념이다. 드러커는 '경영의 착각과 함정'을 경고하며, 운전에만 정신이 팔려서 가는 방향과 목적지를 잊어서는 안 된다고 강조했다. 그는 목표 설정은 간단해 보이나 절대 그렇지 않으며, 반드시 SMART 목표관리 기법으로 기술적인 면을 향상해야 한다고 말했다. 'SMART'는 목표를 설정할 때 따져보아야 할 항목들의 첫 알파벳을 연결한 말로, 그 내용은 다음과 같다.

- Specific: 목표는 구체적이어야 한다.
- Measurable: 목표는 측정 가능해야 한다.
- Achievable: 목표는 달성 가능해야 한다.
- Realistic: 목표는 현실적으로 타당해야 한다.
- Time-based: 목표는 마감기한이 있어야 한다.

직원 개인이든 조직 전체든 목표를 설정할 때는 반드시 이상의 다섯 가지를 모두 고려해야 하며, 단 하나도 소홀히 해서는 안 된다.

개인에게 목표 설정은 실력을 키우는 과정의 일환이다. 실력을 키워 좀 더 효율적으로 일하고자 하는 사람은 높은 수준의 목표를 설정해 스스로에게 더 엄격하게 요구하고 이를 달성하면서 원하는 수준에 도달한다. 일반적으로 목표는 기간에 따라 단기, 중기, 장기 목표로 구분한다. 이러한 크고 작은 목표들을 기간 안에 달성하면서 최상의 업무 수준을 유지하고 주어진 시간을 계획적으로 관리할 수 있다. 또 목표는 자신이 일정 기간 안에 해낸 업무의 성과를 평가하는 근거가 된다. 자신이 일을 제대로 하고 있는지 확인하려면 최종 성과가 원래의 목표와 얼마큼 차이가 있는지 따져보면 된다.

목표 설정은 개인뿐 아니라 조직에도 무엇보다 중요하다. 회사를 관리하고 이끌어가는 사람으로서 경영자는 그것이 최대 이익을 얻도록 해야 한다. 그러려면 반드시 직원들이 모두 열정을 발휘하고 최선을 다해 일하게 해야 하는데 이때 가장 필요한 것이 바로 목표다. 명확한 목표가 없으면 방향이 없다는 의미이고, 방향이 없으면 마치 더듬이를 잘린 개미처럼 길을 헤매면서 방황할 수밖에 없다. 회사 전체가 표류하는 상황을 원하지 않는다면 반드시 경영자가 정확한 방향을 찾아 제시해야 한다.

어떠한 위치에 있든 우리는 자신, 부서, 회사 전체를 위해 가장 적합하고 강력한 장기 목표를 설정해서 그것을 발전의 길 위에서 힘을 얻을 정신적 지주로 삼아야 한다.

투자의 신 워런 버핏은 어렸을 때부터 엄청난 부자가 되겠다는 목표를 세웠다. 사실 버핏뿐 아니라 거의 모든 사람이 하는 일마다 대박이 터져서 평생 걱정 없이 돈을 펑펑 쓰며 살 수 있기 바란다. 하지만 이런 바람은 대부분 단지 '희망 사항'에 그친다. 잠재의식 속에서 자신에게 정말로 실현될 리는 없다고 속삭이기 때문이다. 이런 사람들은 자신이 꿈을 실현할 능력이 있는지도 알지 못하고, 자신을 위해 구체적이고 명확한 목표를 세울 용기조차 없다.

반면에 성공하는 사람은 성공을 동경하면서 늘 자신을 위한 장기 목표를 세우기를 즐긴다. 그들은 뚜렷한 장기 목표야말로 꿈을 잊지 않게 하며, 동경하는 그곳까지 닿는 길을 알려준다고 굳게 믿는다.

정신적 기둥이 될 뚜렷한 장기 목표를 세운 사람은 그 아래 각 단계에 알맞은 중기, 단기 등 세부 목표를 세우고 자신이 하는 일을 평가한다.

유명한 보험 세일즈맨인 조 갠돌포 Joe Gandolfo 는 10년 연속 연 영업액이 8억 달러를 넘는 놀라운 기록을 세웠다. 1976년에 갱신한 영업액은 무려 10억 달러에 달했다. 미국 보험업계는 연 영업액이 100만 달러가 넘는 세일즈맨에게 상을 수여하는데, 갠돌포는 다른 수상자들과 차원이 달라 혼자 세운 연 영업액이 대부분 보험회사의 연 매출액을 초과할 정도였다. "작은 성공이 없으면, 큰 성공도 없습니다. 작은 성공에서부터 자신감을 기르지 않는다면 절대 크게 성공할 수 없습니다." 갠돌포의 말은 원대한 장기 목표만 세우고 세부 목표를 세우지 않아 실패하는 사람들이 새겨들을 만하다.

조 갠돌포는 영업을 끊임없이 공부하고 연구해야 하는 일종의 학문이라고 여겼다. 또 모든 사람이 부유해질 수 없으며, 오직 노력한 사람만이 원하는 것을 얻을 수 있다고 생각했다. 실제로 지금도 많은 세일즈맨이 그의 성공 사례를 본보기로 삼는다. 갠돌포가 거둔 성공의 핵심은 항상 자신의 목표를 확인하며 시간 낭비를 피했다는 데 있다. 누구에게나 똑같이 24시간이 주어진다. 그는 원대한 장기 목표 아래, 자잘한 세부 목표들을 설정해서 자신에게 주어진 24시간을 어떻게 분배하고 최대한 활용해서 더 많은 상품을 팔 수 있을지 고민했다.

개인이든 조직이든 목표를 세우는 일은 무엇보다 중요하며 항상 최우선으로 삼아야 한다. 다음은 경영자로서 좋은 목표를 세우는 방법이다.

- ◆ 목표는 반드시 스스로 세운 것이어야 한다.
- ◆ 목표는 반드시 현실과 맞아야 한다.
- ◆ 목표는 반드시 수치화해야 한다.
- ◆ 목표는 반드시 기한을 정해야 한다.

성공을 갈망한다면 명확한 목표를 세워야 한다. 그리고 목표를 세웠으면 쉬지 않고 노력하며 시시각각 목표를 되새기고, 그것을 향해 큰 걸음으로 성큼성큼 나아가야 한다.

목표를 세워라. 무슨 일을 하든 목표를 세워 도달하고픈 수준을 정하는 것이 최우선 과제다. 원대하고 장기적인 목표를 세웠다면 그 아래 중기, 단기로 이어지는 세부 목표를 세우는 일도 잊어서는 안 된다. 이 작은 목표들은 최종 목표를 실현하기 위한 기초가 된다.

> HARVARD BUSINESS LECTURE

# 10

## 어느 한쪽으로 치우치게 하라

나는 언제나 중요한 연구주제를 찾는다.
중요하지 않은 연구주제를 찾을 생각은 단 한 번도 한 적 없다.
· 생물물리학자 · 전 하버드 교수, 장샤오웨이 ·

가끔 두서도 체계도 없이 일하고 있다는 생각이 들지 않는가? 분명히 바쁘게 일하지만, 웬일인지 앞으로 나아가지 못하고 제자리걸음을 한다는 느낌이지 않는가? 비즈니스 엘리트들은 이런 문제로 고민하지 않는다. 그들은 자신에게 주어진 귀한 시간과 에너지를 '쓸데없는' 일에 소모하지 않는다. 그런 일들이 오히려 자신을 정말 중요한 최종 목표로부터 멀어지게 만든다는 걸 알기 때문이다. 많은 사람이 당장 눈에 보이는 일부터 해결해야 한다고 생각하지만, 사실은 그렇지 않다. 이런 사람들은 눈앞에 닥친 무의미한 일들에 너무 많은 시간과 에너지를 쓰느라 정작 중요한 일이나 단계를 무시하곤 한다. 해결 방법은 간단하다. 잠시 마음을 가라앉히고 조금 더 높은 곳에서 전체 국면을 바라보면 무엇이 중요하고 중요하지 않은지, 무엇에 더 많은 시간과 에너지를 써야 하는지 한눈에 들어올 것이다. 본격적으로 일을 시작하기 전에 해야 할 일들을 쭉 나열하고, 그중에서도 중요한 것을 파악하고 먼저 시작한다면 비교적 쉽게 성과를 올릴 수 있다.

한 회사의 사장이 병에서 회복한 후, 하루에 3~4시간만 일하기로 했다. 사실 결정은 했지만, 그는 걱정이 많았다. 고작 3~4시간으로 무슨 일을 할 수 있겠어? 복귀 후, 사장은 시간이 제한되어 있으니 어쩔 수 없이 가장 중요하거나 반드시 그가 해야 하는 일들부터 처리하고, 나머지는 직원들에게 나눠 시켰다. 얼마 후, 그는 매일 3~4시간씩 일해도 업무 효율이 이전보다 못하지 않은, 아니 심지어 더 좋아진 것을 발견했다.

비즈니스 엘리트들은 자신의 시간이 중요하지 않은, 혹은 업무 효율을 높이는 데 도움이 되지 않는 일에 쓰인다는 사실을 발견하는 순간, 즉각 문제를 해결한다. 지금 당신의 업무 일정 및 배치표를 살펴보면 그중 상당수가 부하직원에게 맡겨도 되거나, 아예 하지 않아도 무방하다는 생각이 들 것이다. 모든 일을 전부 도맡아 할 필요는 없다. 전부 중요하다면, 아무것도 중요하지 않은 것과 마찬가지다. 큰 일을 해내려면 작은 일들은 과감히 넘기고 진짜 중요한 일에 주력해야 한다.

일하다 보면, 종종 너무 복잡해서 정신이 하나도 없을 때가 있다. 분명히 종일 바쁘게 일하지만, 자기가 보기에도 너무 체계가 없이 그야말로 닥치는 대로 일한다는 생각이 든다. 그렇다면 잠시 멈추고 전체적인 관점에서 일의 본질을 따져보고, 그것을 중심으로 삼아 해야 할 일의 순서와 단계를 나누어 일해야 한다. 일머리가 있고 없고는 두뇌가 아니라 중요한 일과 중요하지 않은 일을 알아보는 능력이 있는가로 결정된다. '80/20의 법칙'에 따르면 당신이 이룬 성과의 80%는 들인 노력 전체의 20%로 만들어진다. 즉 일과 생활에서 진짜 중요한 부분을 찾아 확실하게 해내는 동시에 중요하지 않은 일들에 시간과 에너지를 낭비하면 안 된다는 의미다.

시간관리 컨설턴트 엘리자베스 G. 손더스 Elizabeth G. Saunders는 이렇게 말했다. "핵심은 당신이 무게중심을 어느 한쪽으로 치우치게 해야 한다는 사실이다. 무게중심은 반드시 당신이 강조하는 어느 한쪽에 있어야 한다. 또 일의 순서는 한 번 정해지면 절대 바뀌지 않는 기조가 아니라 생동적인 규율이며, 팽팽한 긴장감이 흐르는 동시에 느슨한 부드러움이 꼭 필요하다."

지금 당신이 해야 하는 일들은 분명히 중요도에서 차이가 존재한다. 학교에서 필수과목과 선택과목을 나누듯이, 일을 '중점항목'과 '비중점항목'으로 나누어보자. 필수과목에 해당하는 중점항목은 많은 시간과 에너지를 충분히 쏟아부어 완성해야 할 일이다. 이때 너무 많은 일, 혹은 모든 일을 중점항목으로 구분하지 않도록 주의해야 한다. 다음은 일을 중점항목과 비중점항목으로 나눌 때, 부딪힐 수 있는 문제들이다.

### 1 | 구분의 기준이 모호하다.

어떤 경영자나 정책결정자는 해당 기업 및 부서의 구체적인 상황을 제대로 이해하지 못한 채, 적당히 대충 결정을 내린다. 리더의 잘못된 결정과 지휘는 조직 전체를 곤경에 빠뜨릴 수 있으니 반드시 있어서는 안 될 일이다. 일을 중점항목과 비중점항목으로 구분할 때, 그 기준이 모호하게 느껴진다면 이는 당신이 아직 상황을 제대로 이해하지 못했기 때문이다. 소속의 현 상황을 매우 구체적이고 심도 있게 이해한 사람만이 뭐가 중요하고 중요하지 않은지 제대로 알 수 있다.

### 2 | 일이 가져올 효과에 더 주목하게 된다.

성과를 올리고, 능력을 드러내고, 이름을 알리는 데 급급한, 일 자체보다 그것을 통해 대중이나 상사의 인정과 주목을 받으려는 사람이 있다. 이런 사람들은 자신의 명성을 드높이는 일만 하려고 하므로 진짜 중요한 일과 중요하지 않은 일을 구분하지 못하고, 구분할 생각도 없다. 이런 사람이 이끄는 조직은 당연히 좀처럼 앞으로 나아가지 못하고 제자리걸음만 한다.

### 3 | 주견을 잃는다.

어떤 상사들은 직원들에게 일을 시키지만, 상호소통과 협조가 부족한 탓에 체계적으로 지휘하지 못한다. 그러면 직원들은 상사가 시키는 대로만 할 뿐, 일의 순서를 구분하거나 체계를 이해할 생각을 하지 않으며 그저 '전부' 중요한 일이라고만 생각한다. 일부 중간관리직은 중점항목이 너무 많으면 안 된다는 걸 알지만, 윗선의 뜻을 따르느라 군말 없이 지시대로 한다. 하지만 그래봤자 업무만 더 복잡하고 너저분해질 뿐이다.

이상의 세 가지만 주의해도 중점항목이 너무 많아져서 뭐가 중요한지도 모르고 체계 없이 마구잡이로 일하는 상황을 피할 수 있다. 훌륭한 피아니스트는 전체 악보를 분석해서 강해야 할 부분은 강하게, 약해야 할 부분은 약하게 쳐서 아름다운 선율을 만든다. 경영도 마찬가지다. 경영자는 전체를 바라보면서 세게 밀고 나갈 부분과 부드럽게 진행할 부분을 구분하고, 전자에 시간과 에너지를 더 많이 투자해서 효율적으로 일할 줄 알아야 한다.

> 일할 때는 무조건 뛰어들어 전부 다 하려고 하지 말고, 먼저 중점항목과 비중점항목을 구분해내야 한다. 일의 본질을 파악하고 그 핵심이 어디에 있는지 찾으면 거기에 시간과 에너지를 투입해서 반드시 해낸다. 이때 너무 많은 일이 중점항목으로 분류되지 않도록 주의한다. 당신의 시간과 에너지는 한계가 있으므로 전부 다 하려고 해봤자 되지도 않을 뿐더러, 정작 해야 할 일을 제대로 못 해서 큰일을 그르치게 된다. 전부 중요한 일이라면, 아무것도 중요하지 않은 것과 마찬가지다.

HARVARD
BUSINESS
LECTURE

# 11

## 일의 경중완급

> 시간관리는 개인의 즐거움일 뿐 아니라 많은 사람의 즐거움이다.
> 시간과 달리기 시합을 하면 누구나 승자가 될 수 있으며,
> 오직 이 시합을 하지 않은 사람만 패자가 된다.
> · 빌 게이츠 ·

비즈니스 엘리트들은 주어진 시간을 합리적으로 배분할 줄 안다. 그들은 해야 하는 일을 죽 늘어놓고, 그 사이의 경중완급輕重緩急을 구분해서 시간 낭비와 에너지 소모를 피한다. 할 일은 넘쳐나는데 어디서부터 손을 대야 할지 갈피를 잡을 수 없다고 말하는 사람이 많다. 당신이라면 어떻게 하겠는가? 우선 마음을 차분하게 가라앉히고, 책상 위를 정리하자. 당장 해결해야 하는 일만 책상 위에 남기고, 나머지 잡다한 일들은 모두 일단 서랍 속에 넣어두어야 한다. 이렇게만

해도 일에 체계가 생겼다는 느낌이 들 것이다.

노스웨스턴 철도회사 North Western Railway 사장 R. L. 윌리엄스 R. L. Williams는 "책상 위가 늘 어질러져 있는 사람은 책상을 정리하기만 해도 일이 순조로워지고 실수가 생기지 않는다는 사실을 발견할 것이다. 책상 정리야말로 고효율로 가는 첫걸음이다."라고 말했다. 한때는 그 역시 매일 읽어야 할 보고서, 회신해야 할 우편물, 각종 서류로 가득한 책상을 보면서 걱정과 긴장으로 크게 한숨을 내쉬는 사람이었다. 그는 항상 시간이 부족했고, 늘 피곤했다. 이런 상황이 오래 계속되자 고혈압이나 심장병까지 의심되었다. 어느 날, 한 친구가 그에게 일을 효율적으로 처리하는 법이라면서 중요하지 않은 일을 전부 치우고 당장 처리해야 하는 중요한 일만 책상 위에 남겨두라고 조언했다. 윌리엄스는 미심쩍었지만, 일단 친구가 일러준 대로 했다. 얼마 후, 윌리엄스는 오랫동안 시달려 온 고민거리를 벗어던질 수 있었다.

혹시 과거 R. L. 윌리엄스의 모습이 자신과 비슷하다고 생각하지 않았는가? 지금 책상 위를 가득 채운 일거리를 볼 때마다 어디서부터 어떻게 일을 시작할지 몰라 난감하지 않은가? 아무리 열심히 일해도 눈앞의 일들을 전부 완성할 수는 없다는 생각이 들어 걱정이 더 커지고 일도 제대로 되지 않을 것이다. 이런 상황을 개선하려면 나쁜 업무 습관을 버려야 한다. 미국의 처세술 전문가 데일 카네기 Dale Carnegie는 이렇게 말했다. "악습이란 타고난 것이 아니라 후천적으로 천천히 생겨난 것이다. 알다시피 어떤 습관들은 안 좋기는 해도 큰일을 그르치거나 직접적인 타격, 위해를 일으키지 않는다. 하지만 어떤 습관들은 우리의 행복과 성공을 방해하는 요소가 되므로 반드시 개선하고 버려야 한다. 그렇지 않으면 이런 악습들은 당신의 평생에 악영향을 미칠 것이다."

성공하려면 여러 개의 일을 마주했을 때, 그 안에서 경중완급을 구분하고 효율적으로 일할 줄 알아야 한다. 일의 경중완급을 명확하게 구분해 일하는 습관은 사는 내내 도움이 될 뿐 아니라 성공을 부르는 필수 소질임이 분명하다. 일을 체계적으로 완성하면 성취감이 커지지만, 두서가 없이 질질 끌면서 일하면 좌절과 패배감만 생길 뿐이다. 프랑스 철학자 파스칼 Blaise Pascal 은 "일할 때, 가장 어려운 것은 무엇을 첫 번째로 놓는가다."라고 말했다. 실제로 많은 사람이 파스칼이 말한 문제로 고민한다. 하지만 그중 대부분은 일을 중요도에 따라 배치하는 방법을 정확히 알지 못한다.

모든 비즈니스 엘리트가 시간관리의 중요성을 알고 있으며 실제로 철저하게 관리한다. 그들은 저마다의 이론이나 소프트웨어 등을 동원해서 자신의 시간을 엄격하게 관리하고, 그와 관련한 문제를 해결한다. 반대로 보통 사람들은 시간관리에 소홀한 바람에 잊거나 놓친 중요한 일을 나중에서야 발견하고 크게 후회하곤 한다. 하버드는 학생들에게 이미 늦어버린 시간에 관해서는 따로 이야기하지 않으며, 그저 '늦었다고 생각할 때가 가장 빠르다'라고 이야기한다.

하버드의 시간관리 전문가 닐 스트레이트 C. Neil Strait 는 "시간을 잘 이용하는 일은 무엇보다 중요하다. 아무런 계획 없이 시간을 사용하고 목적도 없이 낭비하다 보면 순식간에 흔적도 없이 사라질 것이다. 그리고 우리는 아무것도 이루지 못할 것이다."라고 했다. 그의 말처럼 시간을 계획적으로 분배해서 사용할 수 있는가는 그 사람의 성공 여부를 결정한다. 사람들은 종종 몇 분 정도의 아주 짧은 시간을 무시하며 아무 쓸모가 없다고 생각하지만, 사실은 그렇지 않다. 시간은 멈추지 않고 흐르는 것이니, 모든 1분, 1초가 존중받을 가치가 있다. 당신이 생각 없이 무시한 그 짧은 몇 분은 당장 눈에 띄지 않아도 어쩌면 커다란 차이를 만들지도 모른다.

유명한 발명가 그레이엄 벨 Alexander Graham Bell 의 이야기가 아주 좋은 사례다.

벨이 전화기 발명에 심혈을 기울이던 시기, 또 다른 발명가 엘리샤 그레이 Elisha Gray 역시 전화기를 연구하고 있었다. 두 사람은 거의 동시에 전화기 발명에 성공했지만, 지금까지 '전화기를 발명한 사람'으로 인정받는 사람은 알다시피 벨 한 사람이다. 이유는 바로 벨이 그레이보다 두 시간 먼저 발명 특허를 받았기 때문이다. 두 사람은 서로의 존재를 전혀 몰랐기에 벨이 일부러 먼저 가려고 작정한 것도 아니었다. 그는 그저 그레이보다 120분을 먼저 움직여서 커다란 부와 명성을 얻었고, 영원히 그 이름을 후대에 전하게 되었다.

24시간은 모든 이에게 주어지는 가장 귀한 하루의 자산이다. 이 소중한 24시간을 충분히 이용하는 전략을 세우고 성실하게 수행하는 사람은 과연 얼마나 될까? 물론 자신은 매일 알차게, 절대 시간을 낭비하지 않는다고 말하는 사람도 있을 것이다. 문제는 그들 중 대부분이 바쁘게 살기만 하면 시간을 매우 알차게 쓰는 거라고 '오해'하는 데 있다. 이런 사람들은 자신에게 주어진 일의 비중을 전부 똑같이 본다. 성공한 사람들은 다르다. 그들은 일의 경중완급에 따라 순서를 명확하게 구분할 줄 알며, 스스로 시간을 조율한다.

시간은 금이다. 최대한도로 이용하고 헛되이 보내지 않아야 최대 효익을 얻을 수 있다. 힘들어서 쓰러질 정도로 바쁘게 일하고 있다는 사람들 대부분은 일에 경중완급이 없다. 그 바람에 두서도 체계도 없이 일하느라 자신을 항상 '바쁨'의 상태에 두고 스스로 시간을 알차게 쓰고 있다고 착각한다. 일은 무턱대고 열심히 한다고 좋은 것이 아니다. 일의 경중완급을 분류하고 중요한 일부터 순서대로 수행하면 속도가 빨라지고 품질 역시 크게 향상될 수 있다. 이 경중완급은 상황에 따라 바뀔 수 있으니 항상 따져가며 최대한 효율적으로 일해야 한다.

HARVARD
BUSINESS
LECTURE

# 12

## 시간관리의 시작은
## 그 귀중함을 아는 것

내가 헛되이 보낸 오늘은 어제 죽은 이가 갈망하던 내일이다.
• 하버드 도서관 명문 30훈 [3] •

하버드 학생들은 항상 여유롭다. 특별히 더 많은 시간이 주어져서가 아니라, 시간을 소중히 하고 관리하는 방법을 알기 때문이다. 그들은 시간에 압도되지 않으며, 그것이 자신을 위해 서비스하도록 만든다. 우리는 그들에게서 시간을 소중히 다루는 법을 배워야 한다.

---

3  고대 그리스 시인 소포클레스(Sophocles)가 한 말로 하버드 도서관 벽에 붙어 있는 30개 명문 중 하나다.

윌리엄 오슬러 William Osler 는 존스 홉킨스 대학 Johns Hopkins University 설립자이자 옥스퍼드 대학 University of Oxford 의학전문대학원 교수로 영국 왕실의 기사 작위를 받은 사람이다. 이런 그 역시 젊은 시절 미래와 진로 문제로 고민이 많았다. 어느 날 오슬러는 우연히 책에서 한 문장을 보고 부끄러움을 느꼈다. "가장 중요한 것은 먼 곳의 모호한 일을 하려고 하지 않고, 지금 손안의 명확한 일을 하는 자세다."

오슬러가 읽은 문장은 하버드 학생들의 생활 태도와도 일맥상통한다. 그들은 어제에 미련을 두지 않고, 내일을 동경하지도 않는다. 과거와 미래가 아무리 아름다워도 눈앞의 오늘을 알차고 성실하게 살아야 한다고 생각한다.

주어진 시간을 소중히 다루고 아끼려면 우선 시간을 관리하는 법부터 제대로 배워야 한다. 중요하고 급한 일에 필요한 시간을 확보하는 자세는 일을 체계적으로 완성하는 전제조건이자, 비즈니스 엘리트들이 업무를 처리하는 좋은 습관 중 하나다.

하버드 학생들은 배움을 무엇보다 중요하게 생각하며, 알다시피 대부분 '공부벌레'다. 하버드 캠퍼스에는 "지금 졸면 꿈을 꾸지만, 지금 공부하면 꿈을 실현할 수 있다."라는 말이 늘 들린다. 그들은 유한한 시간과 에너지를 실력을 기르는 데 투자하며, 꾸벅꾸벅 졸면서 시간을 허비할 생각 따위는 하지 않는다. 어쩌면 궁금증이 생길지도 모르겠다. 성공하려면 여가를 즐길 수도 없는 걸까? 가끔은 편안히 지내면서 쉴 수도 있는 거 아닐까? 항상 고도의 긴장 상태 속에 산다면 거꾸로 역효과가 나지 않을까?

아인슈타인 Albert Einstein 은 이에 관해 "차이는 여가를 어떻게 보내는

가에 달려 있다."라고 했다. 또 하버드의 한 교수는 "나는 한 학생이 여가를 어떻게 보내는지 보고 그의 미래를 예측할 수 있다."라고 말했다. 하버드에서 명예학위를 받은 벤저민 프랭클린Benjamin Franklin 역시 시간을 소중하게 다루는 사람이었다. 그는 단 한 번도 시간관리를 게을리한 적 없다.

어느 날 벤저민 프랭클린은 한 젊은이로부터 만나서 가르침을 얻고 싶다는 전화를 받았다. 그는 흔쾌히 동의하고 시간을 알려주며 집으로 찾아오라고 말했다.

젊은이는 시간에 딱 맞춰 도착해서 대문을 두드렸다. 하지만 문을 연 프랭클린은 젊은이가 인사도 하기 전에 먼저 빠르게 말했다. "보시다시피 우리 집 꼴이 말이 아니오. 미안하지만 들어오지 말고 잠깐 1분만 기다려주겠소? 내가 정리를 마치면 들어오는 게 좋겠소." 말을 마친 프랭클린은 급하게 문을 닫았다. 젊은이는 조금 의아하게 생각했지만, 아닌 게 아니라 집이 정말 엉망진창으로 어질러져 있었기에 잠자코 밖에서 기다렸다.

잠시 후, 1분이 채 되기 전에 프랭클린이 문을 다시 열고 아주 친절하게 들어오라고 했다. 이때 젊은이의 눈에 비친 집안 풍경은 아까와는 전혀 다른 모습이었다. 모든 물건이 제자리에 있어 깔끔하게 정리된 거실에는 좋은 향기가 났고, 탁자 위에는 와인이 두 잔 놓여 있었다. 아까 그 어질러진 집이 맞나 싶을 정도였다. 원래 이 젊은이는 프랭클린에게 삶과 일에 관해 조언을 구하려고 왔다. 하지만 그가 말을 꺼내기도 전에 프랭클린이 정중하게 와인잔을 건넸다. "건배합시다. 그리고 이제 가셔도 좋습니다." 엉겁결에 잔을 받아든 젊은이는 순간 멍해져서 어색함과 실망이 담긴 목소리로 말했다.

"아직 제가 여쭙고 싶은 것을……"

"여기를 한번 보시오. 아직도 조언이 부족하단 말이오?"

프랭클린은 부드럽게 미소 지으며 거실을 쭉 둘러본 후, 말했다.

"당신이 이 집에 발을 들인 후, 또 1분이 지났소."

"1분……"

젊은이는 잠시 생각하더니 무엇인가 이해했다는 듯이 웃으면서 말했다.

"알겠습니다. 그 짧은 1분 안에 많은 일을 할 수 있고, 많은 것을 바꿀 수 있다는 말씀이시군요. 정말 감사합니다."

지금 주어진 1분, 1초를 아끼고 소중하게 여기는 자세는 당신의 오늘을 더 알차게, 삶을 더 충실하게 만든다. 프랭클린은 단 1분 안에 일어난 변화를 보여줌으로써 자신을 찾아온 젊은이에게 무엇보다 중요한 삶의 진리를 알려주었다. 그의 '1분 강의'는 지금 이 순간부터 자신의 삶과 시간을 더 소중히 여기고 아끼라는 의미였다.

건축가 오스마르 아만 Othmar Ammann 은 뉴욕항만청 PAPD 에서 엔지니어로 수년간 일한 후, 규정에 따라 퇴직했다. 처음에 그는 무엇과도 비교할 수 없는 상실감을 느꼈지만, 어느 정도 시간이 흐른 후에는 완전히 달라졌다. 자신의 회사를 창업했기 때문이다.

아만은 계획을 아주 성실하게 하나씩 실행해나갔고, 그의 건축 디자인은 세계 각지로 퍼져나갔다. 퇴직 후 30여 년 동안 아만은 이

전에는 기회가 없었던 매우 대담하고 독특한 디자인을 거침없이 시도했고, 세상 사람들이 감탄해 마지않는 멋진 건축물들을 탄생시켰다. 워싱턴 덜레스 국제공항, 에티오피아의 수도 아디스아바바 Addis Ababa 의 볼레 공항 Bole International Airport, 이란의 고속도로 시스템……, 심혈을 기울여 만든 이런 성과들은 여러 대학의 건축공학 관련 학과에서 강의하는 사례가 되었고, 아만은 미래의 건축가들에게 동경의 대상이 되었다. 그는 여든여섯 살이 되어 마지막 작품인 뉴욕 베라자노 내로스 교 Verrazzano-Narrows Bridge 를 선보였다. 이 다리는 당시 세계 최장 현수교였다.

간절히 원하는 일을 하기로 결심하고 스스로 목표를 세우기만 한다면 너무 늦은 일이란 없다. 결국 시간관리는 우리의 신념과 밀접한 관련이 있다. 그 일이 자신에게 얼마나 중요한가가 시간을 어떻게 운영할지를 결정한다. 시간관리의 핵심은 단순히 시간을 관리한다는 데 있지 않으며, 시간을 어떻게 합리적으로 배분하는가에 있다. 오스마르 아만은 퇴직 후에 편안히 살 수 있었지만, 꿈을 버리지 않고 건축가로서 다시 시작했다. 또 여든여섯 살에도 그간의 인생과 화려한 성취에 기대어 세상을 관망하며 살 수 있었다. 하지만 그는 쉬지 않았고, 모든 힘을 발휘해 인생 최후의 답안을 썼다. 그가 아낀 모든 1분, 1초는 모두 아름다운 건축물로 후대에 길이 남았다.

인생은 짧다. 우리는 모든 일을 전부 완벽하게 잘할 시간이 부족하다. 그러므로 합리적으로 시간을 관리하는 법을 배워 여러 가지 일을 마주해도 당황하지 않고 하나씩 효율적으로 처리할 줄 알아야 한다. 자신에게 주어진 시간을 소중하게 생각하는 사람만이 시간관리에 성공한다. 특히 항상 시장의 거대한 압박에 시달리고 적자생존의 커다란 무대에서 활약해야 하는 경영자라면 약간의 나태도 용납해서는 안 된다. 성공하고 싶으면 선발제인(先發制人), 즉 남보다 먼저 움직이라 했다. 비즈니스 무대에서 '선발(先發)'이란 시간관리에서의 승리를 의미한다!

## 13

## 중요한 일 vs 급한 일

> 매년 2주의 휴가 기간에 나는 업무나 모든 고민을 뒤로하고
> 일상을 떠나 책을 읽거나 생각에 빠진다. 주로 생각하는 내용은 미래에 대해서다. ……
> 나는 시간의 25%가량을 유럽, 아시아 등지를 방문해 고객을 만나는 데 쓴다.
> 내가 판단한 일의 중요도와 순서가 정확한지, 사람들이 무엇에 좋은 반응을 보이는지,
> 우리가 어떤 부분을 더 잘하기를 바라는지 아는 데 도움이 되기 때문이다.
> · 빌 게이츠 ·

    비즈니스 엘리트들은 자신의 시간을 상당히 꼼꼼하게 따지고 또 따진다. 그들은 늘 온갖 방법을 동원해서 시간을 모으고 만들어내며, 시간이 단연 돈보다 귀중하다고 생각한다. 뛰어난 비즈니스 엘리트들을 배출한 하버드의 문화와도 일맥상통하는 부분이다. 하버드 출신의 비즈니스 엘리트들은 시간을 초 단위로 계산하면서 무얼 하든 분, 초 단위까지 계산한다. 하버드 출신은 모두 '시계의 노예'라는 말이 있을 정도다. 시간을 무엇보다 중요하게 생각하는 그들은 규정된

업무시간을 엄격하게 준수하므로 당연히 업무 효율이 높다. 그들에게 시간은 돈이나 다름없으므로 타인의 시간을 뺏는 행위는 그들의 금고 안에 있는 돈을 훔치는 것만큼 치욕스러운 일이다.

점점 더 빠른 리듬으로 변화하는 사회에서 사람들은 모두 '고속, 고효율, 안정적'인 발전을 추구한다. 하루에 처리해야 할 수많은 일 가운데, 중요하고 급한 일에 당연히 가장 먼저 손이 가게 된다. 하지만 계속 이렇게 하면 업무에서 오는 압박감이 점점 커지고, 늘 긴장 상태에 놓여 자신이 소방관이라도 된 양 사방에 불이란 불은 다 끄고 다니게 된다. 그러다 보면 '중요하지 않지만 급한 일'까지 하게 되는데, 이게 귀중한 시간을 낭비하는 일이란 걸 깨닫기가 쉽지 않다. 이런 상황이 길어지면 업무 효율이 떨어질 뿐 아니라, 사람이 지쳐서 진이 다 빠지고 건강까지 상하게 될 것이다. 일할 때는 자기도 모르게 '긴급'이라는 상태에 관성화되는 상황을 경계해야 한다. 사람은 급한 일이라고 생각하면 그것이 중요하든 중요하지 않든 무조건 하려는 경향이 있다. 급하다는 이유로 중요하지도 않은 일을 너무 많이 하는 바람에 정작 중요한 일을 못 하는 상황이 발생해서야 되겠는가?

시간관리 이론의 핵심은 일할 때 반드시 중심을 잘 잡아야 한다는 것이다.

무엇이 중요한지 정확하게 파악하고, '중요하나 급하지 않은 일'을 처리하는 데 시간과 에너지를 투입할 줄 알아야 한다. 유비무환의 자세로 일이 급해지기 전에 미리 준비해두는 것이다. 마치 긴급에 '중독'된 사람처럼 일이 급해져야만 허둥지둥 힘들게 대응하는 일을 피해야 한다. 비즈니스 엘리트들이 많은 시간을 투자하는 일은 가장 중요한 일이지 가장 급한 일이 아니다. 반면에 대부분 사람은 우선 중요하지 않지만 급한 일을 하는 쪽을 선택한다. 이런 이유로 성공하고 싶다면 중요한 일을 가장 '급한 일'이라고 생각하는 법을 배워야 한다. 그래야 시간을 더 알차게 이용하고 효율과 효익 면에서 모두 만족할 만한 수준에 오를 수 있다.

MS의 한 고위직 여성은 자신이 업무를 처리하는 방식에 관해 다음과 같이 설명했다. "저는 일을 시작하기 전에 자신에게 몇 가지를 질문합니다. 지금 하려는 일은 업무 목표 달성을 도울 수 있는가? 만약 그렇다면 목표 달성에 더 중요한 일은 없는가? 이 일이 목표 달성을 돕는 가장 중요한 일이라면, 사용하려는 방식이 가장 좋은가? 개선할 부분은 없는가? 이런 질문들이죠." 이처럼 그녀는 하려는 일이 목표 달성에 이로운지, 가장 중요한 일이고 가장 좋은 방식을 선택했는지 충분히 확인하고, 그렇다는 판단이 서면 조금도 주저하지 않고 전심전력으로 일한다.

물론 일하다 보면 중요한 일과 급한 일이 상충하는 일이 출현한다. 경영 및 시간관리 컨설턴트로 유명한 아이비 리 Ivy Lee도 이런 상황에 관해 조언한 바 있다. 그에 따르면 이런 상황을 맞았을 때, 충분한 시간을 두고 중요한 일과 급한 일 중 어느 것이 우선인지 생각할 필요가 있다. 이 사고의 과정에서 스스로 다음의 몇 가지를 질문하고, 답변을 분석해서 업무의 선후 순서를 정해야 한다.

- ◆ 이 두 가지 업무를 처리하려면 나는 각각 무엇을 해야 하는가?
- ◆ 둘 중 어느 것에서 더 커다란 보상을 얻을 수 있는가?
- ◆ 어느 쪽이 내게 더 커다란 만족감을 주는가?

중요한 업무와 급한 업무가 동시에 생겼을 때, 우리는 이상의 세 가지 질문에 답을 내놓아야 한다. 아예 출력해서 잘 보이는 곳에 붙여두고 시간을 효율적으로 이용할 수 있도록 시시각각 자신을 일깨워도 좋다.

돈을 벌고 싶다면 시간을 효율적으로 사용할 줄 알아야 한다. 중요한 일과 급한 일은 모두 대량의 시간과 에너지가 필요하다. 둘 중 어느 쪽을 먼저 처리해야 하는가는 절대적인 기준이 있지 않다. 그것을 결정하는 기준은 어떤 일이 자신의 이익을 해칠 수 있는가, 나아가 어떤 일이 더 중요한 부분을 위협하는가다.

HARVARD
BUSINESS
LECTURE

14

## 시간 낭비를 막는 업무 계획표

좋은 습관은 재산이다. 일단 한 번 생기면 평생 그로부터 수익이 발생할 것이다.
특히 즉시 행동하는 습관을 기른다면 당신의 인생은 더 유의미하게 바뀔 수 있다.
• 빌 게이츠 •

 

많은 사람이 일하면서 정확한 방향으로 전진하는 데 어려움을 겪는다. 이런 사람들은 적극성이 부족하고, 스스로 자신을 좀 더 엄격하게 다루지 못해서 업무 효율이 높지 않다. 심지어 어떤 사람들은 언제 무슨 일을 해야 하는지조차 알지 못하니 일이 제대로 되지 않을 뿐더러, 이보다 더 시간을 헛되이 낭비하는 일은 없을 것이다.

언제, 무슨 일을, 어떻게 해야 하는지 모든 사항을 구체적으로 기록해보자. 커다란 업무 목표 아래 세부 목표들의 진행 상황 및 문제점을 파악하고, 각 업무의 중요도와 긴급도를 정확하게 파악할 수 있다. 어떤 회사들은 아예 직원들에게 해야 할 일과 주의사항 등을 일목요연하게 정리해서 전달하기도 한다. 경영자부터 사원까지 어느 자리에 있든, 모든 사람에게 권장할 만한 방법이다. 자신이 할 일을 정확하게 이해하고, 그 핵심을 파악해 정리해 기록한다면 업무 진행에 도움이 될 뿐 아니라 업무 효율까지 크게 올라갈 것이다. 자신에게 꼭 맞는 '업무 계획표'를 쓰는 습관이 생기면 무엇을 어떻게 해야 하는지 판단하기에 유리하다. 일을 꼼꼼하고 체계적으로 처리할 수 있으며, 아무리 열심히 일해도 좀처럼 발전하지 않는 상황을 피할 수 있다. 무엇보다 괜히 중요하지도 않은 사소한 일들로 귀중한 시간을 낭비하지 않을 수 있다.

알렉상드르 알렉산드로비치 류비셰프 Alexandr Alexandrovich Ljubishhev는 구소련의 곤충학자이자 철학자, 수학자로 평생 70여 편의 학술논문을 발표한 바 있다. 그가 이렇게 다양한 방면에서 큰 성과를 낼 수 있었던 까닭은 바로 '기록'했기 때문이다.

류비셰프는 스물여섯 살에 시간 사용 내역을 기록한 '시간 통계법'을 고안해냈다. 그는 자신이 한 모든 일에 시간을 얼마큼 사용했는지 기록하고 월, 년, 5년 단위로 통계를 내어 분석함으로써 업무 방식을 개선하고 효율을 높였으며, 그에 따라 미래 계획을 조정했다. 그는 시간 통계법의 방식을 꾸준히 개선하면서 죽을 때까지 56년이나 계속했다.

다음은 류비셰프의 시간 통계법이다.

- **제1단계, 기록:** 다양한 형식의 시간 사용 기록표를 이용해서 상세하고 정확하게 기록한다.

- **제2단계, 통계:** 일정 구간을 채우고 나면 내역을 분류하고 통계화한다. 특히 회의 참석, 보고 청취, 조사 및 점검, 방문, 독서, 신문 읽기 등 각 항목에 들어가는 시간 비중을 도표로 작성한다.

- **제3단계, 분석:** 시간 사용 상황과 업무 효과를 비교 분석하고, 시간 낭비 요소를 찾아낸다. 하지 않아도 되는 일, 다른 사람이 해야 하는 일, 다른 사람의 시간을 낭비하는 일, 과거의 잘못을 되풀이한 일, 과도한 회의 참석이나 인간관계 관리 등이 시간 낭비 요소라 할 수 있다.

- **제4단계, 피드백:** 분석 결과에 따라 시간 낭비 요소를 없애는 계획을 세우고 반영한다.

현대 경영학의 아버지라 불리는 피터 드러커는 "장기 계획이란 미래의 결정이 아니라 현 단계에서 당신이 미래에 대해 내린 결심을 의미한다."라고 말했다. 해야 할 업무를 미리 일정한 형식에 따라 쓰는 업무 계획표를 작성하면, 반드시 완성해야 하는 업무를 확인하고 그 중요성과 긴급도, 지연 상황 등을 점검하는 데 도움이 된다. 이런 방식은 업무뿐 아니라 사적인 일상생활에도 적용할 수 있다.

또 언제 다음 일을 진행할지 명확하지 않은 때에도 일의 전체적인 흐름을 확인할 수 있는 업무 계획표가 도움이 될 것이다. 완성 예상 시간에서 가까운, 다시 말해 긴급한 일들을 확인하는 데도 유리하다. 업무 계획표를 작성할 때는 일의 기준을 잘 정해서 그 경중완급을 구분하는 데 주의하고, 자신의 업무 계획을 정확히 인식하도록 해야 한다. 체계적인 업무 계획에 정확한 판단력을 더해 업무 습관으로 만든다면 일이 더 순조롭게 풀리고 효율을 수배로 증가할 수 있다.

업무 계획표는 당신의 시간과 에너지가 어떤 일에 투입되어야 하는지 정확하게 보여줌으로써 낭비하지 않게 만든다. 일할 때, 무엇이 중요한지 모르는 사람은 핵심을 놓쳐 업무 전체를 모호하고 불명확하게 만들고, 진짜 중요한 부분을 무시 혹은 망각하곤 한다. 이런 사람에게 가장 필요한 것이 바로 업무 계획표다.

하버드의 시간관리 전문가들은 타당한 계획과 조직이 있어야 성공할 수 있다고 조언한다. 정말 성공하고 싶다면 업무 계획표를 작성하고 일의 분배, 계획하는 일로 첫걸음을 내디뎌야 한다.

세상은 날 듯이 빠른 속도로 발전하고 있다. 이 멈추지 않는 세상은 낮은 효율을 용납하지 않는다. 업무 효율을 올리기 위한 방법을 끊임없이 찾고 개선한 사람만 적응하고 살아남을 수 있다. 고효율의 업무 방식을 채택하고, 귀중한 1분, 1초를 낭비 없이 충분히 이용한다면 성공이 머지않다. 지금 업무 계획표 작성을 시작해보자. 일의 경중완급을 따져 체계적으로 계획표를 완성하고, 순서에 따라 하나씩 수행한다면 당신의 업무 효율이 크게 올라간 것을 발견할 것이다.

HARVARD BUSINESS LECTURE

# 15

## 계획해야 일이 제대로 된다

계획에 쓰는 시간이 많을수록 업무 완성에 필요한 시간이 줄어들 것이다.
· 빌 게이츠 ·

---

　세계 최고의 CEO 잭 웰치 Jack Welch 는 항상 이렇게 말했다. "만약 당신의 속도가 빠르지 않고 변화에 적응하지도 못한다면, 당신은 곧 쇠락할 것입니다. 이 세상 모든 국가의 기업과 기관도 그러합니다." 거의 모든 성공한 사람들은 빠르고, 정확하며, 날카롭다. 다시 말해 그들은 항상 속도가 빠르며, 효율이 높고, 일 처리가 과감하다. 이런 장점은 그들의 왕성한 에너지에서 비롯된다. 큰 잠재력이 있는 사람들은 자신의 목표와 계획에 집중하며, 다른 잡다한 일들은 신경 쓰지

않는다. 에너지를 유지하고 비축해야 나중에 중요한 일을 처리하는 데 쓸 수 있다는 걸 잘 알기 때문이다.

미국 소설가 마크 트웨인 Mark Twain 은 이렇게 말한 바 있다. "행동의 비결은 그 복잡하고 골치 아픈 일들을 아주 단순한 작은 일들로 나눈 후, 그중 첫 번째 것부터 시작하는 데 있다." 성공한 비즈니스 엘리트들이 모든 일을 그야말로 물 샐 틈 하나 없이 완벽하게 하거나 하는 일마다 찬사가 쏟아지게 해낸다고 말할 수는 없다. 다만 그들은 항상 열정을 잃지 않고 매우 계획적으로 중요한 일들을 해낸다. 계획을 세운다는 것은 해야 하는 일을 경중완급의 순서에 따라 차례로 배열하고, 예정한 방식으로 하나씩 해결한다는 의미다. 하나의 명확한 계획을 세우면 복잡하고 어지러운 와중에도 두서가 생기고, 차분한 마음으로 충분한 에너지를 유지하며 일할 수 있다. 계획을 세우는 행위는 잠재의식 속에서 자신을 부추기는 것과 같다. 예정된 시간 안에 해야 할 일을 하라고.

미국 베들레헴 철강회사 Bethlehem Steel 의 사장 찰스 슈왑 Charles M. Schwab 은 아이비 리를 만났다. 슈왑이 회사의 업무 효율을 높일 방법에 관해 자문하자 아이비 리는 회사의 수익을 최소 50% 키우는 방법을 알려주겠다고 약속하며 백지 한 장을 건넸다. "이 종이 위에 내일 해야 하는 중요한 일 여섯 가지를 적고, 당신과 당신의 회사에 얼마나 중요한지에 따라 번호를 붙여보시죠." 5분 후, 아이비 리는 다시 말했다. "이제 그 종이를 주머니에 넣으세요. 내일 아침에 출근해서 가장 먼저 그중 첫 번째 일을 해야 합니다. 완성할 때까지 다른 것은 보지도 말고, 오직 그 첫 번째 일에만 집중하세요. 다 하고 난 후에 두 번째, 세 번째 일을 하면 됩니다. 내일 여섯 개를 전부 하지 못해도 상관없습니다. 이미 계획에 따라 일했으니까요." 얼마 후, 아이비 리의 약속은 현실이 되었다. 이후 항상 계획을 세우고 그에 따라 일한 슈왑은 자신의 회사가 점점 더 밝은 빛을 향해 나아가게 했다.

왕성한 에너지를 충분히 유지하고 싶다면 계획 세우기가 그 시작이 될 수 있다. 그 이유는 다음과 같다.

### 1 | 일을 무턱대고 시작하면 되는 일은 없고 힘만 빠진다.

세계적으로 유명한 성공학자 짐 론 Jim Rohn 은 이렇게 말한 적 있다. "하루의 일을 쉽게 시작하지 마라. 머릿속에 그것들을 하나하나 구체화하지 않았다면!"

하지만 어떤 사람들은 아무 생각 없이 무턱대고 하루의 일을 시작한다. 어디서부터 어떻게 시작할지도 모르면서 말이다. 그러다 보니 종종 우스꽝스러운 상황이 벌어진다. 일이 너무 복잡해서 잘 풀리지 않는다고 얼굴을 찌푸리고 울상을 짓는 한편, 어서 일을 완성해 내라고 자신을 채근하는 것이다. 이렇게 초조하고 안절부절못하면서 무슨 일에 집중하겠는가? 그냥 귀중한 시간을 허비할 뿐이다. 이런 상황에서는 온몸이 지쳐 바스러질 정도로 일해도 힘은 힘대로 빠지고 잘될 리 없다. 효율은 따질 필요도 없다.

성공과 실패는 업무 방식의 차이로도 결정된다. 성공 가도를 걷는 사람들은 매일의 업무 계획을 중요하게 생각한다. 하루의 계획을 잘 세워서 그에 따라 일하기만 하면 잠재력을 최대한도로 발휘해서 놀라운 성과를 거둘 수 있다는 걸 잘 알기 때문이다. 계획은 순서와 규정에 따라 진행해야 하는 일종의 '행동 지침서'가 된다. 실행 가능한 목표를 세우고, 해야 할 일들을 선정 및 배치하고, 임무를 완성한 후에 얻을 수 있는 보상까지 확인할 수 있다. 성공하는 사람은 항상 일을 계획에 따라 체계적으로 하나씩 해나간다. 한 가지 일을 완성하지 않으면 다음 일을 할 생각도 하지 않는다. 일할 때는 절대 맹목적으로 덤벼서는 안 된다. 전체적으로 바라보고 이해해서 대략적으로나마 실행 방법과 그 구체적인 계획이 있어야 한다.

## 2 | 한 번에 너무 높은 곳으로 뛰려고 하면 반드시 문제가 생긴다.

일하면서 꾸준히 충분한 에너지를 유지하려면 업무를 대하는 태도가 무척 중요하다. 한 번에 너무 높은 장대를 넘으려고 할 필요는 없다. 너무 높은 목표는 당신을 심리적으로 압박하고 오히려 장해물로 작용할 수 있다.

가장 좋은 방법은 실제 상황에 근거해서 자신에게 가장 적합한 계획을 세우는 것이다. 너무 높은 기대치와 현실 사이에 차이가 생기면 좌절감이 생겨나고, 이런 감정의 파동은 일하는 데 불리할 뿐이다. 또 너무 높은 목표는 당신이 현 상황을 정확히 보지 못해 오류에 빠지게 할 수 있다. 그러므로 계획을 세울 때는 일의 본질을 분석하고, 자신의 능력 및 업무에 필요한 사항에 근거해서 가장 적합한 계획을 세워야 한다. 그래야만 충분한 에너지를 유지하면서 업무 수행 과정에서 만날 수 있는 각종 난관을 극복할 수 있다.

확실한 계획이 있고 그 안의 모든 것을 착실히 잘해내면 성공이 당신을 기다릴 것이다. 잠들기 전, 다음날 어떤 일들을 어떻게 해야 하는지에 관한 계획이 머릿속에 있다면 새로운 하루를 충분한 에너지로 시작할 수 있다. 하루의 계획이 있으면 현재에 집중할 수 있고, 현재에 집중하기만 해도 훨씬 수월하게 일을 처리할 수 있다.

비즈니스 엘리트들은 행동하기 전에 계획을 세운다. 이달이 다 끝나기도 전에 다음 달의 계획을 세우고 일정을 짠다. 하루, 한 주, 한 달의 계획을 꼼꼼하게 세우고, 그에 따라 착실히 일하는 사람은 누구와도 비할 수 없는 우위를 점한 것과 다름없다.

## 16

# 어정쩡한 대답은
# 안 하느니만 못하다

나는 경제학자도 생물학자도 되지 못했다. 골프 시합에서는 싱글을 친 적도 없다.
모두 하고 싶었지만 말이다. 대신 나는 컴퓨터라는 세계를 탐색하기로 했고 꾸준히
그렇게 했다. 내가 가장 좋아하는 것이기 때문이다.
· 빌 게이츠 ·

아마, 어쩌면, 거의, 확실하지 않지만, 그럴지도 몰라, 누가 그러던데……, 이런 말들을 입에 달고 사는 사람들이 있다. 적어도 일할 때는 이런 불확실성을 나타내는 단어들은 절대 사용해서는 안 된다. 특히 상급자와 업무에 관해 이야기할 때는 반드시 금기로 삼아야 한다. 대다수 상사는 이런 말을 무척 싫어한다. "아마 조금 늦게 서류를 발송할 수 있을 것 같습니다." 이런 대답은 상사에게 앞으로도 몇 번 더 확인해야 일이 끝난다고 암시한다. 다음과 같은 대답들도 마찬가지다.

"그때가 되면 누가 준비할 겁니다."
"아마 내일쯤 될 것 같은데요."
"그 고객이 말씀하기로는 아마 내일이나 모레쯤 방문하신답니다."
"그분이 그렇게 말했던 것 같습니다."

일반적인 상황에서 사람들이 이렇게 말하는 데는 두 가지 이유가 있다. 하나는 자신에게 여지를 남기려는 의도고, 다른 하나는 상대방에게 너무 딱딱한 느낌을 주고 싶지 않아서다. 어쩌면 학교나 가정에서는 이런 식의 단정적이지 않고 불확실한 말들이 오히려 부드럽게 느껴질지도 모른다. 하지만 사회에 나가 직장에 발을 담갔다면 이야기가 달라진다. 그런 '부드러운 태도'는 오히려 상사나 동료, 고객들이 당신의 능력에 의문을 가지게 만들 수 있다. 돈으로 시간을 계산하는 세상은 '아마, 거의, 마치, 혹은……' 등의 단어가 생존하기 어려운 곳이다. 상사가 중요하게 보는 것은 일의 결과와 당신의 업무 효율이지, 당신이 얼마나 상냥하고 부드러운 사람인지가 아니다. 그러므로 반드시 이런 말 습관이 있다면 반드시 고쳐야 한다. 만약 상사가 업무를 언제까지 완성할 수 있냐고 물었는데 '오늘 밤이나 내일 아침'이라고 대답했다면, 이는 대답을 하지 않은 것과 마찬가지다. 게다가 상사에게 상당히 좋지 않은 인상까지 남긴다.

엄마 쥐가 태어난 지 얼마 되지 않은 아기 쥐에게 물었다.
"눈이 보이니?"
"보이는 것 같아요!"
"그럼 저 고구마 보이니?"

"네! 그런 것 같은데요."

그러자 엄마 쥐는 고개를 저으며 말했다.

"저건 돌멩이야. 너는 아직 보지도 못하고, 냄새도 못 맡는구나."

엄마 쥐와 아기 쥐의 이야기에서 알 수 있듯이 업무 중에도 확실하지 않은 이야기를 대충 얼버무리며 했다가는 자신의 더 많은 약점을 들킬 수 있다. 예를 들어 다음과 같은 약점이다.

- ◆ 계속 일을 미룬다.
- ◆ 책임감이 부족하고 일의 중요성을 모른다.
- ◆ 일부러 일을 대충하고 어물쩍 넘어가려고 한다.
- ◆ 진실을 말할 생각이 없다.
- ◆ 거만하지만 진짜 능력은 없다.
- ◆ 혼자서 제대로 하는 일이 없다.

상사는 당신의 대답을 듣고 능력을 의심할 뿐 아니라, 당신에게 이상의 약점이 하나 이상, 어쩌면 전부 있다고 생각할지도 모른다. 무엇보다 그런 어정쩡한 대답은 상사를 매우 분노하게 한다. 그 이유는 다음과 같다.

- ◆ 원하는 대답을 얻지 못했다.
- ◆ 앞으로도 계속 확인해야 한다.
- ◆ 아무래도 시킨 일을 정확하게 이해하지 못하고 있다. 생각보다 능력이 없다.
- ◆ 계획에 차질을 빚는다. 직원 하나 때문에 일이 지연되고, 어쩌면 아예 망칠 수도 있다.

이런 이유로 상사가 한 번 화가 나면, 그는 이후로도 계속 당신의 업무 능력을 의심하고 문제로 삼을 것이다. 사정이 어찌 되었든 상사가 당신의 능력을 의심하는 상황은 치명적이다. 부정확한 대답은 당신이 무성의하고 일을 대강대강 끝내려고 한다는 의심을 일으킬 뿐이다. 심지어 자신을 우습게 여긴다고 생각할지도 모른다.

강조하건대 상사가 업무에 관해 물었을 때, 대충 얼버무리면서 어정쩡하게 대답하는 자세는 정말 최악이다. 그런 부정확한 대답은 그들이 원하는 것이 아니다. 상사가 원하는 건 과정이 아니라 결과로, 그들의 머릿속에는 할 수 있는지 없는지, 기한 안에 되는지 안 되는지, 가능한 일인지 아닌지만 있을 뿐, 만약에, 아마, 어쩌면…… 같은 단어들은 없다.

자신감이 너무 과하거나 혹은 부족해서 질문을 꺼리고, 전혀 근거도 없는 가설을 만드는 사람들이 있다. 하지만 이렇게 나온 가설은 자신이 얼마나 무능력한지 보일 뿐이다.

| | |
|---|---|
| 고객<br>(혹은 상사) | "보내준 전략 연구 보고서에 앞으로 몇 년간 매년 5% 수준의 인플레이션이 발생할 거라고 했더군요. 근거가 뭐죠?" |
| 당신 | "……, 그동안 인플레이션 비율이 쭉 그 정도여서……" |
| 고객<br>(혹은 상사) | "다시 묻죠. 그럼 왜 앞으로 몇 년도 똑같은 상황이 출현할 거라고 생각했나요?" |
| 당신 | "……" |

많은 경우, 사람들이 질문을 받았을 때 침묵을 선택하는 이유는

어떤 대답을 해도 일을 더 안 좋게 만들 거란 걸 알기 때문이다. 이론 근거가 부족하다는 것은 당신의 관점을 설명할 충분한 근거가 없다는 뜻이며, 이는 당신의 업무 능력이 부족함을 드러낼 뿐이다. 하버드 학생들은 불확실한 가설을 말하는 건 무책임한 행동이라고 생각하기에 반드시 삼간다. 근거가 없는 불확실한 가설은 사람들이 그들의 능력을 의심케 할 뿐이다.

가설과 관련해서 기억할 것은 하나다. 어떠한 가설도 모두 의심해볼 만하다는 것이다. 가설을 세울 때는 매번 자신에게 먼저 물어봐야 한다. "내가 이 가설을 끝까지 보호할 수 있을까?" 상사가 당신의 불확실한 가설 때문에 당신의 업무 능력 전체를 의심하게 하지 마라. 얻는 것보다 잃는 것이 더 많을 테니까.

HARVARD BUSINESS LECTURE

HARVARD BUSINESS LECTURE

· 세 번째 수업 ·

# NEGOTIATION
협상

## 세계 최고의 협상가처럼

비즈니스 세계에서 누구보다 빠르고 멀리 내달리려면 협상을 피할 수 없다. 협상의 과정에는 양측이 '대치에서 합작으로' 나아가는 원칙이 존재한다. 특히 비즈니스 협상 중에 반드시 준수해야 하는 원칙이자 협상 성공의 첫 번째 조건이 있는데 바로 원활한 소통과 교류의 환경을 조성하는 것이다. 협상 당사자들은 우호적인 분위기에서 자기 입장만 내세우지 말고 협상해야 한다. 모든 협상의 목적은 '이익'이다. 하지만 내 이익을 차지하겠다고 상대방의 감정을 상하게 하거나 자기 입장으로만 상황을 본다면 결과가 좋을 리 없다. 반드시 상대방의 이익까지 고려하는 다양한 방안을 준비해서 그에게 가장 좋은 선택안을 제시해야 한다. 그렇다고 무조건 양보하는 태도도 좋지 않다. 이는 도리어 상대방이 당신의 원칙과 목적을 의심케 할 것이다. 또 협상 중에 충돌이 발생하면 최대한 우호적인 태도로 갈등의 원인을 제거하고 모두가 만족하는 상황을 만들도록 노력해야 한다.

HARVARD
BUSINESS
LECTURE

# 17

## 가장 빠르게 돈을 버는 법, 협상

협상을 잘 모르는 사람은 그것이 단순히 양측의 차이를 줄이기 위한 것이라고 여긴다.
그러나 진정한 협상은 시장을 관통하는 예리한 검과 같아 당신의 이익을 최대화한다.
· 스티브 잡스 ·

하버드 경영대학원에는 이런 말이 있다. "협상으로 많은 돈을 벌 수 있는 까닭은 사람들이 무언가에 만족하면 기꺼이 더 큰 대가를 치르고자 하기 때문이다. 국가나 인종을 막론하고 모든 사람이 보편적으로 그러하다." 사업가, 경영자……, 비즈니스 세계에 발을 담근 사람이라면 누구나 협상이 얼마나 중요한지 잘 안다. 그들은 협상술을 일종의 자본으로 삼아 돈을 번다. 비범한 협상술을 구사하는 사람은 언제나 엄청난 추진력으로 합작을 성사시키며 더 커다란 부를 얻는 길을 찾는다.

　세계 최정상급 협상 전문가이자 미국 전 대통령 빌 클린턴Bill Clinton의 협상 고문, 미국 국가연설협회NSA 수석 연설가인 로저 도슨Roger Dawson은 이렇게 말했다. "판매는 판매액을 키우고, 경영은 효율을 올리며, 재무는 위험을 제어한다. 그리고 협상은 기업에 직접적인 이윤을 안긴다." 도슨은 협상 전문 컨설턴트로 기업이 협상 인재를 키워내는 일을 도와 주목받았으며 '세계 최고의 협상가'라는 영예를 얻었다.

　지금 전 세계 수많은 일류 대학이 MBA 과정으로 훌륭한 인재를 많이 길러낸다. 그중에서도 하버드 경영대학원은 단연 최고로 매년 연봉 10만 달러 이상의 비즈니스 엘리트를 대거 배출하고 있다. 이는 하버드가 학생들의 비즈니스 협상력을 키우는 데 더 공을 들이기 때문이다. 비즈니스 엘리트들의 화려한 성공 사례를 분석해보면 돈을 버는 가장 빠른 방법이 합작과 윈-윈win-win이라는 사실을 어렵지 않게 알 수 있다. 이 합작과 윈-윈을 가능케 하는 것이 바로 협상이다.

　'경영의 신'으로 불리는 사업가 아먼드 해머Armand Hammer는 미국 산업 발전 역사에서 빼놓을 수 없는 인물이다. 그는 다양한 영역을 넘나들며 과감하게 사업을 시도했다. 연필을 만들기도 했고, 술을 빚은 적도 있으며, 소를 키우기도 했다. 해머는 손을 대는 사업마다 성공을 거두어 큰돈을 벌었다. 이런 그가 가장 마지막에 뛰어든 사업이 바로 큰 이윤을 얻을 수 있는 석유산업이었다. 그가 사장 자리에 앉아 직접 경영한 옥시덴털 페트롤리엄Occidental Petroleum은 20세기 후반까지 세계 석유산업을 지배한 석유자본 '세븐 시스터스 Seven Sisters' 중 하나다. 해머는 옥시덴털 페트롤리엄을 경영하면서 석유왕이라 불릴 정도로 많은 돈을 벌고 명성을 날렸다. 그는 전설로 남을 만한 비즈니스 인생 내내 누구보다 예리하고 강한 추진력을 발휘했으며, 늘 호시탐탐 기회를 엿보았다. 하지만 무엇보다 가장 뛰어난 재능은 바로 협상력이었다. 해머는 돈을 벌 수 있는 길로 가기 위해 중요한 시기마다 탁월한 협상력을 거침없이 발휘했으며, 항상 최후의 승리자가 되어 협상력이야말로 성공의 필수 요소임을 몸소 증명했다.

어린 시절부터 협상과 거래에 소질이 있었던 해머는 학생 시절부터 이미 뛰어난 통찰력으로 비즈니스 기회를 찾고 다양한 사람과 협상했다. 천부적인 협상력을 갖춘 그는 컬럼비아 대학 Columbia University 졸업생 중 유일하게 자수성가한 백만장자가 되었으며, 1921년에는 소비에트 정권을 세운 레닌 Vladimir Il'ich Lenin 을 만나 굳게 닫힌 구소련의 문까지 열었다. 이후 해머는 자서전에서 전 세계 지도자급 인물들과 만나 협상하고 담판을 지은 일을 소개하며 뛰어난 협상력과 기술이 얼마나 중요한지 보여주었다.

해머의 성공은 협상이 비즈니스의 고수들끼리 벌이는 각축전이자 부의 근원으로 직행해서 가장 빠르게 돈을 버는 방법임을 보여준다. 해머 외에도 뛰어난 협상력으로 성공을 거머쥔 비즈니스 엘리트는 많다. 글로벌 미디어 거물 루퍼트 머독 Rupert Murdoch 이 그 대표적인 인물이다.

1931년에 오스트리아에서 태어난 루퍼트 머독의 인생 역시 전설이라 불릴 만하다. 머독은 스물두 살이던 1953년에 런던 〈데일리 익스프레스 Daily Express〉에서 수습 편집기자로 활동하면서 언론 분야에 처음 뛰어들었다. 이후 50여 년 동안 그가 설립하고 경영한 언론 기업들은 순자산만 400억 달러를 넘었다. 그가 세운 종합 언론 미디어 그룹은 세계에서 가장 규모가 크고 글로벌화한 것으로 평가받으며, 머독 개인의 전 세계 인지도 면에서 미국 대통령에 뒤지지 않았다.

　머독이 거둔 여러 성공 중에서도 가장 대단하다고 할 만한 것은 영국에서 〈더 선 The Sun〉을 인수한 일이다. 그는 이 인수로 사업가로서 자신의 능력을 만천하에 알렸다. 당시는 머독이 인수한 지 얼마 되지 않은 영국 주간지 〈뉴스 오브 더 월드 News of the World〉가 슬슬 업계에서 부상하고, 〈더 선〉은 발행 부수가 150만 부에서 85만 부로 곤두박질칠 정도로 어려운 상황이었다. 머독은 이것이 아주 좋은 기회라고 여기고, 인수에 뛰어들 때라고 판단했다. 그런데 경쟁자인 로버트 맥스웰 Robert Maxwell이 먼저 인수 협상을 시작했다는 소문이 들렸다. 게다가 〈더 선〉 측이 맥스웰이 제시한 낮은 가격에 매각하는 쪽으로 의견이 기울었다는 이야기까지 돌았다. 머독은 당황하거나 포기하지 않고, 가능한 자금을 전부 끌어모았다. 그는 거의 1년에 걸쳐 갖은 방법과 협상술을 동원해서 맥스웰을 따돌리고 150만 달러에 〈더 선〉을 인수하는 데 성공했다. 이후 〈더 선〉은 전 세계에서 가장 큰 흑자를 내는 일간지 중 하나로 성장해서 머독이 세운 언론 미디어 제국을 대표하는 기업이 되었다.

지금처럼 속도와 효율이 무엇보다 중요한 시대에 뛰어난 협상술은 돈을 벌 수 있는 가장 강력한 무기가 된다. 협상술은 단 몇 분 만에 엄청난 규모의 사업을 흥하게 할 수도 망하게 할 수도 있다. 훌륭한 협상술을 갖추고 구사하는 경영자가 있는 기업의 미래는 흑자가 계속될 것이다.

자본과 자원을 거래할 때, 숙련된 협상술을 발휘하지 못한다면 돈이 나오는 근원으로부터 점점 더 멀어진다고 보면 된다. 그러니 당장 가장 빠르게 돈을 버는 방법, 즉 협상술을 키워야 한다!

HARVARD
BUSINESS
LECTURE

18

## 부드러운 분위기 만들기

말이 부드러워야 손에 쥐는 것이 많아진다.
• 미국 26대 대통령, 시어도어 루스벨트 •

협상 테이블 앞에 앉으면 무슨 일이 생길지 모르는 팽팽한 긴장감, 심지어 '살기'가 느껴지기까지 한다. 협상에서 양측이 온갖 노력을 아끼지 않고 갖가지 방법을 동원해 지략과 배짱을 겨루는 까닭은 오직 더 큰 이익을 얻기 위해서다. 이때 긴장과 적대감을 버리고 가볍고 부드러운 분위기를 조성할 수만 있다면 당신이 성공을 거머쥐는 데 큰 도움이 될 것이다.

협상은 경영자라면 반드시 연구를 아끼지 않고 끊임없이 갈고 닦아야 하는 일종의 학문이다. 협상하면서 편안하고 부드러운 태도를 유지하고, 작위적이지 않게 자연스러우면서도 원칙을 잃지 않는다면, 끝날 때까지 서로 우호적인 분위기 속에서 협상할 수 있다. 그 과정에서 차분히 변화를 포착하고, 때를 선택하고, 기회를 엿보는 것이야말로 훌륭한 협상가의 품격이다.

유대인 거부巨富 하워드 휴즈Howard R. Hughes는 성격이 괴팍하고 언행이 거칠며 포악스러운 사람이었다. 대부분 사람은 그와 가까이하기를 꺼릴 정도였다. 어느 날 그는 항공기를 구매하는 일로 제조사 대표와 만났다. 이 자리에서 휴즈는 구매 조건이라며 34개에 달하는 요구사항을 내놓았고, 경쟁업체가 이를 전부 받아들이고 반드시 비밀을 유지하라고 으름장까지 놓았다. 하지만 제조사 대표는 휴즈의 요구에 동의하지 않았고, 양측은 첨예하게 대립하면서 양보하지 않았다. 서로 얼굴을 붉히며 팽팽하게 대치하는 상황이 계속되자 휴즈는 계속 이런 식으로 했다가는 자칫 협상장에서 쫓겨날 수도 있겠다고 생각했다.

자기 성격을 누구보다 알고 있었던 그는 자신이 협상을 더 악화시킬 뿐이라고 생각하고, 개인 대변인인 오마르에게 대신 협상 테이블에 앉도록 했다. 협상장을 떠나기 전, 휴즈는 오마르에게 신신당부했다. "34개 중에 여기 이 11개는 절대 양보하면 안 돼! 다른 건 전부 포기해도 이 11개만은 반드시 약속을 받아야 한다고!" 천성이 부드럽고 친절하며 항상 합리적이고 이성적인 오마르는 등장만으로도 항공기 제조사 대표를 한숨 돌리게 했다. 그들은 훨씬 편안한 자세로 긍정적으로 의견을 주고받았다. 이렇게 우호적인 분위기 속에서 오마르는 휴즈가 반드시 관철하라던 11개를 포함한 30개 요구사항을 약속받았다. 나중에 보고를 들은 휴즈는 생각보다 좋은 협상 결과에 깜짝 놀랐다.

신이 난 휴즈가 대체 무슨 묘수를 썼기에 그렇게 협상을 잘했냐고 묻자, 오마르는 빙긋이 웃으면서 대답했다. "특별한 비결은 없습니다. 사실 생각보다 간단했습니다. 의견 차이가 생길 때마다 상대방에게 저랑 계속 협상할 건지, 아니면 휴즈 씨를 다시 부를지 물었죠. 그랬더니 제가 원하는 대로 해주더군요!" 오마르는 이처럼 유머러스하면서도 품격 있는 대답으로 협상에서 부드럽고 우호적인 분위기가 얼마나 중요한지, 그리고 휴즈가 괴팍한 성격을 바꿀 필요가 있다는 이야기를 효과적으로 전달했다.

편안한 소통과 교류가 가능한 우호적인 협상 분위기는 많은 비즈니스 엘리트가 매우 중요하게 여기고 사용하는 조건이다. 그들은 협상 중에 서로 대립각을 세우거나 도무지 풀리지 않는 문제에 봉착했을 때도 이성을 잃지 않고 차분하며 우호적인 태도를 유지하며 상호 협조적인 분위기를 끝까지 유지한다. 협상할 때는 어떠한 전술을 이용하는가와 별개로 분위기를 항상 가볍고 편안하게 유지해야 한다. 특히 협상자로서 당신의 부드럽고 차분한 태도는 상대방에게 좋은 인상을 줄 수 있다. 그는 당신이 이 협상에 성의를 다하고 있으며, 진심으로 그와 합작하기를 바란다고 생각할 것이다.

물론 나는 좋은 분위기에서 협상하려고 했는데 상대방이 비협조적으로 나올 수도 있다. 예컨대 내내 쓸데없는 질문만 쏟아내는 사람도 있고, 시도 때도 없이 은근한 자랑을 늘어놓는 사람도 있다. 이런 상대를 만났을 때, 당신은 어떻게 하겠는가? 어떤 사람은 참지 못하고 짜증을 드러내거나 심지어 협상 도중에 그냥 나가버리기도 한다. 물론 현명하지 않은 대응이다. 상대방이 비협조적으로 나오면 오히려 그런 점을 이용해서 협상을 유리하게 가져갈 수 있다. 사실 자기 잘난 맛에 사는 사람일수록 '다루기가' 더 쉽다. 약간의 인내와 지혜만 있다면 말이다. 예컨대 다른 의도나 목적 하나 없이 순수하게 질문을 가장해 자신의 지식을 뽐내려는 사람이라면 그를 크게 칭찬해보자. 정말 좋은 질문입니다, 지금 굉장히 중요한 부분을 언급하셨네요, 이런 말 몇 마디에 그들이 희희낙락하는 중에 부드럽게 이야기를 당신에게 유리한 쪽으로 틀어서 전체 상황을 장악하는 식이다.

협상에서 우호적인 분위기를 형성하고 유지해야 하는 가장 중요한 이유는 충돌이 발생할 가능성을 완전히 없애야 하기 때문이다. 안타깝게도 어떤 협상자들은 이익 추구와 충돌을 혼동하곤 한다. 물론 충돌이나 대립 역시 협상의 일부이지만, 생각만큼 중요하지 않으며 단호함이나 강한 의지 혹은 영웅적인 기질과는 더더욱 관계가 없다. 늘 성공을 거두는 협상자는 심상치 않은 상황에도 절대 흔들리지 않는다. 어떤 상황이 와도 차분하고 초연한 표정으로 조바심 따위는 내지 않으며 이성적이고 냉철하게 대처한다.

일단 협상 테이블 앞에 앉으면 원칙을 잃지 않으면서 최대한 안정적인 태도로 가볍고 부드러운 소통이 가능한 우호적인 분위기를 만들어야 한다. 이런 환경에서 더 솔직하게 의견을 교환하고 교류함으로써 각자 원하는 결과를 얻어갈 수 있다.

하버드 경영대학원은 협상에서 가장 중요한 요소로 분위기를 꼽는다. 그들 역시 협상이 '총성 없는 전쟁'이라는 데 동의하지만, 그렇다고 실제로 전투가 벌어져서는 안 된다. 협상은 상호 협력과 교류의 우호적인 분위기가 필요한 무형의 전쟁으로 그것은 협상자의 인내와 지혜로만이 가능하다.

HARVARD
BUSINESS
LECTURE

# 19

## 원칙으로 협상하라

각자 자기 입장만 꽉 끌어안고 포기하지 않고, ······
이후의 행위와 과거의 입장을 연계하면, 협상은 점점 불가능해지고 양측의 최초 이익은
공동인식에 이를 수 없다.
• 하버드 법대 명예교수 • 하버드협상프로젝트 총책임자, 로저 피셔 •

원하든 원하지 않든 당신은 '협상자'이며, 이는 생활 속에서 피할 수 없는 현실이다. 우리는 회사와 연봉인상에 관해 협상해야 하고, 가게에서 흥정해야 하며, 가족과 휴가지를 상의해야 한다. 협상은 우리 일상에서 없는 곳이 없는, 생각보다 훨씬 빈번하게 일어나는 일이다.

무엇을 협상하든 사람들은 자기 입장에서부터 출발하고 그것을 고수한다. 그러다 보니 각자의 입장 차이로 서로 뒤엉켜서 논쟁이 끝

나지 않는데 이런 전통적인 협상 방식을 '입장 협상 positional negotiation'이라고 한다. 이와 반대로 하버드는 협상할 때 자기 입장을 잠시 '옆으로 치워두고서' 공평하고 객관적인 기준을 찾아 양측이 모두 받아들일 수 있는 절충안을 찾기를 권한다. 이처럼 입장의 흥정을 피하는 새로운 협상 방식을 '원칙 협상 principled negotiation'이라고 한다.

협상학에서 이른바 '성공적인 협상'이란, 양측의 합법적 이익을 최대한 보장하고, 이익 충돌을 공평하게 해결하며, 합의의 지속성이 강하고, 사회적 효익을 고려한 협상을 가리킨다. 일반적으로 성공적인 협상이 되려면 다음의 세 가지 조건을 만족해야 한다.

- ◆ 공동인식에 도달할 가능성이 있으면, 현명한 협의를 이루어야 한다.
- ◆ 효율적이어야 한다.
- ◆ 양측의 관계를 증진하거나 최소한 손상하지 않아야 한다.

**고객:** "사장님, 이 옷은 얼마인가요?"

**사장:** "정말 보는 눈이 있으시네요. 저희 신상품이에요, 85위안입니다."

**고객:** "신상품은 무슨……, 딱히 마음에 드는 것도 아닌데 그냥 25위안에 주세요."

**사장:** "네? 25위안이요? 고객님, 지금 농담하세요? 정말 살 생각이 있으시면 제가 75위안만 받을게요."

**고객:** "75위안요? 사장님, 이게 어디 75위안짜리에요? 25위안이 적당한 가격이에요!"

**사장:** "정말 거침없는 분이시네. 그러지 말고 진짜 주실 수 있는 가격

고객: "여기 이것 좀 보세요. 제가 60위안까지는 양보할게요."
고객: "여기 이것 좀 보세요. 마감이 제대로 안 돼서 올이 다 풀어졌잖아요……, 아무리 봐도 25위안 이상은 아니에요."
사장: "아이고, 고객님! 진짜 말이 안 통하는 분이시네. 이건 올해 유행인 빈티지 스타일에서 많이 보이는 프린지 디테일이에요. 얼마나 세련된 옷인데요. 입어보시면 딱 고객님께 맞춤한 것처럼 잘 어울릴 거예요. 저희 가게에 들여온 가격이 가장 비싼 옷이에요. 옷 볼 줄 아시네요! 이렇게 하죠. 각자 한발씩 물러서서……, 좋아요, 50위안에 가져가세요!"
고객: "사장님이 참 장사를 잘하시네요. 좋아요, 제가 5위안 더 써서 30위안 드릴게요. 더는 못 드려요!"
사장: "30위안은 진짜 안 됩니다. 입고가가 얼마인데 30위안이라뇨! 백화점 진열대에 있으면 몇백 위안을 받았을 옷이에요. 여기 이 정교한 디테일 좀 보세요. 이제 조금만 더 지나서 입을 철이 되면 가격이 거의 배로 뛰어오를 거라고요!"

이상은 일상에서 흔히 일어나는 작은 협상 상황이다. 이 협상에서 사장과 고객은 모두 자기 입장을 중심으로 얻을 수 있는 이익을 최대한으로 하려고 노력 중이다. 두 사람의 협상 과정을 통해 우리는 다음의 몇 가지를 알 수 있다.

첫째, 자기 입장만 내세우면 합의를 이룰 수 없다.
양측이 자기 입장만 고수하면서 절대 내려놓으려고 하지 않을수록 협상은 난항에 부딪힌다. 초기 입장은 시간이 흐를수록 더 견고해져서 바꾸기 어려워지고, 상대방에게 이를 이해시키기 위해 굳건히 사수한다. 협상 당사자가 입장을 자아 이미지로 삼게 되면 새로운 목표가 더해지는데, 바로 자신의 체면을 지키는 일이다. 초기 입장에서 물러서면 체면을 깎이는 일이 되는 것이다. 그 결과는 로저 피셔의 말과 같다. "이후의 행위와 과거의 입장을 연계하면, 협상은 점점 불가능해지고 양측의 최초 이익은 공동인식에 이를 수 없다."

둘째, 각자의 입장이 부딪힐수록 효율이 떨어진다.

전통적인 협상 방식인 입장 협상으로 양측은 만족할 만한 합의에 이를 수도 있고, 기분만 나빠져서 헤어질 수도 있다. 분명한 건 결과가 어느 쪽이든 협상에 많은 시간을 소모해야 한다는 사실이다. 양측은 협상의 최종 결과를 최대한 자신에게 유리하게 만들어 자기 이익을 보호하기 위해서 매우 극단적인 조건을 고수하면서 물러서지 않는다. 심지어 상대방을 속이고 일부러 진짜 원하는 걸 숨기는 일도 서슴지 않는다. 양보는 도저히 어쩔 수 없을 때만 한다. 양측이 내놓는 양보가 적을수록 협상에 소모하는 시간은 더 길어지고 에너지는 고갈된다. 이뿐 아니라 전통적인 협상 방식에서 양측은 끊임없이 다양한 결정을 내려야만 한다. 상대방이 내놓은 조건 중 어느 것을 거절하거나 받아들여야 하는지, 자신이 양보할 수 있는 마지노선이 어디까지인지 등등, 이런 문제들에 대해 최선의 결정을 내리기 위해 협상 내내 긴장하면서 정신적으로 엄청난 압박감에 시달릴 수 있다. 또 어떤 협상자는 목적을 달성하려고 시간이 늘어지든 말든 협상을 질질 끌면서 자기가 원하는 걸 들어주지 않으면 협상장을 떠나겠다고 위협하기도 한다. 이런 행위 역시 양측이 더 많은 시간과 에너지를 소모하게 만들며 대부분 서로 기분만 나빠져서 뒤도 돌아보지 않고 헤어지는 일이 부지기수다.

셋째, 서로 입장만 주장하면 관계에 악영향을 미친다.

앞의 사례에서 고객과 사장은 아직 거래를 마무리하지 못했다. 두 사람은 어쩌면 이후로도 긴 시간과 많은 에너지를 소모해서 양측 모두 억지로라도 받아들이는 결과를 얻었을 수도 있고, 끝까지 자기 입장만 내세우며 대립하다가 거래가 결렬되었을 수도 있다. 최악의 경우, 멀쩡한 내 상품을 흠잡네, 고객 응대가 불량하네 하면서 서로 탓하며 큰 싸움이 났을지도 모른다.

입장 협상이 결국 양측의 '힘겨루기'에 불과하다는 사실을 부인하기는 어렵다. 협상자가 서로 자기 입장만 내세우면서, 양보하면 무슨 큰일이라도 나는 줄 아는 힘겨루기가 되면 처음에 함께 손잡고 일해보려고 한 의도는 온데간데없이 사라지고, 협상은 협상이 아니라 투쟁이 되어버린다. 너를 죽여 내가 살아야겠다는 강한 의지로 어떻게든 상대방이 '퇴각'할 때까지 밀어붙이는 것이다. 나는 절대 양보하지 않을 거야! 옷을 사고 싶으면 60위안을 내놓고, 못 내놓겠으면 당장 나가! 상대방이 이런 식으로 나오면서 자기 제안을 계속 무시하면, 원래는 합리적이고 이성적으로 협상하려고 했다가도 화가 치밀어오를 수밖에 없다. 이따위 질 떨어지는 옷을 팔면서 선심 쓰듯이 60위안을 내놓으라니! 이렇게 해서 협상이 결렬되고, 관계까지 상하는 일은 어렵지 않게 찾아볼 수 있다. 세 치 혀라는 무기로 서로에게 입힌 상처는 아마 평생 사라지지 않을 것이다. 오랫동안 함께 일한 동료와 더는 말하지 않고, 몇 년이나 합작 관계를 유지해온 회사들이 결별해서 각자 자기 길을 가는 일 역시 이런 이유가 적지 않다.

하버드 협상프로젝트[4]는 입장 협상에 따르는 여러 가지 폐단을 극복하는 방법으로 '원칙 협상'을 제안했다. 원칙 협상은 입장이 아니라 협상 주제 자체에 주목해서 함께 해결방안을 구하는 방식이다. 일과 사람을 분리하고, 입장이 아니라 각자의 이익에 집중하며, 양측의 이익에 충돌이 발생했을 때 모종의 객관적 표준에 따라 결론을 내리는 방식이다. 원칙 협상에서는 협상자들이 서로 기세를 잡으려고 애쓸 필요도, 속임수나 계략도 필요 없다. 매우 공평하고 합리적이며 협상 양측이 모두 원하는 것을 얻으면서도 끝까지 서로 예의를 갖춰 품위를 지킬 수 있는 방식이다.

원칙 협상은 상호 이익 방안과 공평한 표준에 주목하는 협상 방식이다. 이를 통해 양측은 공동 인식을 달성하며 입장을 사수하기 위해 시간이나 에너지를 대량으로 소모할 필요도 없다. 무엇보다 양측이 모두 만족하는 결과를 얻을 수 있다.

---

[4] Harvard Negotiation Project, 1979년 설립된 하버드 대학 산하의 연구기관

## 20

## 일과 사람을 분리하라

기술관리에서 개발자들의 태도를 바로잡고 상품개발을 방해하는
모든 간섭을 제거하라. 개발자에게 압박감과 발휘의 공간이 모두 존재하는
가장 이상적인 환경을 만들어줄 수 있다.
· 빌 게이츠 ·

관계는 협상 중에 무시되기 쉬운 요소다. 하버드는 협상 상대와 대면했을 때, 자신 앞에 협상이라는 일뿐 아니라 그보다 더 중요한 '관계'라는 문제가 존재한다고 생각하기를 조언한다. 이 두 가지를 모두 성공으로 이끌려면 일과 사람을 분리해 사고할 줄 알아야 한다.

안타깝게도 협상에서 실질적인 문제와 관계를 하나로 묶어서 사고하는 일이 종종 발생한다. 가족끼리 어떤 문제를 상의할 때, 주방이 엉망진창이다, 생활비가 부족하다 같은 말은 하는 사람은 그냥 사

실을 말한 거라도, 듣는 사람에 따라 질책이나 인신공격으로 느껴질 수 있다. 또 협상 중에 어떤 상황을 마주하고 자신이 느끼는 분노와 원망을 상대방에게 그대로 쏟아내는 사람들도 있다. 이런 태도가 바로 일과 사람을 구분하지 못하고 주관적 감정으로 실제 문제를 조정하려는 모습이다.

일과 사람을 분리하지 못하고 동일시하면 필연적으로 감정이 개입한다. 이렇게 해서 이로울 수도 있지만, 서로의 이익을 해할 수도 있다. 사업, 외교……, 어떤 협상이든 협상 테이블 너머에 앉은 상대방이 추상적인 상징이 아니라 살아 있는 인간이라는 사실을 잊어서는 안 된다. 그들 역시 생각과 감정이 있고, 자신만의 가치관, 배경, 문제를 보는 각도가 있으니 존중하고 배려하면서 합의점을 찾아나가야 한다.

어떤 협상자들은 가능한 한 빨리 합의에 이르러 성공의 기쁨을 맛보고자 하기에 양측 모두 만족하는 결과를 추구한다. 이해, 진정성, 존경, 우정의 기초 위에 시간을 두고 확인한 합작 관계는 협상을 더 순조롭고 즐겁게 만든다. 이런 분위기에서 협상 양측은 서로 가장 좋은 면을 보여 호감을 얻으려고 하면서 자신뿐 아니라 상대방의 입장과 이익에도 주목하게 된다.

반면에 어떤 협상자들은 협상에 너무 큰 기대를 걸었다가 뜻대로 안 풀린다 싶으면 내면의 분노, 갈등, 실망, 슬픔 등의 감정을 그대로 드러낸다. 그들은 내면을 제어하지 못하면서 자신의 각도로만 상황을 바라보고 현실을 감정과 동일시해서 고스란히 표출한다. 그 바람에 오해가 생기고, 상대방의 말 뒤에 숨은 함의를 왜곡하며, 그 진짜 의도를 이성적으로 사고하려고 하지 않는다. 오해는 편견을 가중하고 일종의 역반응을 일으키며 악순환을 형성해서 협상을 풍비박산이 나게 한다. 협상은 더 이상 협상이 아니라 점수를 뺏고 빼앗기는 시합이 되어 쌍방 간 공격, 조롱, 비난만 난무할 뿐이다. 다음의 사례처럼 말이다.

한 공장에서 노동자들끼리 충돌이 생겨 작업을 거부하는 일이 발생했다. 중재에 나선 공장장이 모두를 불러놓고 질문했다. "가장 큰 문제가 뭡니까? 누구에서부터 시작된 일입니까?" 존스가 일어나 말했다. "접니다! 작업반장 카일이 2주 동안 다섯 번이나 나를 차출하더니 다른 작업자의 일을 하게 했습니다. 처음 한두 번은 참았지만, 다섯 번은 선을 넘은 거죠. 더는 참을 수 없습니다."

존스의 말을 들은 공장장은 카일에게 물었다. "왜 2주 동안 다섯 번이나 존스를 차출했습니까? 꼭 필요한 일이었나요?"

카일은 곤혹스럽다는 표정으로 말을 시작했다. "존스를 차출한 이유는 그가 가장 숙련된 사람이어서입니다. 일을 가장 잘하니까요. 조장이 없는 다른 조에 가서 일을 잘 처리해달라는 거였어요. 알다시피 지금 독감이 유행이라 조장들이 돌아가면서 병가를 내다보니 자주 그런 일이 생겼습니다. 조장들이 전부 출근했거나 스미스만 있었어도 존스에게 부탁하지 않았을 겁니다. 사실 존스가 그렇게 싫어하는 줄 몰랐습니다. 중요한 일이니 기꺼이 해주는 줄 알았네요."

이외에 어떤 사람들은 협상할 때, 대놓고 상대방을 무시하고 그들이 어떤 반응을 보이든 신경 쓰지 않는다. 이는 당연히 협상을 망치는 태도다. 협상할 때는 사전 준비작업부터 사후 마무리 업무까지 관계의 문제를 잘 처리하고 있는가를 깊이 생각해 보아야 한다.

협상자의 이익은 크게 두 가지, 즉 실질 이익과 관계 이익으로 나눌 수 있다.

실질 이익이란 협상이 벌어진 원인으로 양측 모두 원하는 수준으로 만족하고자 한다. 관계 이익은 협상 상대방과 장기적인 이해관계를 유지함으로써 얻는 이익으로 실질 이익과 함께 반드시 주목해야 할 부분이다. 예컨대 골동품 판매상이라면 물건을 팔아 돈을 버는 실질 이익뿐 아니라 그 고객이 앞으로도 꾸준히 가게를 찾는 단골이 되는 관계 이익을 추구하는 것이 좋다. 그러려면 협상에서 나의 이익뿐 아니라 상대방의 이익까지, 즉 양측의 이익을 모두 고려한 합의를 달성해야 한다. 실제로 많은 협상이 관계를 끊임없이 발전시키면서 순조롭게 진행된다. 협상은 실질 이익과 관계 이익을 모두 둘러싸고 추진되는 것이지, 관계를 무시하는 바람에 이후의 일에 악영향을 주면서 해서는 안 된다. 실제로 장기고객, 비즈니스 파트너, 정부 기관, 외국 정부와 협상할 때, 관계 이익을 특별히 고려하는 방식은 매우 효과적이다.

> 일과 사람을 분리하려면 복잡한 관계 속에서 출로를 찾고, 인식, 감정, 교류의 방면에서 관계를 조정하는 법을 배워서 협상의 최종 성공을 위한 기초를 다져야 한다.

HARVARD
BUSINESS
LECTURE

## 21

# 이익만이 협상 테이블에 오른다

주장이란 말로 하는 요구사항이며, 이익은 진짜 바라는 것이다.
이익이야말로 문제의 관건이자 의견충돌의 동기다.
• 스티브 잡스 •

우리는 왜 협상을 하는가? 당연히 이익을 얻기 위해서다. 협상은 서로 소통하고 교류하면서 양측의 이익을 보장하는 모종의 균형점을 찾고자 하는 행위다. 이런 이유로 협상할 때는 그 핵심, 즉 이익에 주목해야 한다. 양측의 이익을 모두 만족해야 비로소 협상이 성공했다고 말할 수 있다.

도서관에서 말다툼이 일어났다. 한 사람은 창문을 열어야 한다고

하고, 다른 한 사람은 창문을 닫아야 한다며 물러서지 않았다. 어떻게 해야 할까? 작은 틈만 생기게 살짝 열까? 반만 열어야 하나? 아니면 4분의 3이라도 열어야 할까?……, 아무리 이야기하고 머리를 굴려 봐도 두 사람이 원하는 걸 동시에 만족하는 방법은 없었다.

점점 더 시끄러워지자 도서관 직원이 다가왔다. 그는 먼저 창문을 열어야 한다는 사람에게 질문했다.

"왜 창문을 열려고 하십니까?"
"공기가 너무 탁하잖아요. 신선한 공기로 환기를 좀 해야죠."
직원은 다시 창문을 열면 안 된다는 사람에게 물었다.
"왜 창문을 여는 게 싫으십니까?"
"창문을 열어서 바람이 불면 책 볼 때 불편하잖아요. 감기에 걸릴 수도 있고요."

이야기를 모두 들은 직원은 잠시 생각하더니 옆방의 창문을 열었다. 그랬더니 신선한 공기가 실내로 들어오고, 바람을 직접 맞는 일도 피할 수 있었다. 직원의 방법은 두 사람이 원하는 걸 모두 만족하고 말다툼을 끝냈다.

도서관 직원은 현명하게도 서로 물러서지 않는 언쟁을 끝낼 방법을 찾아냈다. 양측의 입장이 아니라 그들의 이익을 만족하는 방법을 찾는 데 더 많이 주목한 덕분이다.

이 언쟁은 서로 물러서지 않고 입장만 내세우는 바람에 점점 감정까지 상하는 지경에 들어선 상태였다. 그 바람에 서로 공동인식을 달성하지 못하고, 협상은 경색국면에 들어서 도무지 해결될 기미를 보이지 않았다.

만약 도서관 직원이 둘 중 한쪽에게 입장을 철회하기를 종용하거나 무턱대고 참으라고 했다면, 언쟁이 끝나기는커녕 어쩌면 더 부채질하는 꼴이 되었을 것이다. 이 직원은 양측이 원하는 진짜 이익이 신선한 공기 호흡과 바람이 직접 불지 않는 독서 환경이라는 걸 알아내고서 이 두 가지를 모두 만족할 수 있는 방법을 찾았다. 그랬기에 마침내 언쟁이 끝날 수 있었다.

이익은 협상의 관건이다. 협상의 근본 목적은 이익 만족이고, 협상자의 행위는 오직 이익에 의해 추진되어야 한다.

특히 비즈니스 협상이라면 상대방이 어떤 태도를 보이든지, 내 감정이 어떻든지 관계없이 처음부터 끝까지 기업이익의 최대화를 실현하는 것만 생각해야 한다. 괜히 상대를 제압하겠다고 거만하게 굴거나, 쓸데없는 이야기까지 끌어다가 서로 감정이 상하는 일은 없어야 한다. 물론 입장, 감정, 태도 같은 것도 중요하다면 중요하다. 하지만 이익의 최대화야말로 기업가치의 핵심이니, 협상할 때는 어떤 전술을 사용하든 반드시 협상의 목적, 즉 회사를 위해 더 많은 이익을 확보한다는 기본 원칙을 절대 잊어서는 안 된다.

글로벌 소매업체 월마트 Wal Mart 의 창립자 샘 월튼 Samuel M. Walton 은 미국의 유명한 기업가다. 그는 캔자스의 작은 마을에서 부부가 운영하던 가게를 거의 반세기에 걸쳐 세계적인 소매업체로 키웠다. 1995년 이전에는 소매업체가 세계 500대 기업 Global 500 에 든다는 건 불가능했다. 하지만 2001년에 월마트는 매출액 규모가 2,189억 달러를 넘어서면서 세계 500대 기업의 1위를 차지했다. 그야말로 전 세계 소매업계의 거인으로 성장한 것이다.

월마트의 화려한 성공 뒤에는 최저가 전략이 있었다. 그들이 최저가 전략을 패기 있게 밀어붙일 수 있었던 까닭은 비용이 많이 들지 않고 상품 회전이 빠르기 때문이기도 하지만, 회사 내 각 부서가 세세한 것까지 꼼꼼하게 따지는 고도의 협상술을 갖춘 덕분이었다.

월마트의 최저가 전략은 재고나 품질이 떨어지는 상품으로 하는 것이 아니라, 다양한 방식을 통해 상품 입고가를 낮춰 파는 일종의 '박리다매 薄利多賣'였기에 가능한 일이었다. 상품 입고가를 최대한 낮추려면 협상이 꼭 필요하고, 월마트 각 부서의 구매 담당 직원들은 매일 상품 공급상과 목이 아프도록 협상을 벌여야 했다. 그들은 날마다 어떻게든 입고가를 낮춰보려고 안간힘을 썼다. 그 고생을 하고 얻은 결과가 경쟁업체보다 겨우 한두 푼 싼 것이어서 허무할 수도 있지만, 소비자들은 그 한두 푼을 보고 다른 업체가 아니라 월마트를 선택했다. 이렇게 구매 담당 직원들이 오직 회사 이익의 최대화만 바라보고 협상한다는 정신을 꾸준히 지켜온 결과, 월마트는 세계 소매업계에서 그 지위를 공고히 할 수 있었다.

모든 기업에 있어 비용 절감은 이익 최대화를 실현하는 중요한 방식 중 하나다. 이런 의미에서 오직 이익 최대화를 바라보는 협상술은 기업의 성장과 발전에 매우 중요한 수단이 된다. 하버드 경영대학원 출신의 비즈니스 엘리트들은 이를 잘 알기에 협상에서 개인의 입장과 감정을 한쪽으로 치워두고 반드시 이익을 제1순위로 둔다.

기업 이익의 최대화는 협상과 떼어놓고 생각할 수 없다. 사실 협상술은 복잡하거나 까다로운 것이 아니다. 그저 이 협상이 회사의 수익과 커다란 관련이 있으며, 어떻게든 이익을 최대화하는 결과를 얻어야 한다는 생각만 잊지 않으면 된다. 협상자로서 당신의 목적은 첫째도 둘째도 이익 최대화를 실현하는 것이다. 입장, 감정, 태도 같은 요소를 협상 테이블에 올려서는 안 되며, 인정이나 체면도 두 눈을 흐리게 할 뿐이라는 사실을 명심해야 한다.

> HARVARD BUSINESS LECTURE
>
> ## 22
>
> # 절반의 함정에서 벗어나라
>
> 우수한 협상자는 상대방과 어떻게 흥정할지 고민하지 않는다. 대신 그는 상대방에게 왜 이것을 요구하고 다른 것을 요구하지 않는지 물어서, 그가 가장 원하는 것이 무엇인지 알아낸다. 그러고 나서 상대방과 자신의 이익을 모두 만족하는 방안들을 생각해 윈-윈의 결과를 얻는다.
>
> · 스티브 잡스 ·

두 아이가 오렌지 하나를 나누어 가지기로 했다. 사실 한 아이는 과육을, 다른 아이는 껍질을 원했다. 하지만 두 아이는 한참 상의한 후에 오렌지를 반으로 잘라서 과육과 껍질을 모두 절반씩 나누어 가졌다. 그 결과, 첫 번째 아이는 과육 반쪽을 먹고 껍질을 버렸으며, 두 번째 아이는 과육을 버리고 껍질 반쪽으로 케이크를 구웠다.

이야기 속 두 아이가 어리석다고 생각하는가? 아이들은 왜 원하는 대로 과육과 껍질을 가지지 않았을까? 이유는 나누어 가지려면 반드시 '절반씩' 가져가야 한다는 생각에 사로잡혀서다. 사실 이처럼 '오렌지를 반으로 나누는' 협상 결과는 현실에서 꽤 흔하다. 이는 비즈니스 협상에서 '협상 테이블에 돈을 남기고 가는', 즉 양측 모두 이익을 최대화하지 않았다는 의미다. 원래 바랐던 합의에 이르지 못했거나 양측 모두 더 유리할 수 있는데 그러지 못하고 허무하게도 '오렌지를 반으로 나누고' 협상을 마무리하는 것이다. 양측은 각각 과육 전체와 껍질 전체를 원했지만, 실제로는 그 절반씩만 가져갔을 뿐이다. 왜 이런 상황이 발생할까?

일상에서 눈앞에 놓인 다양한 선택방안을 고려하는 일은 매우 흔하다. 그런데 이상하게도 협상에 참여한 사람들은 또 다른 선택이 있다는 사실을 인식하지도, 심지어 필요성을 느끼지도 못한다. 그들은 늘 자기 생각이 가장 정확하고 좋으며 자신의 제안이 가장 합리적이니 상대방이 당연히 받아들여야 한다고 여긴다. 이외의 또 다른 선택방안이 있다고는 도무지 생각하지 못한다. 다음은 협상자가 다양한 방안을 선택하는 데 방해가 되는 네 가지 장애 요소다. 이 네 가지 문제를 극복해야만 협상을 통해 기업의 이익 최대화를 실현할 수 있다.

### 1 | 미성숙하고 비이성적으로 판단한다.

거의 모든 사람에게는 '자기 제한'이 존재하며, 이것을 깨뜨리고 벗어나 완전히 새로운 생각이나 행동을 하는 일은 좀처럼 쉽지 않다. 긴장된 협상에서는 더욱 그러하다. 누군가 "누가 노벨 평화상을 받아야 하는가?"라는 질문을 던졌을 때, 당신의 머릿속에는 여러 사람의 이름이 떠오를 것이다. 하지만 곧이어 한 명씩 부정하기 시작하면서 이 사람이 정말 그런 커다란 영예를 얻을만 한지 의심하고 확답을 내리기를 주저한다. 긴장된 환경에 있을수록 자기 제한이 더 강해진다. 심한 경우, 머릿속이 순간적으로 텅 빈 것처럼 새하얘져서 제대로 사고하기도 어려울 정도니 뭔가 새로운 방안을 창조하는 혁신적인 사고방식은 기대할 수도 없다.

### 2 | 오직 하나의 답안만 구한다.

대부분 협상자는 협상과 '창조'는 어울리지 않는다고 생각한다. 그들은 자신의 임무가 상대방과의 입장 차를 줄여서 계획했던 목적을 달성하는 것이지, 가능한 모든 선택방안을 고려해 이익 최대화를 추구하는 것이 아니라고 여긴다. 물론 그들도 나름의 이유가 있다. 양측이 많은 시간과 에너지를 투자해서 합의에 이르면 되지, 굳이 또 다른 선택방안들을 가져와서 시간 낭비할 필요는 없지 않은가? 하지만 이런 생각은 사고를 제한시켜 협상을 좁은 범위에 국한시킬 뿐이다. 무엇보다 자신이 내놓은 협상 방안이 기업의 이익 최대화를 실현하는 데 정말 최선의 방법인지 확인할 수 없다.

### 3 | 파이의 크기가 고정되었다고 생각한다.

협상자들이 가장 많이 저지르는 실수는 협상을 '승부를 가르는 전투', 다시 말해서 나도 승리하고 너도 승리하는 결과는 절대 있을 수 없다고 여기는 것이다. 이런 사람들은 협상이 정해진 양을 나누어 가지는 것이라 생각한다. 예를 들어 내가 100달러를 더 내면 100달러만큼 손해를 본다고 생각하는 식이다. 그러니 나누어 가질 수 있는 파이를 함께 더 키울 방법 따위는 전혀 고려하지 않는다.

### 4 | 상대방의 관점을 인정하지 않는다.

협상자들은 나의 입장, 나의 이익에 너무 집중한 나머지, 상대방이 내놓은 관점이나 제안의 합리성을 인정하지 않는다. 또 상대방이 만족하는 방법은 분명히 자기에겐 손해라고 덮어놓고 생각한다. 이런 생각은 혁신적인 사고방식을 방해하고 시야를 점점 더 좁게 만들 뿐이다. 장기적인 관점에서 문제를 보지 못하는 협상자는 매우 단편적인 사고방식으로 자기 입장만 고수하며, 단편적인 논기로 단편적인 해결방안만 찾는다.

협상하면서 양측 모두의 이익을 최대화하는 더 참신하고 창조적인 다양한 선택방안을 찾고 싶다면 다음을 시도해보자.

- ◆ 선택방안을 창조하고 심사하는 일을 분리한다.
- ◆ 단 하나의 방안으로 통일하려 하지 말고, 다양한 선택방안을 고려한다.
- ◆ 양측의 공동 이익을 찾는다.
- ◆ 상대방이 쉽게 결정할 방법을 찾는다.

협상자들은 선택방안을 만드는 일과 심사하는 일을 분리해야 한다. 그래야 이게 실현될지 안 될지, 받아들여질지 아닐지 같은 생각에서 벗어나 좀 더 자유롭게 상상력을 발휘해서 다양한 선택방안을 만들 수 있다. 또 협상자들은 유일한 방안만 고집할 것이 아니라 협상 테이블 위에 올라오는 선택방안을 최대한 확대할 필요가 있다. 그런 후에 공동 이익이라는 기초 위에 선택방안들을 심사해서 결정하면 된다. 즉 우선 최대한 많은 방안을 충분하게 논의한 후에 양측의 이익을 최대화하는 쪽을 선택해야 한다.

하버드 경영대학원의 학생들은 사고방식을 더 혁신적으로 만드는 데 주력한다. 협상할 때 의견이 일치하는 부분은 취하고 일치하지 않는 부분은 보류하는 혁신적인 사고는 기업의 이익을 최대한도로 확대하는 데 도움이 될 것이다. 더불어 어떤 협상이든 다양한 선택방안을 만든다면 양측 모두의 이익을 더 크게 키울 수 있다.

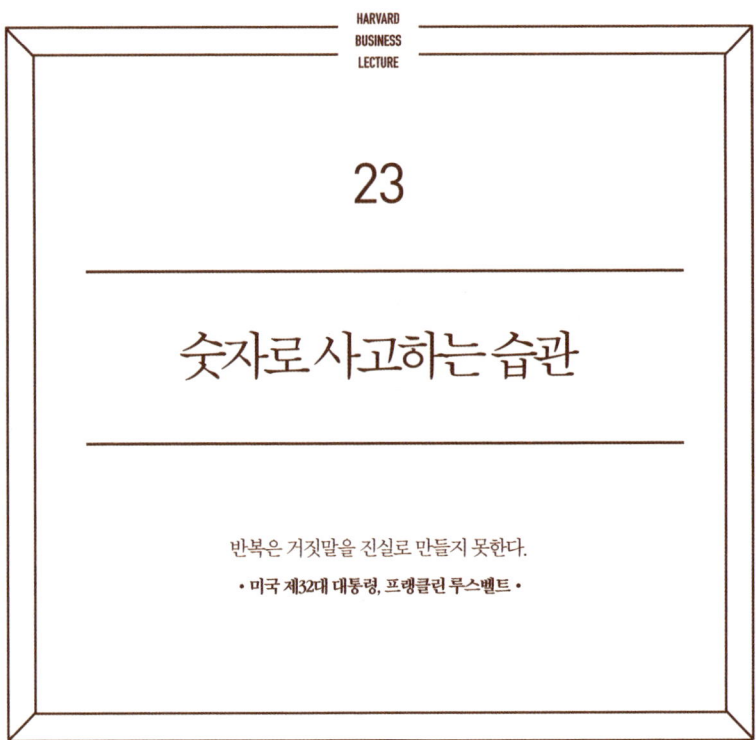

# 23

## 숫자로 사고하는 습관

반복은 거짓말을 진실로 만들지 못한다.
• 미국 제32대 대통령, 프랭클린 루스벨트 •

 사업을 벌이고 경영실력을 겨루려면 항상 상대방이 하는 말에 명확한 근거가 있는가를 살펴야 한다. 하버드 경영대학원 출신의 비즈니스 엘리트들의 머릿속은 늘 숫자로 가득 차 있다. 사업으로 큰돈을 번 사람들은 협상장에 아예 개인 노트북이나 태블릿을 펴놓고 그 자리에서 비용과 이윤 등을 계산하기도 한다.
 비즈니스 엘리트들은 협상 중에 상대방이 한마디만 해도 머릿속으로 빠르게 그 내용을 증명하는 사실 및 자료를 생각하고, 없는 것

같으면 즉각 의문을 가진다. 그들의 머릿속에는 어쩌면, 아마, 대략, 이런 단어들은 존재하지 않는다. 가만히 보면 말할 때도 '라고 생각한다'나 '내 생각에는' 같은 말을 하지 않으며, 언제나 명확한 자료를 제시하며 '이 자료에 따르면……'이라고 말한다. 이야말로 훌륭한 경영자, 뛰어난 사업가의 면모로 타인의 신뢰를 부르고 화려한 성공으로 가는 자세다.

하버드 경영대학원의 교수들은 학생들에게 타인이 자신의 말이나 관점을 믿게 하고 싶으면 확실한 근거를 내놓으라고 강조한다. 한 교수는 "근거가 없는 관점이란 없다."라고 단언하기까지 했다. 그래서 학생들은 항상 자기 생각을 증명할 수 있는 각종 자료를 찾는 데 몰두한다. 이렇게 명확한 근거를 제시하는 일이 몸에 밴 하버드 출신의 비즈니스 엘리트들은 사업에 관해서라면 단 한 부분도 모호하거나 애매한 채로 넘어가지 않는다. 물론 조금이라도 근거가 부족한 관점을 믿지도 않는다.

한 유대인 사업가가 일본에서 가이드의 안내에 따라 정밀 라디오를 생산하는 공장을 방문했다. 그는 현장에서 일하는 여공에게 질문했다.

"시급이 얼마나 되나요?"

"저는 월급으로 25만 엔(¥)을 받습니다."

말을 마친 그녀는 다시 고개를 푹 숙이고 작업에 집중했다. 옆에 서 있던 가이드는 사업가가 자신에게 여공의 임금을 '달러 시급'으로 물어볼 것 같아 얼른 머릿속으로 계산하기 시작했다. 그는 5분간 머리를 열심히 굴려 나온 결과를 사업가에게 알렸지만, 무의미한 행동이었다. 이 사업가는 여공의 대답을 듣자마자 바로 그녀의 시급이 약 0.25달러이고, 원재료와 임금 비용을 고려하면 라디오 한 대에서 얻을 수 있는 이윤이 얼마라고 이미 계산을 끝낸 상태였기 때문이다. 이것이 바로 유대인들이 숫자를 대하는 자세다. 머릿속으로 항상 숫자를 굴리고 계산에 능한 그들은 이를 사업적 판단과 협상의 키로 삼는다.

깊고 광활한 바다와 같은 비즈니스 세계에서 숫자는 다양한 방면의 상황을 정확하게 제시하는 중요한 요소다. 한 기업의 경영 상황은 전부 장부 위에 적힌 숫자의 변화만으로 충분히 파악할 수 있다. 굳이 직접 가서 회사 규모나 재고 상황을 살필 필요 없이 숫자만 봐도 전반적인 상황을 이해하는 일이 가능하다.

사업에 능한 사람들은 숫자를 사고하고, 숫자를 통해 결론을 내리는 데 능하다. 또 숫자를 이용해서 자기 사업을 관리하는 동시에 숫자를 제시해서 상대방을 설득한다. 그들은 숫자를 어떻게 컨트롤하고, 숫자가 자신에게 서비스하게 만드는 방법을 잘 안다. 사업하고 경영하는 사람이 숫자와 친하게 지내지 않을 수는 없다. 비용, 가격, 이윤, 재고 등 각 항목의 숫자들이 모두 정확해서 누구나 한 번 보면 이해할 수 있게 해야 한다. 협상에서 숫자로 표현된 각종 자료와 통계수치들은 상대방을 설득하는 유력한 무기가 되며, 협상 과정 전체를 더 순조롭게 만든다.

당신이 사업가로서, 또 경영자로서 더 높이 오르고 싶다면 반드시 숫자를 사용해서 사고하는 법을 알아야 한다. 숫자는 당신의 머리를 더 기민하게 움직이게 만들고, 당신의 사업에 더 많은 길을 열어줄 것이다. 협상에서 기선을 잡으려면 항상 정확한 숫자를 사용하는 습관을 들이자. 상대방이 당신의 관점과 주장을 의심하게 만드는 아마, 대략, 거의 같은 모호한 단어를 쓰는 나쁜 습관을 반드시 없애야 한다. 비즈니스는 전쟁이다. 약간의 '대충'도 용납하지 않는다. 반드시 수치화된 근거를 제시해서 상대방이 당신을 신뢰하게 만들어야 한다. 어떤 순간에는 눈에 잘 띄지도 않았던 숫자들이 협상의 성공과 실패를 가를 수도 있다.

협상할 때는 종종 돈 몇 푼까지 꼼꼼하게 따질 수 있으니 아주 작은 숫자 하나라도 절대 모호해서는 안 된다. 자칫 '한 치의 차이가 천 리를 멀어지게 하는' 일이 벌어질 가능성도 있다. 빠르게 발전하는 현대 사회에서 숫자의 중요성은 점점 더 커지고 있다. 숫자는 누구나 믿을 만한 근거를 제공하며 나아가 협상의 성패를 결정한다. 기업을 이끄는 사람에게 숫자에 대한 민감도를 기르는 일은 꼭 필요하다. 숫자에 능한 사람만이 협상에서 상대방의 존중을 얻고 훨훨 날 수 있다.

## 24

## 안이 많으면 선택하게 된다

우리는 최소의 요소로 최대의 아름다움을 표현하는 디자인을 추구한다.
'단순함'에 대한 해결방안을 찾기 위해 온 힘을 다하고 있다.
• 애플 디자인 총괄 수석부사장, 조너선 아이브 Jonathan Ive •

아주 팽팽한 협상에서 여러 방안을 준비해 제시한다면 가장 이상적인 결과를 얻어낼 가능성이 커진다. 이는 매우 효과적인 심리 전술 중 하나다.

협상에도 심리 전술이 필요하다. 상대방의 심리에 가장 가까이 접근해서, 그 심리를 깨부술 수 있는 무기가 되는 심리 전술 말이다. 사람은 다양한 종류의 선택을 마주했을 때, '거절'이라는 또 하나의 선택이 있다는 사실을 잊고서 그저 주어진 선택 중에 가장 마음에 드는 하나를 고르는 심리가 있다. 협상에서 이 심리를 이용할 수 있다. 상대방에게 선택할 수 있는 여러 방안을 제공해 그중에서 고르게 유도하면 은근슬쩍 더 유리한 위치에 설 수 있다.

칼리 피오리나 Carly Fiorina가 회장에 취임한 후, HP의 주가는 거의 40%가량 뛰어올랐다. 매출 역시 매년 15%의 속도로 급상승해서 전임 회장의 거의 두 배에 육박하는 성장을 이루었다. 2000년 6월, 피오리나는 사장단에게 이렇게 말했다. "지금 우리는 언덕을 오르는 중입니다. 반대로 경쟁자들은 언덕을 내려가는 중이고요." 이때부터 그녀는 기업 규모를 키우고 확장하는 일을 시작했는데, 그중에는 컴팩 Compaq 인수도 포함되었다. 이 인수 협상에서 피오리나는 뛰어난 협상술을 선보였다.

피오리나는 2001년 4월부터 꾸준히 이사회에 주요 경쟁업체 중 하나인 컴팩을 인수해야 한다고 이야기했다. 모든 것이 모호하고 불확실한 상황이었으나 그녀는 엄청난 추진력으로 이사회가 이 인수의 중요성을 이해케 했다. 이사회 설득에 성공한 그녀는 즉각 행동에 돌입했다.

피오리나는 컴팩 인수합병 협상에서 세 개의 합의안을 제시했다. 컴팩 이사 일곱 명 중에서 세 명은 인수합병에 동의했으나, 나머지 네 명은 여전히 경계하며 중립적인 자세를 취했다. 3일 후, HP 이사회가 컴팩 인수합병 계획 및 관련 일정을 공식 발표했다. 컴팩은 이 인수합병을 거절할 여지는 없으며, 반드시 피오리나가 제시한 세 가지 안 중 하나를 골라야 한다고 생각했다. 이렇게 해서 컴팩 이사회가 인수합병에 동의하는 일은 시간문제가 되었다.

처음에 피오리나가 단 하나의 협상안만 제시했다면 이 협상은 꽤 오랫동안 지지부진했을 것이다. 그러나 그녀는 여러 협상안을 준비해서 상대방이 그중 선택할 확률을 거절할 확률보다 크게 만들었고, 이사회의 발표까지 더해 선택을 부추김으로써 원하는 결과는 얻었다.

비즈니스 엘리트들은 여러 협상안을 제시하고 상대방이 함께 연구, 토론하게 만든다. 협상하기 전에 여러 종류의 협상안을 준비하는 일은 매우 현명한 일인 동시에 꼭 필요한 일이다. 하버드 역시 여러 협상안을 사고하는 모델을 강조한다. 이 같은 확산성 사고 divergent thinking[5]는 사람들이 문제를 더 전면적으로 바라보고 해결하는 데 협조하고 선택하게 유도하며, 더 이지적으로 변하게 한다.

미국의 과학자이자 기업가 고든 무어 Gordon Moore 는 인터넷 경제의 3원칙 중 하나인 '무어의 법칙 Moore's Law'을 만든 사람으로 유명하다. 그는 타인을 격려해서 움직이게 만드는 선동형 경영자다. 사실 그는 원래 매우 조용하고 차분한 사람으로 혼자 바다에서 낚싯대를 던지거나, 호수에서 보트를 타고 유유자적하기를 좋아하는 사람이었다. 하지만 비즈니스, 특히 협상을 벌일 때는 늘 다양한 협상안을 제공해서 상대방이 선택하게 했다. 무어가 제시한 협상안들은 여러 개지만,

---

[5] 문제를 해결하는 과정에서 정보를 광범위하게 탐색해서 정확한 정답 하나보다 다양한 해결책을 모색하는 사고를 가리킨다. 창의성 연구의 선구자인 미국 심리학자 길포드(Guilford, J. P.)가 제안한 사고 유형 중 하나다. 기존의 지식을 토대로 가장 확실한 해결책 하나를 찾아내는 방식인 수렴적 사고(convergent thinking)의 반대 개념이다.

그중에는 그가 가장 좋다고 생각하는 하나가 반드시 있었다. 그래서 상대방의 질문에 대답하고 의혹을 풀어주는 과정에서 여러 근거를 보여주면서 상대방이 자기가 '미는' 그 협상안을 선택하도록 설득했다. 믿을 만한 근거와 말솜씨로 무장한 무어의 의도대로 사람들은 대부분 그가 원하는 선택을 했다.

무어의 방식은 표면적으로는 다양한 협상안을 내놓았지만, 실제로는 결국 한 가지 협상안을 제시한 셈이다. 이처럼 여러 협상안을 제시했을 때는 그중 어느 한 가지의 승산이 월등히 높아야 한다. 예를 들어 상인이 '이 물건을 살지, 사지 않을지' 묻는다면 손님은 아마 작은 흠집을 잡으면서 사지 않겠다고 대답할 가능성이 크다. 하지만 상대적으로 별로인 다른 두 가지 이상의 물건들과 같이 놓고 어느 쪽을 고르겠냐고 묻는다면, 손님은 눈앞에 놓인 물건들을 비교하다가 가장 마음에 드는 하나, 바로 상인이 팔고 싶은 그 물건을 선택할 것이다. 이는 사람의 심리를 파고든 교묘한 전술이며, 협상할 때 여러 협상안을 제시해야 하는 까닭이다. 여러 협상안을 내놓음으로써 심리적으로 협상의 주도권을 잡을 수 있으며, 이 주도권은 당신을 승리로 이끌어줄 것이다!

> 하버드는 학생들에게 확산성 사고방식을 강조한다. 협상에서 여러 협상안을 제시하는 방법은 승산을 올리고, 상대방과 소통할 때 강력한 무기로 작용할 수 있다. 상대방이 거절할 기회를 주고 싶지 않다면, 아예 기회를 주지 않으면 되고, 그러려면 물샐 틈 하나 없이 철저하게 준비해야 한다.

## 25

# 객관적 표준으로 협상한다

진리를 향한 가장 큰 존중은 바로 진리를 따르는 것이다.
• 랄프 왈도 에머슨 Ralph Waldo Emerson •

　사회가 끊임없이 발전하면서 주관적 판단이 아니라 객관적 표준을 바탕으로 이성적인 자세로 문제를 바라보는 경향이 뚜렷해지고 있다. 직장인이든 사업가든, 상대방의 이익을 얼마나 이해했든, 양측의 이익을 모두 만족할 수 있든 없든, 양측의 관계를 중시하든 아니든……, 당신은 양측의 이익이 늘 충돌한다는 잔혹한 현실을 절대 피할 수 없다. 이익이 충돌했을 때, 양측이 수긍하고 따를 수 있는 객관적 표준이 없고 그저 각자의 바람대로 하려고 든다면 양측이 모두 만족할 수 있는 결과를 얻을 방법이란 없다.

협상하다 보면 분명히 의견이 다른 부분이 생긴다. 그러면 대부분 협상자는 이 불일치를 해결하기 위해 자기 입장을 내세우며 '투쟁'에 돌입한다. 각자 자기가 내놓은 조건을 상대방이 받아들일지 아닐지를 두고 격렬한 토론이 전개되는 것이다. 협상안을 수정하지 않으면 절대 받아들이지 않겠다고 으름장을 놓는 협상자도 있고, 무조건 자기 생각만 밀어붙이면서 양보를 요구하는 협상자도 있다. 물론 융통성을 발휘하며 협조적인 자세로 상대방의 동의를 끌어내려는 협상자도 있다. 사실 협상자가 고집불통이든 융통성이 있든 핵심은 그가 무엇을 바라는가다. 협상은 어차피 양측 희망 사항의 상호 작용을 주축으로 돌아가고, 각자의 논거를 뒷받침해줄 객관적인 근거 따위는 무시하기에 십상이다. 이렇게 해서 나오는 결과는 흡사 무인도 생활과 같다. 역사도 관례도 없고, 더욱이 어떠한 도덕 기준도 없는 곳 말이다.

단순히 자기 희망 사항만 내세우며 협상을 진행하면 당연히 효율이 떨어지며, 그 결과가 '나의 양보 아니면 그의 양보'이기 때문에 결코 우호적이라 할 수 없다. 객관적 표준을 도입하지 않은 협상은 일반적인 사회문화적 표준에 부합하는 합의를 달성하기도 어렵다. 이처럼 개인의 희망 사항만 내세우며 협상하면 대가가 상당히 크다. 어떻게 하면 이런 상황을 피할 수 있을까?

**1 | 희망 사항이 아닌 객관적 표준으로 협상한다.**

기업 A가 한 건축 시공사와 계약을 체결했다. 그런데 계약서에 철근콘크리트로 기초 공사를 한다는 내용만 있고, 그 깊이는 명시되지 않아 문제가 생겼다. 시공사는 2피트(0.61미터)로 공사하려고 하고, A는 일반적인 표준인 5피트(1.52미터)로 해달라고 요구한 것이다.

하지만 시공사는 물러서지 않고 이렇게 말했다. "지붕에 쓰는 철근은 그쪽에서 이야기한 대로 해줬으니까 이 문제는 우리가 하자는 대로 해야죠!" 당연히 정상적으로 사고하는 건축주라면 절대 이런 요구를 받아들이지 않을 것이다. 이때 서로 원하는 기초 공사 깊이를 놓고 흥정하기보다는 객관적인 안전표준을 이용해서 문제를 해결하는 편이 낫다. 그래서 A의 협상자는 시공사 협상자에게 이렇게 말했다. "어쩌면 말씀대로 2피트면 충분할지도 모르겠습니다. 다만 그렇다면 시공사로서 이 건물의 안전을 보증하는 내용을 저희에게 제시해주셔야겠습니다. 이런 토질에 건축할 때 적용하는 구체적인 안전표준이 있습니까? 주변 건물들도 기초 공사 깊이가 그 정도인지 궁금합니다. 또 이 지역에 지진이 발생할 위험성은 얼마나 되는지, 기초 공사를 2피트로 했을 때, 자연재해에 따른 잠재적인 위협이 존재하는지 알려주시기 바랍니다."

사례 속 시행사와 시공사의 협상에서 객관적 표준은 무엇보다 중요한데, 사실 이는 상품 거래, 집단 협상, 법률 분쟁, 나아가 국제외교 협상에서도 모두 마찬가지다. 예컨대 상품 가격을 결정할 때, 시장가, 비용 항목, 기준가 공개 등을 근거로 삼아야지 그냥 판매자가 입에서 나오는 대로 결정할 수는 없지 않은가?

누구와 어떤 협상을 하든 협상자는 자신의 원칙을 지키는 동시에 객관적 표준에 근거해서 문제의 시비를 가리는 데 집중해야 한다. 근거도 없는 주관적인 판단에 과도하게 의지하지 말고, 바른 이치와 객관적 표준을 내세워 상대방의 위협에 굴복하지 않도록 한다.

### 2 | 객관적 표준을 세운다.

이렇게 중요한 객관적 표준을 어떻게 선택하고 사용해야 할까?

우선 어떠한 협상술이나 수단을 이용하든 객관적 표준을 미리 준비하면 큰 도움이 될 것이다. 협상자들은 협상 전에 선택 가능한 객관적 표준을 확인해야 한다. 무엇보다 중요한 부분은 객관적 표준을 효과적으로 사용하는 일이다. 상대방과 토론을 통해 협상 각 방면과 모든 문제에 적용할 수 있는 공동의 객관적 표준을 찾는다. 또 그 중요성과 활용에 대해 상대방을 이해시켜 가장 적합한 표준 및 그 사용 방식을 확정할 필요가 있다. 협상 양측은 이를 원칙으로 삼아 따르고, 어느 한쪽을 압박하거나 거꾸로 압박에 굴복해서는 안 된다. 다시 말해 확실한 객관적 표준을 중심으로 협상의 모든 크고 작은 문제를 합리적으로 해결해야 한다.

하버드 출신의 비즈니스 엘리트들은 대부분 높은 수준의 심리적, 문화적 소양을 갖췄기에 협상 중에 상대방의 압박과 위협에도 굴복하지 않으며, 언제나 주관적 판단이 아니라 객관적 표준으로 협상한다. 객관적 표준에 대한 존중은 곧 그 협상에 대한 존중을 의미한다. 오직 객관적 사실로 뒷받침된 협상안만이 양측을 모두 만족시킬 수 있는 법이다.

HARVARD
BUSINESS
LECTURE

**26**

## 상대방이 진짜 원하는 걸 알고 있는가?

그 사람의 집, 그 사람의 가구, 그 사람의 옷, 그가 읽은 책과 그가 사귄 친구……,
이 모든 것이 그를 나타낸다.
· 미국 작가, 헨리 제임스 ·

비즈니스 엘리트들은 언제나 '이익'을 가장 높은 가치로 여긴다. 그들은 상대방의 진짜 생각을 이해하고, 상대방의 '진짜 이익'을 통찰한다면 치열한 협상에서도 목표를 잃지 않을 수 있다고 믿는다.

**사례1.**
중국의 세계무역기구 WTO 가입에 관한 협상에서 가장 큰 쟁점은 가입 지위였다. 중국이 개발도상국 지위로 가입하는가, 선진국 지위로 가입하는가를 두고 중국과 다른 국가들 사이에 분쟁이 발생했다. 중국은 줄곧 개발도상국 지위로 WTO에 가입하고자 했지만, 일부 국가들이 반대하고 나선 것이다. 양측의 공방전이 끊임없이 계속되었고, 도무지 해결될 기미가 보이지 않았다. 한쪽이 타협 혹은 설득당하기 전에는 전혀 끝날 것 같지 않았다.

협상에서 상대방이 하는 말과 행동 뒤에 숨은 진짜 이익을 알아차린다면 문제는 바로 해결될 수 있다. 중국이 개발도상국 지위를 고집한 까닭은 자국의 발전에 유리한 조건을 확보하기 위해서였다. 예를 들어 상대적으로 더딘 시장 자유화 과정을 보호하고 중점 분야에 대한 지원 등이 필요했다. 반면에 꾸준히 반대표를 던진 국가들은 몇몇 분야에서 중국이 더 많은 요구조건을 준수하도록 해서 자국 산업의 손해를 줄이고자 했다. 이 같은 이익상 차이점을 정확하게 이해한다면 논쟁의 초점을 중국의 시장 자유화 과정 보호와 중점 분야에 대한 지원에 새롭게 맞출 수 있다. 그런 후에 중국과 WTO 구성국이 각 영역에서 좀 더 구체적인 조건을 논의하게 된다.

### 사례2.

1978년 이집트 대통령 안와르 사다트 Muhammad Anwar Sadat 와 이스라엘 총리 메나헴 베긴 Menachem Begin 이 미국 캠프데이비드 Camp David 에서 평화회담을 열었다. 두 사람은 양국의 국경선 문제에서 모두 시나이 반도 Sinai Peninsula 를 포기할 수 없다는 입장을 내세우며 물러서지 않았다. 회담이 몇 차례 더 열렸지만, 갈등만 더 첨예해졌을 뿐 좀처럼 해결될 기미가 보이지 않았다.

이 협상을 성공으로 이끌려면 그들의 말 뒤에 숨은 진짜 이익, 즉 진짜 원하는 것이 무엇인지 분석해야 했다. 핵심은 시나이 반도였다. 이집트와 이스라엘은 왜 모두 시나이 반도를 원했을까? 이집트는 오래전부터 영토의 일부분이었던 시나이 반도를 다시 국토로 회복함으로써 자국의 주권을 보장받고자 했다. 반면에 이스라엘이 진짜 원하는 건 시나이 반도 자체라기보다 이집트 군대가 '진짜' 이스라엘 국경에 접근하지 않는 것이었다. 그들은 시나이 반도와 이집트와 이스라엘 국경 사이에 놓인 일종의 '완충지대'가 되기를 바랐다.

표면적으로는 분명히 입장이 다르지만, 이집트와 이스라엘이 진짜 원하는 이익은 합의를 볼 수 있는 부분이 분명히 있었다. 얼마 후, 도저히 끝나지 않을 것 같았던 협상이 결국 합의를 달성했다. 시나이 반도는 이집트에 귀속되었다. 이집트는 이 합의로 주권을 보장받는 성과를 얻은 대신, 그중 대부분 지역을 비군사 지역으로 두어서 이스라엘의 군사 완충지로 삼는 데 동의했다.

이상의 두 사례는 협상에서 상대방의 진짜 이익을 파악하는 일이 얼마나 중요한지 잘 보여준다. 그러니까 협상이란 양측이 진짜 원하는 이익을 만족하기 위한 활동이고, 가능한 한 윈-윈을 추구하는 과정이라 할 수 있다. 상대방의 이익을 이해하지 못하면 협상은 '입장 협상'으로 흐르고, 양측이 첨예하게 대립하면서 무슨 말을 해도 모두 일촉즉발의 위기국면을 맞을 가능성이 크다. 이런 협상의 결과는 어느 한쪽이 전체를 포기하는 것뿐으로, 협상의 본질과 의의를 잃게 된다.

입장 협상의 폐단은 존 F. 케네디 John F. Kennedy 임기 시절, 미국과 구소련의 핵실험 금지 협상에서도 여실히 드러난다. 당시 미소 양측은 모두 핵실험 금지안에 동의해서 협상 성공에 대한 기대감을 높였다. 하지만 이 금지령에 따라 상대방 국가의 핵실험 의심지역을 현장 조사하는 횟수에 관해서는 의견이 갈렸다.

미국은 연 10회 이상을 주장했고, 구소련은 연 3회를 넘을 수 없다고 버텼다. 양측의 입장이 크게 다르니 조정도 힘든 상태가 되어 결국 결렬되고 말았다. 나중에 협상 전문가들은 미소 양측이 각자의 입장을 잠시 치워두고, 양측이 모두 받아들일 수 있는 조사 횟수의 최저선을 찾고자 했다면 성공했을 거라고 분석했다.

사실 미국과 구소련의 협상은 애초에 '현장 조사'에 관한 구체적이고 상세한 설명을 내놓지 않은 데서부터 문제가 있었다. 소수의 조사팀이 상대 국가의 특정 지역에서 제한된 시간 안에 지진 의심 사건을 조사하는 것인지, 다수의 조사 인원이 더 큰 시간 범위 안에서 여러 개의 지진 의심 사건을 구별 없이 조사하는 것인지에 대한 설명이 전혀 없었다. 만약 미소 양국이 이 문제는 먼저 명확하게 확정해 양측의 진짜 이익을 따져 그 안전을 보장했다면, 조사 횟수에서도 조정의 여지가 생기고 상대적으로 성공적인 협상안을 내놓을 수 있었을 것이다.

이외에도 상대방의 진짜 이익을 이해하고 고려하는 일이 협상에 중요한 작용을 할 수 있음을 증명하는 사례는 많다. 그렇다면 어떻게 해야 상대방이 진짜 원하는 이익을 정확히 알 수 있을까?

### 1 | 질문하고 경청한다.

협상이 난항일 때, 상대방의 진짜 생각이나 기조를 아는 데서부터 다시 출발하고 싶다면 가장 좋은 방법은 직접 묻는 것이다. 무슨 꿍꿍이가 있어서 진짜 원하는 걸 숨길 거라고 생각할 필요 없다. 실제 협상에서 진짜 이익은 절대 입에 올려서는 안 될, 손도 대지 못하는 그런 존재가 아니다. 당신이 진심으로 알고자 하고 경청한다면 상대방은 기꺼이 자신에게 가장 중요한 것을 이야기하고 토론할 것이다.

### 2 | 상대방의 입장에서 사고한다.

상대방이 진짜 원하는 걸 알려면 그의 상황이나 형편에서 사고할 줄 알아야 한다. 이렇게 해서 그의 진짜 생각, 진짜 이익을 꿰뚫어 보아 '즉효 약'을 처방해 생각지도 못한 수확을 얻을 수도 있다.

> 협상자는 상대방의 진짜 이익, 다시 말해 그가 진짜 바라고 원하는 것을 이해함으로써 협상 성공률을 높일 수 있다.

HARVARD
BUSINESS
LECTURE

## 27

# 양보는 좋은 전략이 아니다

인생은 미식축구와 같다. 어떻게든 상대편의 라인을 돌파해야 한다.
• 시어도어 루스벨트 •

 

    '인색'하기로 유명한 사업가가 꽤 많은 걸 아는가? 그들은 자신과 회사의 이익을 위해서 아주 작은 하나를 두고도 지독하리만큼 맹렬히 싸운다. 돈 한 푼도 그만한 가치가 있으며, 이런 작은 하나가 회사의 손익에 결정적으로 작용한다고 생각하기 때문이다. 맞는 말이다. 합당하지도 않은 양보를 하는 일은 비즈니스 엘리트들에게 절대 있을 수 없는 일이다. 이는 이익을 스스로 포기하는 태도와 같기 때문이다. 하버드 경영대학원에서는 이와 관련해서 다음의 사례를 자주

든다.

　미국 전기 서비스 업체 아메리칸 일렉트릭 파워 컴퍼니American Electric Power Company는 대형 엔진 구매를 위한 경쟁입찰을 실시했다. 세계적으로 유명한 독일 지멘스Siemens의 미국 법인은 자신만만하게 입찰에 참여했다. 자타공인 세계 일류 품질인 자사의 제품이 선정되는 일은 너무나 당연했기에 입찰가도 다른 곳보다 훨씬 높게 썼다.
　그런데 이상하게도 며칠 후에 발표된 입찰사 명단에 지멘스가 없었다. 당황한 미국 지멘스 사장은 왜 입찰이 받아들여지지도 않았는지 백방으로 알아봤지만, 십여 일이 지나도 도대체 어떻게 된 일인지 알 수 없었다. 거의 포기하려고 할 즈음, 아메리칸 일렉트릭 파워 컴퍼니의 구매 책임자 마하드가 연락해왔다. 두 사람이 만난 자리에서 마하드는 일이 이렇게 되어 안타깝다며 '유감'을 표했다. 그러더니 다른 회사의 입찰신청서를 꺼내며 말했다. "이게 최저 입찰가입니다. 사실 우리는 아무래도 품질이 보장된 지멘스와 거래하고 싶은데, 가격이 좀……, 혹시 이보다 10%만 더 낮춰줄 수 있습니까? 그렇다면 바로 지멘스에 주문서를 넣겠습니다." 다음 날, 독일 본사의 승인을 받은 미국 지멘스 사장은 마하드가 말한 대로 했다.
　며칠이 흘렀지만, 아메리칸 일렉트릭 파워 컴퍼니에서는 아무 소식도 없었다. 심지어 마하드는 전화도 받지 않았다. 미국 지멘스 사장이 더 이상 희망이 없다고 생각한 즈음, 마하드가 다시 연락해왔다. 두 사람이 만난 자리에서 마하드는 시간이 지체된 일에 대해 정중히 사과하면서, 회사 규정상 입찰 신청 마지막 날까지 신청서를 받아야 했기 때문이라고 설명했다. 또 지멘스와 거래하기를 무척 고대하고 있다고 말했다.

이어서 마하드는 또 다른 입찰신청서 한 부를 꺼냈다. "그런데……, 공교롭게도 신청 마지막 날인 어제, 신청서가 한 부 들어왔는데 글쎄 입찰가가 지멘스보다 25%나 낮았습니다. 혹시 입찰가를 3%만 더 낮춰주실 수 있을까요? 그래야 제가 회장님께 지멘스를 추천하면서 할 말이 있으니까요." 입찰가를 또 낮춰달라는 요구에 미국 지멘스 사장은 독일 본사에 전화를 걸어 상황을 설명하고, 재차 승인을 받았다. 당시 해외 시장에서 대형 전기기계 설비 판매 전망이 그다지 좋지 않았기에 본사도 힘들게 내린 결정이었다. 지멘스 측은 어쨌든 가격을 이렇게나 낮췄으니 선정은 떼놓은 당상이고 기다리기만 하면 된다고 생각했다.

다시 며칠 후, 마하드가 미국 지멘스 사장을 만나 지금 '거의' 지멘스 쪽으로 기울었다며 축하 인사를 건넸다. 그러면서 한 입찰사가 거래 시 몇 가지 혜택을 제시했었는데, 지멘스도 같은 혜택을 약속해주기를 바란다고 말했다. 만약 그러지 않으면 결과를 100% 장담하기는 어렵다는 말까지 슬며시 덧붙였다. 상황이 이러니 미국 지멘스는 또 한 걸음 후퇴할 수밖에 없었다. 그들은 양보, 양보, 또 양보를 거듭한 끝에 간신히 계약에 성공했다.

결과적으로 미국 지멘스는 입찰에 성공했지만, 적지 않은 손해를 보았다. 사실 마하드는 처음 입찰을 시작했을 때 이미 지멘스의 엔진 성능을 보고 매료되었으나 내색하지 않았다. 대신 가격을 낮추지 않으면 구매하지 않겠다는 태도로 상대방의 자신감에 타격을 주는 동시에, 가격만 낮추면 계약을 따낼 수 있다는 희망의 불씨를 심었다. 마하드는 미국 지멘스 사장이 그 작은 희망의 불씨에 기대어 승산이 없지 않다고 생각하는 심리를 압박해서 연이어 양보를 끌어냈다. 마침내 협상이 끝났을 때, 아메리칸 일렉트릭 파워 컴퍼니는 큰 이익을 얻고, 지멘스는 그만큼 손실을 입었다.

미국 지멘스의 사례는 합당하지 않은 양보가 얼마나 큰 타격을 줄 수 있는지 잘 보여준다. 아메리칸 일렉트릭 파워 컴퍼니의 구매 책임자 마하드는 처음부터 우위를 점하고 끊임없이 상대방을 압박하고 원하는 대로 조종해서 이익 최대화라는 목적을 달성했다. 협상에서 절대적인 우위를 차지하면 이익 최대화는 시간문제일 뿐이다. 협상할 때, 양측의 이익을 모두 고려하고 결렬되지 않도록 최선을 다하는 것은 좋으나, 그렇다고 양보만 해서도 안 된다. 양보를 거듭해서 협상에 성공하고 계약을 따낼 수 있을지는 모르나, 그 결과는 얻는 것보다 잃는 것이 더 많을 수 있기 때문이다.

협상은 자신의 이익을 최대한도로 보장하기 위한 활동이다. 이런 이유로 협상자는 작은 것 하나도 허투루 생각하지 말고, 일일이 꼼꼼하게 따져서 꼭 잃지 않아도 되는 것은 반드시 지켜야 한다. 합의에 이르러 반드시 사업을 성사시키겠다는 일념으로 무리하면서까지 양보해서는 안 된다. 언뜻 작은 양보처럼 보여도 전체 이익을 크게 위협할 수 있기 때문이다.

HARVARD
BUSINESS
LECTURE

## 28

# 테이블에 갈등을
# 남겨두지 마라

성공을 획득하는 데는 두 가지 중요한 전제가 있다. 단호함, 그리고 인내다.
· 빌 게이츠 ·

협상하다 보면 불쾌한 일들이 발생한다. 대부분 서로 원하는 이익이 충돌해서 발생하는 논쟁인데, 현명한 협상자는 이런 상황에서도 감정을 잘 컨트롤한다. 그들은 눈앞의 이익, 특히 돈 때문에 크게 화를 내어 장기적인 합작 파트너를 잃는 우를 범하지 않는다. 언제나 장기적인 이익에 더 집중하므로 협상 중에도 충돌을 무마하고 갈등을 풀어서 끝까지 우정을 지킨다. 이는 가장 우아한 비즈니스 협상술이다.

충돌과 갈등이 격화되는 시점에서 가장 좋은 대응방식은 바로 침묵이다. 많은 협상자가 상대방의 말을 이해하지 못하거나 동의할 수 없을 때, 쉽게 입을 열어 반박하곤 하는데 그래봤자 논쟁만 더 커질 뿐이다. 반대로 침묵은 '소리 없이 소리를 이기는' 효과를 낸다. 반드시 상대방이 먼저 입을 열게 하라. 그러면 사고의 시간과 대응 기회를 확보하고, 불유쾌한 분위기를 완화해서 부드럽게 가볍고 유쾌한 화제로 전환할 수 있다. 그러면 상대방은 나빴던 기분에서 자연스레 벗어나, 다시 이성적으로 협상을 진행할 것이다.

맥도날드 McDonald's는 세계적으로 모르는 사람이 없을 정도로 성공한 기업이다. 설립자 레이 크록 Ray Kroc 역시 전설적인 기업가로 창업을 꿈꾸는 많은 사람이 그를 공부한다.

레이 크록은 1954년에 맥도날드 식당을 운영하던 맥도날드 형제를 처음 만났다. 이때 크록은 이미 맥도날드 식당 사업에 뛰어들겠다고 결심했으며 1955년 3월에 세 사람은 함께 패스트푸드 사업을 시작했다. 5년 후인 1960년에 맥도날드는 지점이 228개로 늘어났다. 총 판매액은 3,780만 달러에 달했는데, 그 0.5%인 18만 9,000달러의 이자가 맥도날드 형제의 수입이었다. 하지만 맥도날드의 연 순이익은 7만 7,000달러에 불과했다. 회사가 성장할수록 맥도날드 형제가 가져가는 돈만 더 많아지는 불균형이 발생했다. 또 처음 사업을 벌일 때 계약한 내용에 따르면 크록은 맥도날드 형제가 고안한 '패스트 서비스' 시스템을 절대 수정할 수 없었다. 이는 맥도날드의 발전에 방해 요소가 되었다.

크록은 이 상황을 해결하기 위해 맥도날드 형제로부터 사업권을 전부 사들이기로 했고, 1961년 초에 협상을 통해 맥도날드 형제가 이에 동의했다. 하지만 그들은 크록의 예상을 크게 웃도는 270만 달러를 원했다. 그 아래로는 절대 팔지 않을 것이며, 또한 반드시 현금으로 지급하라고 요구했다! 맥도날드 형제의 요구조건을 들은 크록은 크게 화가 났고, 협상을 아무리 해도 양측의 갈등만 커졌다.

하지만 크록은 산전수전 다 겪은 똑똑한 사업가였다. 그는 여러 차례 깊이 생각한 끝에 맥도날드 형제의 요구조건에 모두 동의하고 갈등을 풀어서 이후에도 계속해서 우호적인 관계를 유지했다. 이렇게 해서 맥도날드의 상호명, 상표권, 사업권 및 레시피, 그리고 미국 전역의 맥도날드 지점이 전부 크록의 소유가 되었다.

최초에 맥도날드를 창업한 사람은 맥도날드 형제지만, 지금의 '패스트푸드 왕국' 맥도날드를 만든 사람은 레이 크록이었다. 맥도날드가 세계적으로 주목받은 모든 일은 전부 크록의 손에서 이루어진 것이었다. 크록은 맥도날드 형제로부터 사업권을 사들이면서 장기적인 관점으로 문제를 바라보았다. 그는 갈등과 충돌을 해결하는 데 더 큰 의미를 두어 협상에 성공하고 우정을 지켜 뛰어난 사업가로서의 면모를 보였다.

비즈니스의 양상이 다양화, 다변화하면서 협상 모델 역시 끊임없이 변화하고 있다. 지금 사람들은 '윈-윈', 즉 양측의 수요를 모두 만족하는 결과를 얻는 모델을 선호한다. 하버드 학생들도 마찬가지로 협상 중의 모든 충돌과 갈등을 해결하고, 협상에 성공하는 동시에 우호적인 관계를 유지하는 데 집중한다. 또 실제로 많은 협상자가 부와 명예라는 두 마리 토끼를 모두 잡고 우정까지 지켜낸 협상이 가장 성공적이라고 생각한다.

    협상하면서 논쟁을 피하기는 어렵다. 이때 질 수 없다는 듯이 같이 흥분해서 논쟁을 키우기보다는, 적당한 침묵 혹은 신속한 화제 전환으로 협상 국면을 바꾸려고 시도해야 한다. 그래도 해결될 기미가 보이지 않으면 아예 저자세를 취하고, 어떻게든 이 갈등을 풀고 논쟁을 잠재워야 한다. 장기적인 눈으로 협상의 진짜 득실을 이성적으로 볼 필요가 있다.

HARVARD BUSINESS LECTURE

HARVARD BUSINESS LECTURE

· 네 번째 수업 ·

# MARKETING
마케팅

## 기업경영의 모든 것

•

마케팅이 화려한 파티라면 고객은 단연 파티의 최고 주인공이다. 좋은 기업들의 마케팅 모델은 모두 고객을 기초로 건립되었다고 해도 과언이 아니다. 소비자를 중심으로 마케팅해야만 상품에 높은 가치를 담아 그들의 '장바구니'에 들어갈 수 있다. 소비자를 향한 마케팅을 제대로 공부한다면 마케팅으로 업무 실적을 향상하는 방법과 기교가 분명히 존재하며, 마케팅을 통해야만 모든 비즈니스가 제대로 돌아간다는 사실을 알게 될 것이다.

## 29

## 어떤 위치에 서 있어야 할까?

우리의 평균 웹 광고 검색률을 보면 전체 클릭률의 10%밖에 되지 않는다.
그래서 20%까지 올려야 한다는 압박을 받는다. 사실 하려면 어렵지 않은 일이다.
하지만 우리는 이미 충분히 돈을 벌었기 때문에 그러고 싶지 않다. 다만 한 가지 확실하게
말할 수 있는 건 지금 우리가 걷고 싶은 길을 걷고 있다는 점이다.

· 마크 저커버그 ·

---

"최고의 시절이자 최악의 시절, …… 우리 앞에는 무엇이든 있었지만, 한편으로 아무것도 없었다."

19세기 영국 소설가 찰스 디킨스 Charles Dickens가 쓴 《두 도시 이야기 A Tale of Two Cities》의 첫 문장이다. 지금 어떤 기업은 마케팅 덕분에 하룻밤 사이에 부상하고, 어떤 기업은 마케팅 때문에 몰락한다. 마케팅이 시장을 좌우하는 이 시대에 사람들은 고민하지 않을 수 없게 되었다. 어떻게 마케팅할 것인가? 어떤 마케팅으로 고객의 마음을 사로잡

을까? 사실 간단한 문제다. 우선 적합한 마케팅 계획이 있고, 그에 따라 효과적으로 집행하면 된다.

경영자가 마케팅 계획을 세우는 가장 큰 목표는 마케팅 부서와 비마케팅 부서의 관계를 잘 조율해서 마케팅 활동 전체를 효과적으로 전개하고 목표 시장에 깊이 파고드는 것이다. 마케팅 계획은 경쟁업체를 무너뜨려 고객을 쟁취하는 마케팅 활동을 위한 일종의 작업지침이며, 그 핵심은 관리 대상, 예컨대 고객이나 시장에 대한 정확한 '포지셔닝'이라 할 수 있다. 애초에 포지셔닝이 제대로 되지 않으면 마케팅 계획이 제아무리 완벽해도 아무 쓸모가 없다!

말보로 MARLBORO 는 초기에 잘못된 포지셔닝으로 큰 대가를 치렀다. 1920년대 미국은 '잃어버린 시대'였다. 제1차 세계대전의 충격과 상처는 청년들을 향락과 쾌락으로 몰고 갔다. 그들은 늘 입에 담배를 물고, 자욱한 담배 연기 속에서 음악에 심취했다. 당시에는 여성 흡연자도 꽤 많았다. 이에 담배 제조회사 필립 모리스 Philip Morris 는 새로 출시한 브랜드의 이름을 '말보로'로 정했다. 남자들은 로맨스로 사랑을 기억한다는 의미였다. 광고 문구는 '5월의 날씨처럼 따뜻하게'였는데, 이는 여성 흡연자들에게 '터놓고 말할 수 있는 이성 친구'가 되겠다는 뜻이었다. 이와 동시에 필립 모리스는 파이프 부분을 빨간색으로 해서 여성 흡연자들의 눈길을 사로잡으려고 애썼다. 하지만 이렇게 공들인 노력은 전부 이렇다 할 효과를 일으키지 못했고, 말보로의 판매량은 기대에 훨씬 못 미쳤다.

1924년부터 1950년대까지 줄곧 말보로는 그저 그런 담배 브랜드였다. 여성 소비자를 노린 부드러운 광고는 남성 소비자를 뒷걸음질 치게 했고, 여성들의 흡연 욕구는 패션을 향한 열정보다 떨어졌다. 게다가 여성들은 결혼하면 대부분 담배를 끊었고, 딸에게는 흡연을 권장하지 않았다! 이렇게 말보로는 잘못된 포지셔닝으로 거의 20여 년을 애매한 상태로 허송세월했다.

제2차 세계대전 발발과 담배 필터 발명은 흡연자 수를 크게 상승시켰다. 필립 모리스는 말보로를 필터 담배로 전환하면서 다시 한번 도약을 꿈꿨지만, 시장 반응은 여전히 뜨뜻미지근했다.

크게 실망한 필립 모리스 경영진은 말보로를 아예 새롭게 포지셔닝하기로 결정하고 광고 전문가 레오 버넷 Leo N. Burnett에 의뢰했다. 버넷은 과감하게 방향을 완전히 반대로 틀어서 '강한 남성'을 강조한 광고 전략을 세웠다. 이때부터 말보로 광고에는 마부, 잠수부, 농부 등이 나왔고, 미국인의 이상향인 카우보이까지 등장했다. 광고에는 그들의 거친 피부, 검은 눈빛, 두툼한 손등이 노출되고, 천천히 들어 올리는 손가락 사이에는 늘 연기가 피어오르는 말보로 담배가 끼워져 있었다. 1954년, 여성의 향기를 말끔히 지워버린 광고가 방영되면서 말보로는 큰 성공을 거두었다. 1954~1955년 사이에 판매량이 세 배로 뛰어올라 미국 10대 담배 브랜드가 되었으며, 1968년에는 시장 점유율 2위에 올랐다.

말보로가 실패한 원인은 포지셔닝이었고, 성공한 원인도 포지셔닝이었다. 다시 말해 포지셔닝의 정확성이 말보로의 성패 여부를 결정한 것이다.

안타깝게도 사람들은 말보로와 똑같은 잘못을 반복한다. 이유는 맹목적으로 '대세'를 따라 포지셔닝하기 때문인데, 이런 종류의 잘못은 기업 전체에 잠재적 위기를 조성할 수 있다. 계획을 잘못 세우거나 집행했기 때문이 아니라, 애초에 방향을 잘못 설정했으니 뭘 해도 두서가 없고 계획대로 되지도 않는 것이다.

한 전자기기 제조업체는 품질면에서 거의 아무런 문제가 없는 좋은 상품을 만들지만, 신상품 출시 속도가 너무 느려 문제였다. 시장에 상품을 '먼저' 내놓는 것이 커다란 우위인 업계인데, 이 기업은 구상에서부터 정식 출시까지 경쟁업체보다 족히 1년은 늦었다. 문제의 심각성을 인식한 경영진은 큰 고민에 빠졌다.

분석 결과, 문제의 원인은 경영진들이 인력도 부족한 개발팀에 이미 출시된 상품을 개발하라는 등 '가치 없는' 마케팅 계획을 계속 내놓은 데 있었다. 개발팀의 실력이 아무리 좋아도 이런 의미 없는 계획들은 인력 분산으로 이어져 진짜 필요한 신상품 연구개발을 방해했다. 이는 경영진이 회사 및 시장 상황에 대해 정확하게 인식하지 못한 탓에 생겨난 병폐였다. 그들은 그저 계획을 세우는 데만 정신이 팔려 불분명하고 두서도 없는, 되든 안 되든 일단 해보라는 식으로 이상한 마케팅 계획만 마구잡이로 내놓았다. 실제로 이런 상황은 꽤 흔해서 심각한 경우, 회사에 거의 재난에 가까운 피해를 준다.

아이러니하게도 경영자를 비롯한 경영진이 마케팅의 본질 및 방향에 대해 제대로 모를수록 각종 마케팅 계획을 쉽게 만들어낸다. 하지만 너무 많은 계획은 집중력을 흐트러뜨려 어떤 한 가지를 잘 해낼 에너지도 시간도 없게 된다. 이런 상황은 회사에 잠재적인 독소가 되어 조금씩 확산하다가 나중에는 손도 대지 못할 지경에 이른다.

비즈니스 엘리트들은 포지셔닝이 정확해야만 과감하게 투자할 수 있다고 단언한다. 현 상황에서 포지셔닝이 정확하지 않다면, 차라리 서두르지 않고 시간과 에너지를 실력 개발에 투자하는 편을 선택한다. 그러면서 포지셔닝을 더 명확하고 정확하게 만들고, 그런 후에야 다음 단계, 즉 마케팅 계획을 세우는데, 제대로 된 포지셔닝이야말로 마케팅 계획을 위한 지시등임을 알기 때문이다. 이런 이유로 목표 시장을 확정할 때는 반드시 수준 높은 시장 세분화 및 정확한 포지셔닝이 꼭 필요하다.

랄프 왈도 에머슨은 "온 마음을 다해 목표를 향해 전진하는 사람에게는 세상 전체가 길을 양보한다."라고 말했다. 마케팅도 그러하다. 흔들리지 않는 정확한 포지셔닝이 있어야만 정확한 지점을 집중적으로 공략해서 빠르게 성공할 수 있다.

마케팅 계획은 기업에 없어서는 안 되는 중요한 집행계획 중 하나다. 좋은 마케팅 계획에는 반드시 정확한 포지셔닝 및 훌륭한 마케팅 전망이 포함되어야 한다. 만족스러운 마케팅 계획을 세우려면 우선 정확한 방향을 찾아 실제 시장 상황에 부합하는 정확한 포지셔닝을 하고, 마케팅 목표에 따른 목표 시장을 세분화할 필요가 있다.

HARVARD
BUSINESS
LECTURE

## 30

## 가격전쟁에 관하여

신상품을 연구개발하는 데 들어가는 비용은 상당하다. 한두 푼으로 되는 일이 아니다. 하지만 사용자들은 반드시 최신 상품만 구매할 거라는 메시지를 끊임없이 보내고 있다. 우리 목표는 시장에 저가 상품이 아니라 가장 우수한 상품을 내놓는 것이다. 이것이 매킨토시 시리즈 상품이 다른 회사보다 10~15% 이상 비싸야 하는 이유라면, 다른 방도는 없다.
· 스티브 잡스 ·

---

　실력이 세력을 만들고, 크고 작은 전투가 끊이지 않으며, 기회가 충만한 동시에 잔혹한 경쟁이 벌어지는 곳, 이처럼 미친 듯한 상황이 빠른 속도로 끊임없이 돌아가는 시장에서도 마케팅 덕분에 커다란 부를 일궈내는 회사들이 분명히 있다. 하지만 그 뒤에 따라오는 것은 어김없이 숨겨진 위기다. 시장을 어지럽히고, 경쟁자를 불안하게 만들며 일단 시작하면 멈추지 않고 더 격렬해지는, 바로 '가격전쟁'이다.
　경쟁이 날로 치열해지고 소비자의 취향이 크게 다르지 않다 보니 한 상품이 성공하면 곧 동질화 상품들이 시장에 쏟아진다. 날 듯이 빠르게 흘러가는 시장 리듬으로 마케팅 환경은 길어야 1년이면 어느 기업에나 동등해지고, 업체들은 경쟁 속에 침식되어버린다. 그 바람에 사방에 1+1 혹은 2+1, 무료 증정, 파격 할인 등의 광고 문구가 가득하다. 어떻게든 살아 남으려는 판매자들은 '네가 하면, 나도 한다', '네가 하나 주면, 나는 열 개 준다'라는 식으로 가격전쟁의 파도를 앞다퉈 높이 끌어 올린다. 한창 전쟁을 벌일 때는 무자비하게 치고 때리는 쪽도 있고 계속 사방에서 얻어맞는 쪽도 있지만, 어느 쪽이든 나중에 계산기를 두드려 보면 한숨만 남을 뿐이다. 이런 과열된 경쟁에서는 비난과 비방이 난무하는 악성 경쟁, 맹목적인 모방, 심지어 불법적인 수단까지 동원되니 시장의 안정적인 발전을 저해한다.

이 같은 집단의 비이성적인 태도는 게임이론 Theory of games에 등장하는 '죄수의 딜레마 prisoner's dilemma'로 설명할 수 있다. 즉 개인의 가장 좋은 선택은 단체의 가장 좋은 선택이 결코 아닌 것이다. 시장경쟁에서 죄수의 딜레마는 단순히 이론에 그치지 않고, 가격 경쟁, 환경보호 등의 영역에서도 빈번하게 출현한다. 중국 전자제품 제조업체 AUX의 사례를 보자.

2001년 AUX 에어컨은 이벤트 마케팅 event marketing[6]으로 품질 좋고 저렴한 필수품 에어컨을 내세우면서 대대적인 가격전쟁을 시작했다. 총 40여 개 모델에서 최대 30%까지 가격을 대폭 인하한 덕에 AUX 에어컨은 판매량이 123.8%나 증가했다. 하지만 업계 전체의 성장은

---

[6] 기업이 목표 시장의 행사 따위를 후원하여 제품의 이미지를 부각하는 마케팅 방법

40% 정도에 그쳤다. 2002년 AUX 에어컨은 '에어컨 원가 백서'를 발표해서 업계의 폭리 정황을 폭로함으로써 소비자들로부터 큰 환영과 지지를, 업계에서는 따가운 눈초리를 받았다. 이 일로 AUX 에어컨은 판매량이 다시 74.4%까지 증가했지만, 업계 전체 성장은 13.48%에 불과했다. AUX 에어컨의 가격전쟁은 여기서 끝이 아니었다. 2003년이 되어서 AUX 에어컨은 '1편分[7] 에어컨'(이벤트 모델을 구매하면서 1편을 더 내면, 원하는 다른 에어컨으로 바꿔주는 행사), '가격 테러' 등의 이름으로 꾸준히 계속했다. 동시에 50여 개 모델의 가격을 30% 할인해서 팔았다. 그 결과 2003년 AUX 에어컨의 판매량은 2002년보다 100만 대 이상 늘어났다. 에어컨 시장에서 AUX의 지명도는 크게 올라갔고, 에어컨 생산력도 업계 3위까지 상승했다.

　AUX 에어컨은 3년에 걸친 잔혹한 가격전쟁을 통해 단계적인 승리를 거두어 업계에서 일약 군계일학으로 떠올랐다. 그러나 이면에 숨은 부정적 영향도 무시할 수 없다. 그들은 브랜드 이미지와 상품 호감도에 큰 타격을 입고 이후 기업발전에 커다란 타격을 입었다.

　지금 같은 저이윤 시대 Low-profit Times에서 살아남으려면 실수를 저지를 확률을 '제로'로 낮춰야 한다. 단 한 번이라도 실수했다가는 경쟁자를 제압할 수 없을뿐더러 자신도 거기에 매여 죽을 수 있다. 간신히 살아남는다고 해도 적군 1,000명을 죽이고 아군 800명을 잃는 격이니, 이보다 더 우매한 일은 없다. 경쟁을 위한 경쟁에 사로잡혀

---

[7] '分'은 중국의 가장 낮은 화폐단위로 1分은 한화 약 1.7원에 해당한다.

수준 낮은 가격전쟁에 집착하느라 정작 진짜 소비자 수요를 무시한다면 얻는 것 보다 잃는 것이 더 많은 결과는 자명하다. 상품은 소비자에게 판매하는 것이지, 경쟁의 수단이 아니다. 기업은 무의미한 악성 경쟁에서 벗어나 오직 소비자를 중심으로, 그들의 취향, 기호, 특징을 파악해서 만족시키고, 시장에서 깊이 사랑받는 상품을 개발해 내야 한다. 전략, 인력, 조직 등 기업의 모든 방면이 이를 위해 나아가야 엇나간 방향으로 마케팅하지 않을 수 있다.

자신의 마케팅 행위에 문제가 보일 때, 기업은 반드시 정신을 바짝 차리고 문제의 근원을 인식해야 한다. 특히 주요 경쟁업체끼리 가진 자원을 다 소진해도 어쩔 수 없다는 듯이 너도나도 가격전쟁에 뛰어들어 시장이 혼란해졌다면, 기업과 마케터는 반드시 반성해야 한다! 이런 시장 환경에서 기업은 소비자에 매우 수준 낮은 대응밖에 할 수 없으며 그나마 효력도 미미하다. 오직 역동적으로 끊임없이 변화하는 마케팅 전략만이 시장 환경을 개선하고 업계의 마케팅 규칙을 바로 세울 수 있다.

결론적으로 가격전쟁은 해야 할까, 하지 말아야 할까? 정답부터 말하자면 할 수 있다. 하지만 일시적인 충동이 아니라 반드시 이성적이고 합리적으로 해야 한다. 전체적인 상황에서 출발해 이 가격전쟁이 승기를 잡을 수 있는 '묘수'일 때만 해야 한다. 다음의 세 가지를 참조하자.

### 1 | 대응

일반적으로 마케팅은 눈앞에 놓인 시장 문제를 이롭고 효과적으로 해결해야 한다. 마케팅 의도를 구체적인 전략으로 실현하고, 다양한 방법으로 목표를 실현해야 하므로, 마케팅 집행력이 매우 중요하다. 이런 이유로 여러 차례 가격전쟁을 벌이려면, 기업 전체가 모두 머리를 쥐어짜서 각종 대응 전략들을 생각해내고, 일단 시작했으면 최선을 다해 경쟁업체보다 훨씬 더 잘 해내야 한다.

### 2 | 조합

가격전쟁에서 한 번 승리했다고 목표 시장을 완벽하게 장악했다고 할 수 없으니 가진 마케팅 자원을 모두 투입해서 거기에만 매달릴 수는 없다. 또 기업의 마케팅이 쇠퇴하는 상황을 바꾸는 데도 실질적인 영향을 일으키기 어렵다. 그러니 기업은 좀 더 고차원적으로 마케팅 문제들을 사고하고 가격전쟁을 고려하는 동시에 여러 마케팅 전략을 효과적으로 조합해야 한다.

### 3 | 주도

우수한 기업은 스스로 게임의 법칙을 바꿔 '상황을 리셋'한다. 시장경쟁이 산업가치사슬 value chain[8]의 경쟁이 된 시대에 기업은 반드시 산업가치사슬의 각 부분 핵심 능력을 길러야 한다. 상품에 자신만의 차별화된 가치를 담아야 경쟁업체의 장난질 따위는 쉽게 해결하고 시장을 장악할 수 있다. 상품이라는 경쟁의 근본에 집중해야만 시장에서 원하는 걸 얻을 수 있음을 명심해야 한다.

---

[8] 기업이 제품을 생산해 돈을 벌어들이는 것과 관계된 모든 활동으로 원재료 구입, 공장 운영, 제품 생산, 출하 등의 모든 과정을 의미한다.

정리하자면 기업은 각 발전 단계별로 실제 상황과 시장 수요에 기반해서 합리적인 마케팅 전략을 세우고, 상황에 따라 하나씩 경쟁우위를 확보해야 한다. 마케팅 전략이랍시고 시장을 다 헤집어놓을 정도의 가격전쟁으로만 승부를 보려고 해서는 안 된다. 그 전쟁에서 무너지는 건 상대방뿐 아니라 자신일 수도 있기 때문이다.

비즈니스 엘리트들은 마케팅의 본질을 정확하게 이해해야 자기 기업에 가장 알맞은 전략계획을 세우고, 후속 집행도 효과적으로 할 수 있다고 생각한다. 다양한 각도로 마케팅을 인식해야만 비로소 기업의 마케팅 전략 제정 및 집행을 효과적으로 할 수 있다.

HARVARD
BUSINESS
LECTURE

# 31

## 마케터는 타고나는가, 길러지는가?

기업이 강력한 서비스 군단을 갖추지 못해 사용자에게 전면적이고
세심한 서비스를 제공할 수 없다니, 정말이지 상상할 수도 없는 일이다.
- 빌 게이츠 -

 

어떤 마케터[9]는 몇 차례 성공에 자신감이 넘쳐 자기가 '타고난 마케터'라며 자신만만해한다. 단언컨대 그렇게 생각하는 사람일수록 그 이상의 성취를 해낼 가능성은 거의 제로에 가깝다. 하늘에서 내 손안으로 뚝 떨어지는 떡은 없다. 힘 하나 들이지 않고 얻을 수 있는 일자리 없고, 노력하지 않고 저절로 풀리는 난제는 없으며, 간절하지

---

9  마케팅 전문가. 시장조사 및 분석, 상품이나 서비스를 판매, 판촉하는 사람을 가리킨다.

않은 데 생겨나는 희망과 성공도 없다. 마케터도 그렇다. 타고난 마케팅 천재는 존재하지 않으며, 후천적인 경험과 깨달음으로 길러진 훌륭한 마케터만 있을 뿐이다. 경영자로서 당신이 훌륭한 마케터들을 확보하거나 현재 마케터들의 수준을 올리고 싶다면 반드시 교육을 통해 해야 한다.

혹시 스스로 타고난 사업가, 경영자, 마케터라고 생각하고 있는가? 혹시라도 그렇다면 최대한 빨리 그 생각을 버리기 바란다. 이런 종류의 착각에 빠져서 온갖 고생만 하고 정작 원하는 것은 하나도 얻지 못하는 일이 부지기수다.

물론 천성적으로 마케팅이라는 업무에 적합한 소질을 타고나는 사람도 있다. 하지만 이는 일종의 행운에 가까우며 진정한 마케터로서의 모습을 타고났다고 이야기하기는 어렵다. 스포츠에 비교해보자. 날 때부터 팔다리가 길고 유연한 신체를 가지고 있다면 커다란 우위를 선점한 것이니 큰 행운이다. 하지만 단지 이것만으로는 안 된다. 여기에 쉬지 않는 훈련, 성공에 대한 열망, 수많은 경험, 뼈를 깎는 노력, 개인의 인성까지 모두 결합 되어야만 비로소 챔피언의 자리에 오를 수 있다. 마케팅도 마찬가지다. 어떤 사람은 다른 사람이 가지지 못한 우위를 가지고 태어난다. 예를 들어 목소리가 좋거나, 성격이 온화하고, 이해심이 많은 성격 등등 말이다. 하지만 이런 우위만으로 그가 마케팅 업무에서 대단히 놀랄만한 성취를 해낼 거라고 확신할 수는 없다. 국내든 해외든 춥고 더운 것을 가리지 않고 시장을 헤집고 다니며, 전문 교육을 받고 경험을 쌓아 실력을 기른 적 없다면 태생적인 우위 따위는 아무짝에도 쓸모가 없다. 타고난 우위만

믿는 사람은 마케팅의 길 위를 걸으면 걸을수록 더 암담해질 것이다. 천부적인 소질이 전혀 소용없다는 이야기가 아니다. 타고난 소질과 개성은 이후의 교육, 경험, 훈련 등을 더욱 촉진하고 자극해서 남들보다 조금 더 빠르게 성장하게 도울 수 있다. 씨앗이 메마른 땅보다 비옥한 땅에서 더 싹을 잘 틔우는 것과 마찬가지다. 자기 업무에서 뛰어난 능력을 발휘하는 마케터들은 후천적인 교육 및 업무 중에 차곡차곡 쌓인 경험을 바탕으로 그러한 성과를 낸다.

회사를 이끌어나갈 훌륭한 마케터를 확보하려면 어떠한 교육이 필요할까? 마케터는 어떠한 마음가짐으로 교육받아야 할까? 이에 관해 하버드는 다음의 내용을 이야기한 바 있다.

**1 | 교육은 마케팅 열정을 불어넣어야 한다.**

마케팅은 어려운 일이다. 타고난 마케터도 없지만, 그렇다고 모든 사람이 훌륭한 마케터가 될 수도 없고, 후천적인 교육과 장기간에 걸친 수많은 경험이 쌓여야만 성공할 수 있는 일이기 때문이다. 끊임없이, 그것도 점점 빠른 속도로 변화하는 시장을 상대로 일하려면 마케팅에 대한 열정 없이는 불가능한 일이다. 잘 알지도 못하고 흥미도 없는 일을 어떻게 잘할 수 있겠는가? 성공하겠다는 열망이 없는 사람은 절대 성공의 희열을 맛보지 못한다. 이런 이유로 마케팅 교육은 마케터의 열정을 북돋고, 마케터로서 자부심과 자신감을 키울 수 있도록 도와야 한다.

**2 | 다양한 교육 복지를 활용한다.**

당신이 일을 선택하는 기준은 무엇인가? 마케터에게 가장 좋은 일은 최대한도의 교육기회를 제공하는 쪽이다. 교육을 통해 전문적인 지식을 습득할 수 있고, 이는 곧 훗날 당신 앞에 더 많은 기회와 선택을 보장할 것이다. 이는 곧 당신이 더 많은 돈을 벌 수 있음을 의미한다. 대부분 마케터는 다양한 시장 상황을 대처할 수 있는 기술을 배우고자 한다. 바꾸어 말하면 경영자로서 당신이 훌륭한 마케팅 부대를 확보하고 싶다면 반드시 최대한 다양한 교육과 연수 기회를 제공하는 노력을 기울여야 한다.

### 3 | 습득한 지식과 경험을 적용한다.

사람이 교육으로 얻는 내용은 다른 사람이 빌릴 수도 대체할 수도 없는 것이다. 상당히 우월한 조건을 갖췄음에도 그 지식을 업무에 충분히 사용하지 못한다면 아무 의미 없는 헛수고에 불과하다. 그러므로 모든 교육에 성실하게 참여하고 누구도 가져갈 수 없는 보물같이 귀한 경험을 쌓아야 한다.

이상의 세 가지는 경영자와 마케터가 모두 반드시 인지하고 실행해야 하는 내용이다. 교육은 사람이 꿈에 그리는 것을 이루게 만들어준다. 그러니 반드시 열심히, 성실하게 주어진 기회를 잘 활용해야 한다.

신발 가게에 가면 멋진 신발이 아주 많지만, 그중에서 내 발에 꼭 맞는 것은 손에 꼽을 정도다. 그러니 마음에 드는 것 중에서 신중하게 내게 잘 맞는 것으로 골라내야 한다. 마찬가지로 마케터라면 먼저 자신의 개성에 따라 발전 방향을 결정하고, 그런 후에 지식과 경험을 더하고 실전에서 자신을 단련해야 한다. 또 경영자라면 교육을 통해 훌륭한 마케터를 양성하고 사업을 든든하게 뒷받침해줄 강력한 마케팅 부대를 갖춰야 한다.

하버드 경영대학원의 학생들은 타고난 지혜란 없다고 생각한다. 설령 당신에게 남들은 없는 여러 우위가 있더라도, 좋은 마케터가 되고 싶다면 후천적인 교육과 경험을 무시해서는 안 된다. 끊임없는 노력과 수련만이 당신을 더 성장케 하고 강하게 만든다.

HARVARD
BUSINESS
LECTURE

## 32

# 통찰력 없이 마케팅할 수 없다

운도 하나의 요소지만, 가장 중요한 요소는 역시 멀리 볼 줄 아는 눈과
민감한 통찰력이라고 생각한다. 나는 줄곧 망원경으로 이 세상을 바라보았다.
· 빌 게이츠 ·

이른바 통찰력은 사물 혹은 문제를 속까지 깊이 들여다보는 능력을 가리킨다. '통찰'의 한자를 풀이하면 '동굴洞을 들여다본다察'라는 의미가 된다. 동굴은 햇빛이 조금 드는 입구를 제외하면 온통 어두컴컴하고, 깊이 들어갈수록 더 어두워진다. 이런 환경에서는 매우 예민한 감각과 탁월한 관찰력이 꼭 필요하다. 일상에서 통찰력이란 개인 감정, 행위 동기, 인지 및 상호관계에 관해 속속들이 분석하는 것, 다시 말해 표상을 해부하고 분석해서 그 뒤에 숨은 본질을 보는 것이

다. 오스트리아 심리학자 프로이트 Sigmund Freud는 "통찰력은 무의식을 의식으로 바꾼다."라고 말했다. 이런 의미에서 통찰력은 또한 '마음의 눈을 여는 것'이라 할 수 있겠다. 심리학에서 통찰력은 사람의 행위표현을 분석해 결론을 내리는 능력, 상대방의 말투와 안색을 살펴 마음을 헤아리는 능력을 의미한다.

마케팅에서 통찰력은 성공을 거머쥐는 관건이 된다. 통찰력이 없는 마케터는 시장 상황을 파악하거나 전망하기 어렵고, 소비자의 심리를 알 길 없으니 무슨 일을 제대로 해낼 리 만무하다. 그런데 천재라 불리는 마케터들도 종종 통찰력을 잃곤 한다. 이 때문에 하버드 경영대학원 교수들은 수업과정에 반드시 통찰력 훈련을 포함한다.

## 1 | 마케팅은 먹고 마시고 놀면서 하는 일이 아니다.

마케터의 업무 중에는 시간을 충분히 두고 진행하며 상대적으로 편안한 환경에서 소통하고 교류하는 일이 많다. 이런 업무방식은 그다지 까다로워 보이지 않으나 주의를 필요로 하는 디테일들이 있다. 어떤 상황이든 마케터는 최종 목적, 즉 일을 성사시킨다는 목적을 잊지 말아야 한다. 먹고 마시고 즐기면서도 온갖 방법을 동원해서 소통과 교류를 소홀히 하지 않아 진일보한 성과를 거둬야 한다.

고객과 식사하면서 일 이야기를 나누기로 했다면, 사전에 간단하게 요기를 하거나 커피 한 잔이라도 마시고 가는 편이 좋다. 배가 고파서 허겁지겁 먹으면서 제대로 이야기하기란 쉽지 않기 때문이다. 어쩌면 입에 음식을 가득 물고 말하는 모습으로 반감을 살 수도 있다. 또 평소에 선호하는 음식보다는 깔끔하게 먹을 수 있는 음식을 시켜야 한다. 양손에 기름이나 양념을 잔뜩 묻히며 먹는 음식은 당연히 배제한다. 보기에도 안 좋을 뿐만 아니라, 갑자기 펜을 잡고 뭔가를 써야 하거나 고객이 관련 자료를 요구할 수도 있기 때문이다. 언뜻 별거 아닌 일 같아도 은근히 실수하는 사람이 많은 상식이다.

통찰력도 없는데 이런 디테일까지 무시한다면 당신이 부른 배를 두드리며 양념이 묻은 손으로 계약서를 건넬 때, 고객은 'NO'라고 외칠 것이다.

## 2 | 분노한 고객을 두려워할 필요 없다.

유명한 경영학자 톰 피터스 Tom Peters 는 자신의 웹사이트에 이렇게 썼다. "분노한 고객보다 더욱 냉혹한 사람은 없다! 하지만 가장 충성스러운 고객은 우리에게 불만이 많은 고객이다. 제기한 문제를 우리가 계속해서 해결할 때, 그들은 매우 놀라며 우리를 신뢰하게 될 것이다! 기억하라. 첫 번째 기회는 분노한 고객을 당신의 팬으로 만드는 데서 생겨난다." 당신이 고객이 되었다고 가정해보자. 어떤 문제로 굉장히 불만이 커진 상태로 다른 누구도 해결해주지 못하고 있는데, 한 마케터가 다가오더니 정중하게 '답안지'를 건넸다. 게다가 이 답안이 당신의 예상을 넘어선 훌륭한 것이라면 그 마케터를 매우 칭찬하고 다시 보지 않겠는가? 또 이후에도 분명히 유일하게 당신을 만족시킨 그 마케터가 가장 먼저 떠오를 것이다. 거꾸로 말하자면, 마케터로서 당신은 분노한 고객을 마주했을 때, 숨거나 뒤로 물러서는 등 패배자의 모습을 해서는 안 된다. 어려운 일이라도 어떻게 해서든지 해결해 고객에게 만족을 선사하는 마케터가 되어야 한다.

### 3 | 고객의 마음을 들여다본다.

마케터는 잠재고객의 이익이 상당히 명확해졌을 때, 이에 대해 그들에게 끊임없이 설명하고 이 이익을 향한 고객의 마음을 점진적으로 키워야 한다. 마케터로서 당신이 하는 모든 말 한마디는 그들의 입장에서부터 시작해야 하며, 이런 태도가 그들의 마음을 건드렸을 때, 사업은 절반 이상 성공했다고 할 수 있다.

### 4 | 상품이 아니라 이익을 판다.

저명한 하버드 경영학 교수 시어도어 레빗 Theodore Levitt 은 학생들에게 "사람들은 0.25인치 드릴을 사려는 게 아니라, 0.25인치 구멍을 사는 것이다!"라고 말했다. 레빗은 이 말을 통해 고객이 진짜 원하는 것을 이해하는 마케터의 통찰력을 이야기했고, 하버드 경영대학원 학생들은 항상 이 말을 가슴에 새긴다. 마케터의 눈빛은 상품이 아니라 고객이 무엇을 원하고 필요로 하는지에 맞춰져야 한다. 하지만 많은 마케터와 기업은 이 점을 무시하는 실수를 저지른다. 하버드 경영대학원 교수 토머스 스틴버그 Thomas Steenburgh 는 "많은 기업이 시간을 들여 고객의 수요를 예측한다지만, 실제로는 마케터에게 상품 특징에 대해서만 교육할 뿐, 실제 고객 이익에 대해서는 교육하지 않는다."라고 지적했다. 좋은 마케터는 밝은 두 눈으로 고객의 잠재 수요를 통찰하는 일을 잊어서는 안 된다.

마케팅할 때는 이상의 작은 디테일들을 무시하지 말고 중요하게 여기며 남보다 뛰어난 통찰력을 발휘해야 한다. 하버드 경영대학원 출신의 베스트셀러 작가 제프리 J. 폭스 Jeffrey J. Fox 역시 저서에서 통찰력의 중요성을 강조한 바 있다. 통찰력이라는 이 예리한 '무기'를 최대한도로 발휘한다면, 성공은 당신의 것이 된다!

훌륭한 마케터들이 손만 뻗으면 성공하는 까닭은 그들이 마케팅의 어느 작은 마디 하나도 절대 가벼이 생각한 적 없기 때문이다. 그들은 시각과 후각이 모두 유달리 예민한데, 이런 예민함이 마케터에게 꼭 필요한 통찰력을 만든다.

HARVARD
BUSINESS
LECTURE

## 33

# 매력적인 마케터의 조건

당신은 사람들이 행동의 영향력을 보거나 느낄 수 있게 해야 한다.
그렇지 않으면 그들을 감동케 할 수 없다.
· 빌 게이츠 ·

　마케팅은 진지하고 엄격한 접근보다 열정으로 가득한 감화력이 더 중요하게 작용하는 분야다. 활력이 넘쳐 긍정적인 느낌을 선사하는 마케터는 누구보다 빛나는 주연이 되어 상대방을 사로잡을 수 있다. 유명한 마케터들은 매력이 넘치고 열정적이며, 늘 긍정적인 태도를 보인다. 낙천적인 마음가짐으로 무슨 일이든 용감하게 직면하므로 단호한 거절이나 거듭하는 좌절에도 쉽게 무너지지 않는다. 그렇게 해서 먼지 구덩이 속에서도 기어코 일을 성공시키고야 마는 사람들이다. 마케팅 분야에 뛰어들려는 사람은 우선 자신에게 질문해 보아야 한다. 나는 매력과 열정으로 가득한 사람인가?

긍정적이고 적극적인 태도는 마케터가 갖춰야 할 가장 기본적인 소양이다. 마케터가 기한 안에 업무를 완성하지 못하는 까닭은 전문적인 지식이 부족하거나 기술적인 문제 탓이 아닌 경우가 더 많다. 열정이 부족하니 고객의 눈길을 끌지 못하고, 무미건조한 대화만 늘어놓으니 고객을 매료시킬 수도 없어서가 태반이다. 이래서야 고객이 상품에 흥미를 느끼게 할 수 있겠는가? 반대로 열정과 열의로 가득한 모습을 보이면 고객은 자연스레 당신과 당신의 상품에 흥미를 보일 것이다. 상식적으로 생각해봐도 같은 말도 더 매력적인 표현으로 하고, 다양한 고객 반응에 긍정적으로 임기응변을 잘하는 마케터가 사랑받지 않겠는가?

마케터가 고객을 사로잡는 능력이 곧 주문서에 적힌 수량이나 금액, 고객의 구매 의지와 모두 직접적인 관계가 있다고 해도 과언이 아니다.

조 갠돌포는 열정적인 모습으로 고객을 감동케 하는 보험 세일즈맨이었다. 그는 전화로 자주 고객들과 이야기를 나누었는데, 설령 계약이 성사되지 않더라도 늘 즐겁게 대화를 이어갔다. 통화할 때는 열의에 찬 목소리로 자신과 상품을 소개하고, 고객은 그런 그에게 매료되어 쉽게 마음을 열었다. 당연히 보험 판매도 원하는 대로 술술 풀렸다.

물론 갠돌포도 거절당한 적이 있다. 하지만 그는 포기하지 않고,

고객과 일종의 합작 파트너가 될 방법을 모색했다. 꼭 통화하고픈 고객에게는 나름의 기교를 구사하기도 했다. 일례로 기업 대표의 비서들이 계속 '대표님이 바쁘다'면서 전화 연결을 거부하면 장거리 전화를 사용하는 것처럼 둘러댔다. 그러면 대부분 비서는 잠시 머뭇거리다가 전화를 연결해주곤 했다.

까다로운 고객도 있었다. 갠돌포가 어떤 방식으로 무엇을 말하든 무조건 거절하기만 하는 고객 말이다. 이런 상황에서 대다수 세일즈맨은 모두 열정은커녕 인내심을 잃겠지만, 갠돌포는 달랐다. 그는 오히려 더 큰 열의를 보이면서 계속 머리를 굴려서 끝내 방법을 찾았다. 예를 들어 기존 고객 중에 상대방의 라이벌인 사람의 이름을 언급하는 식이다. "프랭크 씨, 혹시 밀러 씨가 제 이름을 이야기한 적 없습니까?" 물론 밀러가 프랭크에게 갠돌포에 관해 이야기했을 리 없다. 하지만 이 말 한마디만 던져도 프랭크는 큰 관심을 보이면서 갠돌포와 밀러의 관계를 궁금해하고 혹시 밀러에 관한 이야기를 더 들을 수 있지 않을까 기대했다. 갠돌포의 이런 묘수는 아주 효과적이어서 이 다음의 이야기가 쉽게 풀리도록 도와주었다.

마케터라면 갠돌포의 방법을 자기 방식으로 응용해봄 직하다. 가장 먼저 할 일은 열정, 용기, 결심의 가치를 잘 아는 사람이 되는 것이다. 멈추지 않는 열정과 의지만 있어도 주목받고 곤경에서 걸어 나가 성공을 거둘 수 있다고 믿어야 한다.

하버드 출신의 마케터들은 실패에 대한 핑계를 찾지 않는다. 핑계를 찾는 행위가 곧 자신의 능력을 부정하는 것과 같다고 생각하기 때문이다. 그들은 풍부한 열정으로 끊임없이 상대방을 감화하고 긍정적인 영향을 미친다. 이는 곧 자신을 더욱 긍정적으로 만드는 방법이기도 하다. 마케팅 업무는 수천, 수만 번의 거절을 맞닥뜨릴 수도 있는 일이다. 하지만 그때마다 의기소침해져서 전의를 상실할 수는 없다. 마케터의 감정이 고객에게 직접 영향을 미칠 수 있으니, 언제나 긍정적이고 열의에 찬 모습을 보이며 남다른 감화력으로 고객을 사로잡아야 한다. 단호하게 거절하는 사람에게도 마찬가지다. 그들이 당신에게서 열정과 꾸준함을 보았을 때, 성공이 머지않을 것이다.

마케팅의 핵심은 고객 만족이다. 마케터라면 아주 섬세한 서비스로 고객의 마음을 사로잡을 줄 알아야 한다. 일반적으로 고객은 가장 먼저 양적 만족, 이어서 질적 만족을 느끼는데 이보다 더 높은 수준의 만족이 바로 감정적 만족이다. 이에 마케터는 남다른 감화력으로 고객을 감동케 하고, 적극적으로 고객을 이끌 줄 알아야 한다. 그들이 당신의 진정성과 열정을 이해하고 개인적인 매력에 푹 빠져들었을 때, 마케터로 성공해 탄탄대로를 걸을 수 있다!

HARVARD
BUSINESS
LECTURE

34

## 열광적인 지지자 만들기

저가 컴퓨터 시장은 늘 존재했다. 다만 우리가 그것을 선택하지 않았을 뿐이다.
우리의 목표는 혁신적인 상품을 만드는 것이고, 이는 우리가 가장 잘하는 일이다.
• 스티브 잡스 •

---

시장은 끝없이 펼쳐진 망망대해다. 그 아래에는 수많은 기회와 가치들이 숨어 있고, 이를 알아보는 사람은 그리 많지 않다. 이 광활한 바다에서 성공을 거두는 사람들을 살펴보면 결코 남보다 훨씬 똑똑하다거나 뛰어난 기술이 있다고 할 수 없다. 단지 그들은 남들에게 없는 '예리한 시장 관찰력'을 갖추었다. 그들은 남들보다 먼저 시장 수요를 간파하고, 최선을 다해서 기회를 선점해 열광적인 충성고객을 만들어낸다. 성공한 사업가들은 이 충성고객 덕분에 엄청난 부를

얻는다. 컴퓨터 제조업체 델DELL의 성공이 좋은 사례다.

    델을 창립한 마이클 델 Michael Dell 은 시장 수요를 재빨리 분석한 덕분에 고교 시절부터 컴퓨터를 팔아 인생 첫 사업자금을 벌었다. 그는 소비자가 무엇을 필요로 하는지 정확하게 파악한다면 아주 충성스러운 고객집단을 끊임없이 만들 수 있으리라고 생각했다. 당시 그가 살던 휴스턴에는 하룻밤 사이에 컴퓨터 판매점이 수백 개씩 생겼다. 이런 판매점들은 통상 컴퓨터 한 대를 2,000달러에 팔아 1,000달러의 이윤을 남겼다. 애프터서비스 따위는 제공하지 않았지만, 그때는 공급이 수요를 못 따라가던 시절이라 순조롭게 많은 돈을 벌었다. 이런 상황을 본 델은 고등학생 신분으로 컴퓨터 업계에 뛰어들었다.

    컴퓨터 판매가 이윤을 꽤 크게 남길 수 있다는 걸 알아차린 그는 기회를 포착하고 충성고객을 만들 수 있는 묘수를 생각해냈다. 당시 IBM의 퍼스널컴퓨터 판매가는 3,000달러였는데, 따져보니 부품 가격은 겨우 600달러 정도였다. 이에 델은 부품들을 따로 사서 직접 조립한 후, 일반 판매가보다 저렴하게 팔기 시작했다. 처음에는 학교나 동네 사람들을 대상으로, 주문을 받으면 부품을 사 와서 파는 소규모 장사여서 돈을 많이 벌지는 못했다. 이 정도에 만족하지 못한 델은 부품을 대량으로 구매해 비용을 낮추어서 큰돈을 벌기 시작했다.

    그의 사업과 명성은 대학 캠퍼스를 넘어 외부에까지 조금씩 전해졌다. 1984년 델은 정식으로 회사를 설립해 캔자스 주 정부에 '컴퓨터 제조업체 델 컴퓨터'를 등록했다. 델 컴퓨터의 첫 사무실은 친구와 함께 사는 대학 기숙사 방 안이었다.

기존 컴퓨터 판매상은 전국적인 규모로 유통 네트워크를 건립해 사업을 벌였지만, 충분한 자금이 없는 델이 그런 방식을 그대로 따를 수는 없었다. 이런 상황은 오히려 그가 혁신적인 방법을 떠올리도록 유도했다. 그는 우편 등을 이용한 '제조업체 직판' 방식을 선택했다. 직판의 가장 큰 장점은 뭐니 뭐니 해도 가격 우위다. 이전에 판매상들이 가져간 돈을 소비자에게 돌려주는 셈이었다. 이렇게 해서 델 컴퓨터는 고객이 점점 많아지고, 날로 번창했다. 델은 회사를 경영할수록 고객의 수요만 파악한다면 계속해서 승리할 수 있다고 확신했다. 그는 고객이 가장 필요로 하는 것만 팔았고, 덕분에 업계에서 가장 많은 고객을 확보할 수 있었다.

졸업도 하기 전에 창업에 성공해서 큰돈을 번 델은 단 한 번도 시장을 살피는 게을리하지 않았다. 덕분에 지금도 델은 가장 빠르게 부호가 된 사람 중 한 명으로 꼽힌다. 델의 사업 이념과 방식은 많은 사람의 주목을 받았으며, 델 컴퓨터는 수차례 훌륭한 기업으로 선정되었다. 서비스, 품질, 지원 등 방면에서 델 컴퓨터는 모두 커다란 우위를 보였고, 수많은 소비자가 여기에 지지를 보냈다.

델은 시장이 원하는 것, 고객이 필요한 것을 정확히 볼 수 있었기에 꿈을 현실로 만들 수 있다.

시장은 대체 무엇이 필요할까? 어떻게 하면 시장 수요를 이용해 가치를 만들어낼 수 있을까? 하버드 경영대학원 마케팅 강의에서는 이와 관련해서 기업이 반드시 소비자 수요의 전형적인 특징 두 가지를 명심해야 한다고 설명한다.

**1 | 소비자의 구매도는 상품에 대한 이해도 및 구매욕과 정비례한다.**

일반적인 상황에서 소비자가 어떤 상품을 주목할수록, 해당 상품에 대한 이해도가 높아지고 구매욕이 커진다.

**2 | 소비자의 구매욕은 과학기술의 발전과도 직접 관계가 있다.**

새로운 기술, 새로운 디자인이 쉬지 않고 나오는 시대에 소비자의 수요도 당연히 끊임없이 변화한다. 이는 시장에서 흔히 목격할 수 있는 '세대교체'를 의미한다.

이상의 수요 특징을 이해했다면, 마케터는 예리한 통찰력으로 시장 수요를 분석해야 한다. 그렇게 해서 자신에게 열광적인 반응을 보이는 고객집단을 만들어내야만 돈도 벌 수 있다.

사업 성공은 결국 시장 수요를 정확하게 볼 수 있는가에 달렸다. 마케터는 남보다 먼저 나아가 시장 수요에 합당하고 누구도 모방할 수 없는 혁신성을 갖춘 상품을 제공해야 한다. 그래야만 고객이 늘어나고 이윤을 거둬들일 수 있는 법이다.

마케팅에서 시장 수요는 무엇보다 중요하다. 마케터로서 당신은 주변을 냉철하게 관찰하며, 고객이 진정으로 무엇을 원하는지 읽어 시장의 잠재 수요를 파악해야 한다. 이렇게 해야만 마케팅의 방향이 생기며, 방향이 있어야 전력을 다해 노력할 수 있다. 성공으로 가는 길 위에서 비즈니스 엘리트들은 늘 과감하게 생각하고 도전하며, 기회를 포착한다. 시장을 정확히 보고 고객의 마음을 이해하기만 한다면 당신과 당신의 상품에 열광하는 충성고객 집단이 자연스레 형성될 것이다.

HARVARD
BUSINESS
LECTURE

## 35

# 아주 약간만 바꾸면 된다

창조적 모방은 남들이 하는 대로 따라 하는 것이 아니라,
초월하고 재창조하는 것이다.
• 하버드 경영학 교수, 시어도어 레빗 •

성공한 사람 중에 하버드 출신이 그렇게 많은 이유는 무얼까? 한 조사에 따르면 하버드를 졸업한 유명 정치인, 학자, 억만장자들은 모두 머리가 비상하고 행동이 과감하며, 어느 한 가지에 구속되지 않는 사람이라고 한다. 실제로 하버드는 학생들이 일반적인 규칙이나 습관을 벗어나 자주적으로 사고하도록 유도하고 훈련한다. 덕분에 하버드인의 핏속에는 기존의 사고방식을 바꾸고 용감하게 혁신을 시도하는 태도가 녹아있으며, 이는 그들이 남보다 수월하게 성공을 거두

는 원인 중 하나다.

사고는 모든 경쟁의 핵심이다. 사고는 창업의 씨앗을 탄생시키고, 행동하게 만들며, 성공을 결정하는 근본요소이자 외부의 사물을 바꾸는 원동력이 된다. 성공하고 싶거나 현 상황을 개선하고자 한다면 반드시 사고방식을 바꾸는 데서부터 시작해야 한다. 사고방식을 바꿀 때는 머뭇거리지 말고 적극적으로 나서야 혁신적으로 사고할 수 있다. 특히 마케팅에서는 혁신적 사고가 무엇보다 중요하다.

다음 '컵 가격 정하기'에 관한 내용으로 혁신적 마케팅의 가치를 알아보자.

### 마케팅 방안1: 상품 자체의 사용가치를 판다.

당신이 이 컵을 지극히 보통의 컵으로 보고, 보통의 가게에서 보통의 방식으로 팔면 많아야 개당 3위안을 받을 수 있다. 하지만 주변 경쟁업체가 가격전쟁을 벌일 확률이 높으므로 그나마도 여의치 않을 가능성이 크다. 아무런 가치가 없는 마케팅이 맞는 비참한 결말이다.

### 마케팅 방안2: 문화적 가치를 판다.

만약 컵을 올해 가장 유행하는 스타일로 디자인했다면 개당 5위안에도 팔 수 있다. 주변 경쟁업체가 가격전쟁을 벌일 수도 있지만, 큰 효과는 없을 것이다. 소비자들은 당신의 컵에 담긴 특유의 문화적 가치를 좋아하고, 그것에 기꺼이 돈을 쓰고자 하기 때문이다.

### 마케팅 방안3: 브랜드 가치를 판다.

컵에 유명 브랜드의 이름을 더하면 개당 7위안까지 받을 수 있다. 주변 경쟁업체에서 컵을 개당 3위안에 팔아도 소용없다. 당신의 컵은 이미 브랜드 가치가 생겼고, 거의 모든 사람이 브랜드에 돈을 내려고 한다.

### 마케팅 방안4: 상품 조합의 가치를 판다.

예를 들어 컵 3개에 각각 멋진 캐릭터를 그려 세트로 구성한 후, 멋지게 포장해서 '패밀리 세트'로 팔아보자. 아빠 컵, 엄마 컵, 아이 컵으로 구성한 패밀리 세트는 세트당 45위안(개당 15위안)에도 팔린다. 아이가 있는 집은 예쁜 패밀리 컵 세트를 사는 쪽을 선택할 것이다.

### 마케팅 방안5: 기능 확장의 가치를 판다.

컵을 자성 물질로 만들어서 자기요법 같은 테라피 기능을 더한다면 개당 80위안에 팔아도 팔린다. 주변 경쟁업체가 같은 컵이라며 3위안에 팔아도 큰 영향은 없을 것이다. 개당 3위안짜리 컵에 테라피 기능이 있다고 믿을 사람은 없기 때문이다.

### 마케팅 방안6: 세분화시장 가치를 판다.

테라피 기능이 있는 컵에 12지신을 각각 인쇄해서 커플 세트로 팔면 세트당 188위안(개당 94위안)에 파는 것도 불가능하지 않다. 연인이라면 각자의 띠에 해당하는 컵을 골라 세트로 살 것이다. 커플 세트뿐 아니라 가족, 우정 세트로 마케팅해도 좋다.

### 마케팅 방안7: 포장 가치를 판다.

테라피 기능이 있는 커플 세트를 세 종류의 포장으로 판매한다. 실속 포장은 세트당 188위안(개당 94위안), 스페셜 포장은 세트당 238위안(개당 119위안), 럭셔리 포장은 세트당 288위안(개당 144위안)으로 가격을 책정한다. 장담컨대 가장 인기 있는 세트는 분명히 실속 포장이 아니다.

이처럼 과감한 혁신으로 상품의 또 다른 가치를 끊임없이 발굴하기만 해도 완전히 다른 가격으로 상품을 팔 수 있다. 혁신의 능력은 누구에게나 있을 수 있지만, 자신과 주변의 생활, 나아가 세상을 세심하게 관찰하고 사고하는 사람에게만 드러난다. 혁신이야말로 생활의 변화를 만드는 힘이며, 그것은 어떠한 구체적인 상품이 아니라 완전히 새로운 길을 개척하는 사고방식이다.

영국 런던에는 여성 전용 호텔이 있다. 이 호텔은 개장 이후, 성추행이나 성희롱 등이 일어날 확률이 낮다는 이유로 꾸준히 여성 고객들의 사랑을 받아왔다. 이 호텔의 사장은 이렇게 말했다. "이전에 여성이 혼자 호텔에 머물면 좋지 않은 시선으로 보면서 온갖 추측이 난무했죠. 창녀라고 생각하는 사람도 있고, 적어도 타락한 여자라는 말도 안 되는 선입견이 있었습니다. 심지어 호텔 측에서도 의심 가득한 눈빛을 보내면서 서비스를 제대로 하지 않았어요. 호텔 로비에 가득한 남자들 혹은 남녀커플에게는 절대 일어나지 않는 일이었습니다. 여성 한 명과 호텔은 매우 부자연스럽고 뭔가 불편한 조합이었어요.

하지만 우리 호텔에 머무는 여성은 아주 편안하고 안전하게 지낼 수 있습니다. 누군가의 불쾌한 시선이나 억측도 없고, 어떠한 불쾌한 사건도 발생하지 않습니다."

이것이 바로 혁신이다. 간단하게 말해서 혁신은 이전과는 전혀 다른 사고방식이라 할 수 있다. 혁신하겠다고 완전히 새로운 무언가를 만들어낼 필요는 없으며, 원래의 것을 아주 약간만 바꾸면 된다. 그렇게만 한다면 당신은 돌을 금으로 바꾸는 사람이 될 것이다.

미국 샌디에이고의 엘코르테즈 호텔 El Cortez Hotel 은 1927년에 문을 연 유서 깊은 곳이다. 1950년대에 당시 사장은 최신식 엘리베이터를 설치하려고 큰돈을 들여 최고의 건축가와 엔지니어를 초빙했다. 한자리에 모인 전문가들은 엘리베이터 설치에 관해 토론을 벌였다.

경험이 많은 건축가와 엔지니어는 토론 끝에 지금보다 더 큰 엘리베이터를 설치해야 하고, 그러려면 적어도 6개월은 영업을 중지해야 한다는 데 의견을 모았다.

"6개월? 다른 방법은 진짜 없는 겁니까?" 사장은 의견을 전달받자마자 오만상을 찌푸리며 노골적으로 반감을 드러냈다. 6개월이라니! 대체 손실이 얼마나 되는 거야!

"다른 방법은 없습니다. 영업을 중지하고 완전히 새롭게 엘리베이터를 설치해야 합니다." 건축가와 엔지니어는 조금의 여지도 주지 않고 단호하게 말했다.

마침 이때 한 청소부가 지나가다가 그들이 하는 이야기를 들었다. 그는 일하던 손을 잠시 멈추고 고개를 들어 걱정스러운 표정의 사장과 자신만만한 전문가들을 보면서 천천히 입을 열었다. "저……, 제 아이디어를 좀 말해도 될까요?"

엔지니어는 불쾌하다는 표정으로 흘끗 보더니 "다른 방법이 있다는 말인가요? 대체 무슨 아이디어인데요?"라고 대꾸했다.

"저라면 건물 바깥쪽으로 엘리베이터를 설치하겠습니다."

"그런 방법이……, 세상에 그렇게 좋은 방법이 있었군요!"

건축가와 엔지니어는 부끄러움에 고개를 제대로 들지도 못했다.

얼마 후, 엘코르테즈 호텔은 세계 최초로 외부 유리 엘리베이터를 설치했다!

당시 전통적 사고방식에서 엘리베이터는 건물 안에 설치하는 것이었다. 건물 바깥쪽에 설치할 수 있다고는 아예 상상도 하지 못했다. 이처럼 옛것만 고수하고 답습하는 사람은 지금 현실 세계에도 셀 수 없을 정도로 많다. 문제는 그들의 기술이나 지식의 수준이 아니라 일반적인 사고방식의 속박을 벗어날 수 있는가다. 엘코르테즈 호텔의 사례에서 소위 전문가인 건축가와 엔지니어는 자신의 전문지식에 발목이 잡혔지만, 청소부는 그보다 폭을 넓혀 여러 갈래로 사고함으로써 누구도 생각하지 못했던 기발한 아이디어를 내놓았다.

마케팅은 지식과 사고를 이용하는 일이다. 더 참신하고, 더 고차원이며, 더 효율적인 사람만이 자신과 상품의 가치를 향상해서 더 쉽게 성공할 수 있다.

HARVARD
BUSINESS
LECTURE

## 36

# 고객에게 더 밀착하라

고객이 무엇을 원하는지 물어서 해줄 방법을 찾아서는 안 된다.
해봤자 그들에게는 이미 새로운 사랑이 생겼을 테니까.
• 스티브 잡스 •

'손님은 왕'이라는 말을 들어본 적 있을 것이다. 실제로 수많은 기업이 마케팅을 더 잘하려고 고민하고, 실력 있는 마케터들이 효율적으로 마케팅 계획을 집행하는 이유는 오직 고객을 만족시키기 위해서다. 단언컨대 고객 만족은 무엇보다 중요하다. 세계 최대의 소매업체 월마트에는 다음과 같은 고객 응대 방침이 있다. "첫째, 고객은 언제나 옳다. 둘째, 고객은 언제나 옳다. 셋째, 고객은 언제나 옳다. 만약 고객이 옳지 않다고 생각하면 첫째 항목을 참조하라."

유럽의 한 기업에도 유사한 방침이 있다. "고객은 절대 틀리지 않는다. 만약 고객이 틀렸다면 그건 우리가 잘못해서 일어난 일이다. 혹시라도 고객이 틀린 부분을 발견했다면, 우리가 잘못 들었거나 잘못 들은 것이 분명하다. 고객이 틀린 것 같아도 그가 아니라고 하면 아닌 것이다. 고객은 절대 틀리지 않는다."

또 미국의 한 우편판매 기업의 마케팅 방침은 다음과 같다. "고객이란 무엇인가? 고객은 영원히 모셔야 할 손님이다. 직접판매든 우편판매든 그들은 모두 귀한 존재다."

이상은 기업에 있어 고객이야말로 영원한 1순위라는 사실을 잘 보여준다. 오랫동안 발전하고자 하는 기업은 이윤을 안겨주는 고객집단을 무시해서도 멀리해서도 안 된다. 하지만 고객을 찾는 일은 결코 쉽지 않으며, 잠재고객을 충성고객으로 바꾸는 일은 너무나 어렵다.

미국의 유명 컨설팅 기업이 전 세계 다국적 기업 197개를 대상으로 한 설문 조사에 따르면 다국적 기업 대부분이 상품을 중심으로 업무 프로세스 및 조직 구조를 설계하는 것으로 나타났다. 사실 마케팅의 중심을 상품이 아니라 고객으로 옮기기만 해도 더 많은 시장을 확보하고 더 커다란 고객집단을 얻을 수 있다. HP는 세심한 서비스로 고객을 만족하는 대표적인 기업 중 하나다.

HP는 설립 초기에 경영 편의성을 출발점으로, 고객을 중심점으로 삼았다. 이후 칼리 피오리나가 회장에 취임하면서 '고객 중심 경영'을 한 단계 더 업그레이드해서 '전면적 고객서비스'로 전환했다. 즉 HP가 제공하는 완전한 서비스를 고객이 충분히 체험하는 것을 지향한다는 의미였다. 이는 말처럼 쉬운 것이 아니어서 부서별 운영 협조, 직원 의식 변화, 업무 프로세스 개선 등 다양한 후속 조치가 뒷받침되어야 했고, 이에 회사 곳곳에서 다양한 종류의 크고 작은 변화가 일어났다. 당연히 어렵고 힘든 일이었지만 모든 변화는 HP의 미래에 매우 전략적이고 획기적인 의미가 있었다. HP 경영진 중 한 사람은 이렇게 말했다. "장기적인 경쟁 속에서 운 좋게 살아남으려면 고객이 기대하는 다음 세대 상품을 모색하고 생산해야 한다."

과감한 개혁으로 의식 변화가 생기면서 HP 경영진은 끊임없이 시장 수요를 찾고 상품을 완성했으며, 고객이 100% 만족할 수 있도록 최선을 다했다. 바로 이러한 개혁 덕분에 위기의 HP는 다시 봄날을 맞아 시장 곳곳에 침투해서 소비자의 머릿속에 각인되는 브랜드가 되었다.

HP의 사례에서처럼 고객은 기업의 생산, 판매, 연구개발, 심지어 재무 등 거의 모든 방면에서 매우 중요한 영향을 미친다. 기업은 고객에게 진심을 담은 서비스를 제공하고 고객을 만족시켜야만 비로소 오래도록 발전할 수 있다.

지금 우리는 고객 경제 시대에 있다. 끊임없이 발전하는 시장에서 더 많은 기업이 경영모델을 '상품 중심'에서 '고객 중심'으로 바꾸기 위해 업무 프로세스 및 조직 구조를 조정한다. 이를 통해 고객 충성도와 만족도의 최대화를 실현하고, 최대의 이윤을 얻기를 기대하면서.

고객서비스를 이야기할 때, IBM을 언급하지 않을 수 없다. IBM은 회사 전체에 고객서비스에 대한 신념이 상당히 강한 것으로 유명하다. 그들은 다양한 방식을 통해 '고객에게 더 가까이'라는 구호를 직원들에게 주입해 왔다. 초기에 IBM은 몇몇 부문에서 개선의 여지가 분명히 있었으나, 고객서비스 및 신뢰도 방면에서만큼은 비교 대상이 없을 정도로 월등했다.

IBM 마케팅 담당 부사장 제임스 로저스 James Rogers 는 "주문서는 가장 단순한 첫걸음일 뿐, 이후의 서비스야말로 진짜다."라고 말했다. IBM은 고객과의 연계를 더 탄탄하게 유지하기 위해 정기적으로 고객만족도를 평가하고, 그 결과로 직원 포상금을 결정했다.

장기발전을 도모하는 기업에 있어 고객서비스는 영원히 끝나지 않는 화두이자, 기업 경영 전체의 구심점이다. 사회가 끊임없이 발전하면서 점점 더 많은 기업이 고객지상주의를 채택하고 있다. 성공한 기업들은 고객 인지도와 호감도를 무엇보다 중요하게 생각한다. 이는 일종의 영광이자 명예이고, 공들인 마케팅에 대한 직접적인 반응이기 때문이다. 또 그들은 고객을 만족시키기만 해도 이윤이 자연스레 따라온다고 생각하며, 이 때문에 고객서비스 방면에 과감한 투자를 아끼지 않는다. 탄탄한 실력을 다진 품질과 진정성 있는 고객서비스를 경영 방향으로 삼은 기업만이 끝까지 완벽함을 추구하면서 감동을 전달해 더 많은 고객의 마음을 얻을 수 있다.

HARVARD BUSINESS LECTURE

HARVARD BUSINESS LECTURE

· 다섯 번째 수업 ·
# INVESTING
투자

## 돈으로 돈을 버는 법

•

규모화와 대자본의 시대에 하루하루 피땀 흘려 일해서 돈을 모아 부유해지기를 바란다면, 자본의 효력과 가치를 너무 모르는 처사다. 아니 어쩌면 알고 있으면서도 과감하게 투자할 용기와 박력이 부족하다는 의미일 수도 있겠다. 하버드 출신의 비즈니스 엘리트들은 직접 투자하지 않고 남의 돈을 벌어주는 일을 이해하지도, 좋아하지도 못한다. 그들은 투자 분야에서 예리한 눈빛과 뛰어난 기술로 활약하면서 직접 투자를 통해 돈을 버는 데 익숙하다. 우리는 그들에게서 투자 방면의 다양한 지식과 기술을 엿볼 수 있다. 투자자본을 형성해 시장에 뛰어들어 그 안에서 자신만의 '금광'을 찾을 수도 있다.

HARVARD
BUSINESS
LECTURE

## 37

# 어리석은 자만이
# 일해서 돈을 번다

이 부유한 사회 속에서 일은 부유해지는 방법이 아니다.
• 전 미국경제인연합회 회장 · 하버드 명예교수, 존 K. 갤브레이스 •

교문을 나서기 전, 사람들은 자신의 미래에 대해서 이런저런 '계획'을 세운다. 사람에 따라 구체적인 내용은 다르겠지만, 대부분 자신에게 꼭 맞는 일을 찾아 경력을 쌓고, 결혼해서 아이를 낳아 기르며, 편안하게 삶을 즐기겠다는 그런 내용이다. 하지만 사회가 더 복잡하게 발전하면서 이런 계획들은 일종의 몽상에 더 가까워졌다. 계획과 달리 현실이 숨도 쉬기 어려울 정도로 사람을 짓누르면 대부분 젊은이는 꿈을 포기한다. 생각과 달리 일해서 번 돈을 차곡차곡 모아 여유롭게 사는 건 불가능하다는 사실을 깨닫고 생각을 접는다. 그리고서 식견과 배짱으로 성공으로 가는 지름길, 바로 투자에 주목한다. 고高인플레이션이 좀처럼 끝나지 않는 이 시대에 투자는 아주 중요한 '돈을 버는 수단'이 되었다.

물론 일도 해야 한다. 이제 막 졸업했다면 여유자금이 있을 리 없으니 초기 '종잣돈'을 만들려면 반드시 일해야 한다. 하지만 일은 투자할 돈을 만들기 위한 수단일 뿐, 오직 일만으로는 부유해지기 어렵다. 그러니 직장에서 업무 경력을 쌓는 동시에 돈을 모으고, 돈을 불리는 투자를 알아야 한다. 아무 생각 없이 언젠가는 나아질 거라며 손 놓고 기다려봤자 당신을 기다리는 건 가난뿐이다.

성공한 비즈니스 엘리트들은 일이 돈을 버는 길이라고 생각하지 않는다. 대신 그들은 돈이라는 수단을 아주 능수능란하게 이용한다. 그들에게 투자는 더 많은 돈, 그것도 세상이 깜짝 놀랄 만한 거액을 벌어들이는 방법이다. 사실 돈을 버는 일을 그리 어렵지 않지만, 기술이 필요하다. 그 기술을 갖춘 사람은 단기간에 부자가 되지만, 기술도 없고 간도 작은 사람은 직장에 다니며 아무리 고생스럽게 일해도 부자가 되기 어렵다. 따지고 보면 이것도 결국 효율의 문제다. 같은 시간 안에 많은 것을 얻는 사람도 있고, 그 반대의 사람도 있으니까 말이다. 결론적으로 이 시대에 부자가 되려면 직장에 다니면서 열심히 일할 뿐 아니라 투자를 통해 돈을 버는 법을 알아야 한다. 그래야 꿈꿨던 삶을 실현해서 더 부유하게 살 수 있다.

미국의 거부 데이비드 사노프 David Sarnoff 는 어린 시절을 뉴욕의 빈

민굴에서 보냈다. 부모님과 여섯 형제는 모두 아버지가 벌어오는 쥐꼬리만 한 월급으로 근근이 살아야 했기에 삶이 너무나 고달팠다. 돈을 아끼고 아껴야만 다음 월급이 나올 때까지 간신히 입에 풀칠할 수 있었다. 데이비드가 열다섯 살이 되었을 때, 아버지는 그를 불러 무거운 목소리로 말했다. "너는 이제 다 컸으니 스스로 자신을 돌봐야 한다." 데이비드는 아버지의 말을 알 듯 모를 듯했으나 고개를 끄덕였고, 아버지는 계속 이야기했다. "나는 평생 일했지만, 너희에게 뭐 하나 남겨주지 못했어. 나는 네가 돈을 많이 벌어서 가난이라는 운명을 바꾸었으면 좋겠구나."

아버지의 충고를 들은 후, 어린 데이비드는 본격적으로 장사에 뛰어들었다. 워낙 머리가 비상하고 부지런한 덕에 크고 작은 거래를 하면서 꽤 많은 돈을 벌었다. 그는 번 돈을 그냥 은행에 두지 않고, 계속 전망 있는 사업에 투자해서 돈이 돈을 낳게 했다. 3년 후에 데이비드는 가족이 더 나은 생활을 하도록 도왔고, 5년 후에는 가족을 모두 데리고 빈민굴을 떠났다. 그리고 7년 후에 뉴욕에 큰 집을 사서 간절히 꿈꾸었던 '부자'가 되었다. 데이비드는 이후로도 꾸준히 돈을 벌어 가족과 함께 줄곧 부유하게 살 수 있었다.

데이비드 사노프가 장사에 뛰어들지 않고, 직장에 다니며 남의 일을 하면서 돈을 벌고자 했다면 어땠을까? 이전보다 생활이 나아졌을지 모르나 평범한 수준을 벗어나지 못했을 것이다. 단언컨대 오직 평범한 사람만 일해서 돈을 많이 모을 수 있다는 환상을 믿는다. 돈과 돈벌이에 대한 태도가 그 사람의 경제적 수준을 결정한다. 아마 주변을 보면서 모름지기 돈은 쌓아두지 말고 굴려야 커진다는 걸 이미 눈치챈 사람도 있을 것이다. 실제로 점점 더 많은 사람이 어느 정도 돈을 모으면 은행에 그냥 두지 않고 사업을 벌이거나 주식시장에 투자하고 있다. 일은 단지 생존을 위한 것일 뿐, 진정으로 부유해지고 싶다면 지혜와 노력, 두둑한 배짱을 발휘해 부를 쌓아야 한다. 최대한 빨리 부유해지고 싶다면 가장 적합한 시기에 가장 적합한 방법으로 부를 쌓을 수 있는 길을 개척해야 한다.

안타깝게도 생각보다 많은 사람이 선불리 투자했다가 혹시 손해라도 볼까 봐 떨면서 과감하게 나서지 못한다. 사실 이는 심리적인 문제로 현 상황에 안주하려는 마음이 커서다. 바꾸어 말하자면, 성공한 비즈니스 엘리트들은 현 상황에 안주하지 않고, 과감하고 적극적으로 나섰기에 돈이 돈을 낳게 할 수 있었다. 이것이 바로 제대로 부유해지는 방법이다.

초기 할리우드의 제작자로 명성이 높은 루이스 J. 셀즈닉 Lewis J. Selznick은 항상 아들에게 이렇게 말했다. "명심해라. 돈을 펑펑 쓰면서 편안하게 살려면 월급으로 살 생각을 버려야 해! 희망이 너를 부자로 만들어준다고 믿지 마라. 이런 생각이 너를 더 강하게 만들어줄 거야!" 후에 그의 아들 데이비드 O. 셀즈닉 David O. Selznick은 유명한 영화 〈바람과 함께 사라지다〉를 제작해 큰 성공을 거두었고, 루이스 셀즈닉의 교육방침은 할리우드에 널리 알려졌다.

돈에 밝고 돈을 벌 줄 아는 미국인들은 저축에 큰 미련이 없다. 오히려 은행에 돈을 넣어두면 타인이 자기 돈으로 돈을 벌게 하는 꼴이니 절대 용납할 수 없다고 생각한다. 대신 그들은 자신이 가진 돈을 최대한도로 이용하는 동시에 은행에서도 최대한도로 돈을 빌린다. 타인의 돈으로 돈을 벌어서 사업 규모를 점차 더 확대하는 것이다.

사업 머리가 있는 사람은 일해서 부자가 될 생각을 하지 않으며, 어떻게든 가진 돈을 굴려서 가치를 증가하고 더 많은 이익을 얻으려고 한다. 매달 월급을 받아서 부자가 된다는 건 그야말로 아름다운 환상에 지나지 않는다. 돈은 벌어들이는 것이지, 쌓아두는 것이 아니다. 가진 돈을 그냥 쥐고만 있지 말고 당장 자본 시장에 뛰어들어 돈이 돈을 벌게 해야 한다.

아무리 좋은 대우를 받더라도 남을 위해 일하고 돈을 받아 사는 것을 장기 계획으로 삼아서는 안 된다. 부를 쌓고 싶다면 지혜를 동원해서 자본 시장에 뛰어들어야 한다. 시기와 방법을 잘 선택해서 과감하게 투자하기만 한다면 당신도 원하는 삶을 살 수 있다.

HARVARD BUSINESS LECTURE

## 38

# 돈이 당신을 위해 일하게 하라

우리는 당신의 돈을 우리의 돈처럼 신중하게 사용한다.
언제나 당신이 직접 주식시장에서 다원화 투자를 통해 얻을 수 있는
가치를 꼼꼼히 따진다.
· 워런 버핏 ·

세계적으로 명성이 자자한 거부들은 대부분 상대방을 무색하게 만드는 '구두쇠'다. 그들은 보통 사람이 상상할 수도 없는 많은 돈을 가지고 있으면서도 절대 함부로 돈을 쓰지 않는다. 이런 사람들에게 돈은 돈을 벌어들이는 도구에 불과하지만, 그렇다고 함부로 낭비할 수도 없는 대상이다. 그들은 단 한 푼이라도 그 가치와 효과를 100% 발휘하게 한다. 다시 말해 아주 적은 돈이라도 반드시 '꼭 필요한 곳'에 쓰이도록 한다.

미국의 석유 사업가 존 데이비슨 록펠러 John Davison Rockefeller는 억만 장자가 된 후에도 여전히 절약하는 습관을 잃지 않았다. 부하직원에게 원유 1갤런을 제련하는 데 들어가는 비용을 소수 셋째 자리까지 계산하라고 지시했으며, 매일 아침 출근하면 부서별 재무회계보고서를 제출하게 했다. 수년간 사업을 계속한 그는 부서장들이 보고한 비용지출이나 판매 및 손익 숫자들을 한눈에 알아보고, 그중에 아주 작은 오류라도 있으면 단번에 알아챘다.

어느 날, 석유제련공장을 방문한 록펠러가 공장장에게 물었다. "이 공장은 원유 1갤런을 제련하는 데 왜 19.8492달러나 들어갑니까? 동부의 공장은 19.849달러만 들어가던데요." 공장장은 이렇게 작은 단위까지 따지고 드는 록펠러를 보고 아무 말도 하지 못했다.

록펠러는 노년이 되어서도 여전히 근검절약했다. 한번은 그가 동전이 필요해 비서에게 5센트를 빌리고, 다음 날 갚았다. 비서가 안 주셔도 된다고 이야기하자 록펠러는 매우 근엄한 목소리로 말했다. "무슨 소리인가? 명심하게. 5센트는 1달러의 1년 이자라고!"

알다시피 돈은 벌었다고 해서 영원히 내 곁에 남지 않으니, 함부로 덤벙덤벙 쓸 수 없다. 가장 좋은 방법은 가진 돈을 자신의 직원이라고 생각해서 당신을 위해 최대의 효용을 발휘하며 일하고 최대의 가치를 가지고 오게 하는 것이다. 또 돈이 소비뿐 아니라 투자에도 쓰인다는 사실을 기억해야 한다.

한 유대인 부호가 은행에 가서 1달러를 빌리겠다고 말했다. 은행

직원들은 순간 당황했다가 금세 아마도 이 '중요한 고객'이 직원들의 서비스 태도를 점검하는 모양이라고 생각했다. 그들은 매우 정중한 태도로 상세하게 설명했다. "고객님, 말씀하신 금액에 상응하는 담보를 제시하신다면 대출해드릴 수 있습니다." 그러자 부호는 옆에 두었던 고급스러운 가죽 가방 안에서 채권, 주식증서 등을 한 무더기 꺼내어 건넸다. "이 정도면 담보가 되겠소?"

직원은 서류를 확인한 후, 다시 이렇게 말했다. "지금 주신 채권과 주식이 거의 50만 달러입니다. 담보로 충분합니다. 그런데 고객님, 제가 다시 한번 확인하겠습니다. 대출 금액이 정말 1달러가 맞습니까?" 부호는 고개를 끄덕였다. "알겠습니다. 바로 대출해드릴 수 있습니다. 연이자는 6%입니다. 이자를 내시고 1년 후에 원금을 상환하시면 담보는 언제든 되돌려드리겠습니다." 잠시 후, 부호는 담보를 맡기고 1달러를 받아 나갔다. 뒤에서 이 일을 처음부터 끝까지 모두 보고 있었던 지점장은 부호의 행동을 도무지 이해할 수 없었다. 그가 끝내 궁금함을 참지 못하고 쫓아 나가서 이유를 묻자 부호는 다음과 같이 대답했다.

"내가 1달러를 빌린 까닭은 채권과 주식증서들을 보관하는 일이 너무 불편하기 때문이라오. 금고를 대여해주는 곳을 몇 군데를 알아보니 대여료가 꽤 비싸더군. 그래서 은행에 담보로 맡기기로 했지. 당신들이 나 대신 안전하게 보관해줄 테고, 이자도 1년에 6센트면 되니까!"

은행장은 부호의 말을 듣고 감탄했다. 유대인은 이재理財에 굉장히 밝고, 가진 돈을 자신을 위해 일하는 직원으로 삼아 새로운 가치를 창조하고 편의를 제공하게끔 한다더니 과연 그러했다.

미국의 유명한 프로 복서 마이크 타이슨Mike Tyson은 상대의 간담을 서늘케 할 만한 '핵주먹'으로 유명하다. 하지만 그는 그 두 손으로 평생 피땀 흘려 일군 재산을 제대로 관리하지는 못한 탓에 2003년 뉴욕 맨해튼 지역 법원에 파산 신고하는 신세가 되었다. 프로로 전향해서 거의 20년 동안 링 위에서 힘들게 번 수입 약 5억 달러를 자기 손으로 전부 날린 것이다.

사람이 돈을 쓰고 안 쓰고는 그가 가진 돈의 양이 결정하는 문제가 아니다. 부자라도 자기 욕망을 제어하지 못하면 눈 깜짝할 사이에 가진 돈을 전부 날린다. 또 지금 가난하거나 여윳돈이 없어도 근검절약하면서 돈이 돈을 벌게 하는 이치를 깨우친 사람은 빠르게 부유해질 수 있다. 그러니 돈이란 한 푼 한 푼 모두 각자의 '직무와 책임을 다해서' 당신에게 최대의 보상을 가져오게끔 해야 한다.

> 비즈니스 엘리트는 개인 돈이든 회삿돈이든 함부로 쓰거나 낭비하지 않는다. 아주 적은 돈이라도 그만의 가치가 있다고 여기기 때문이다. 가진 돈을 합리적으로 운용할 수 있기만 해도 그것이 당신을 위해 새로운 가치와 이익을 창조하게 만들 수 있다. 지금 가진 돈이 적다고 아쉬워할 필요 없다. 적더라도 돈을 수하의 충성스러운 직원으로 삼아라. 당신에게 최대의 가치와 최상의 편의를 제공하고, 돈이 돈을 낳아 더 커다란 부를 창조할 수 있음을 깨닫게 될 것이다.

## 39

## 투자의 적, 맹종

남들이 겁먹고 있을 때 욕심을 부려라.
거꾸로 남들이 욕심을 부리면 공포를 느껴라.
· 워런 버핏 ·

단언컨대 맹종盲從은 투자의 적이다. 누군가에게 투자손실이 발생했다면 이유는 그에게 주견이 부족했기 때문이다. 비즈니스 엘리트들은 언제나 주견을 잃지 않는다. 그들은 절대 쉽게 맹목적으로 믿지 않으며, 투자를 운에 맡기는 도박이라고 생각하지도 않는다. 언제나 흔들리지 않는 자신만의 투자 전략으로 처음부터 끝까지 독립적으로 사고하기에 언제나 수익이 나는 투자를 한다.

투자자들이 각자 자기만의 시장 분석과 예측을 바탕으로 살 때는 사고, 팔 때는 팔아야 정상이지만, 어떤 투자자들은 다른 사람의 투자 행위를 그대로 따라하곤 한다. 이처럼 시장의 운동 규칙을 무시한 맹목적인 투자는 대개 이익보다 손해가 발생하는 일이 훨씬 많다.

전설적인 펀드매니저 조지 소로스 George Soros 도 '월스트리트에서 다른 사람이나 유행을 따른다면 당신의 투자는 참담하기 그지없을 것'이라면서 덮어놓고 남을 따라 하는 맹종 투자로는 절대 돈을 벌 수 없다고 경고했다. 이러한 맹종의 심리는 전형적인 '양떼 효과 Herding Effect'다. 초원에 풀어놓은 양들은 따로 풀을 뜯다가도 우두머리 양 한 마리가 움직이기 시작하면 그냥 아무 생각 없이 따라간다. 가는 방향에 늑대가 있을 거라거나 반대쪽에 더 풀이 많은 초원이 있을 가능성 따위는 아예 생각하지도 않는다. 그저 무리에서 뒤처지지 않으려고 따라갈 뿐이다. 투자 시장에서 양떼 효과는 맹종 투자로 나타나고, 맹종 투자는 사기를 당하거나 실패로 끝나는 경우가 대부분이다.

왕펑은 정말이지 생각도 못 했다. 예전에 샀던 레지던스의 가격이 오르긴 했지만, 매매차익의 40%에 가까운 종합세를 내야 한다는 사실을 말이다. 60만 위안을 주고 산 레지던스를 80만 위안에 내놓았더니 금세 구매자가 나타났다. 계약 당일, 중개업체는 양측에 이 매매로 발생하는 비용을 계산한 서류를 내밀었다. 이때 왕펑은 인지세 등 이미 알고 있었던 비용 외에 또 12만 위안가량 종합세를 내야 하는 걸 알고 기가 막혔다. 따지고 보면 오히려 손해가 난 꼴이었다. 알고 보니 왕펑이 산 레지던스는 상업용 부동산으로 분류되는데, 중국에서 이런 비주거용 부동산은 매매하면 종합세를, 임대하면 영업세를 내야 했다. 레지던스는 최근 중국에서 부동산 개발업자들이 집중적으로 판매하는 부동산이었다. 그들은 레지던스가 주거용, 상업용이 모두 가능한 '일석이조' 부동산이라며 더할 나위 없는 기회처럼 포장했을 뿐, 세금에 대해서는 언급조차 한 적 없었다. 왕펑은 부동산 시장에 분 레지던스 바람에 떠밀려 부동산 개발업자들의 달콤한 말들을 잘 알아보지도 않고 덜컥 믿은 바람에 맹종 투자를 하고 말았다. 그 결과 돈을 벌기는커녕 오히려 손해 볼 상황에 놓이고 말았다.

투자할 때는 주견을 지키고 자신의 원칙을 고수해야 한다. 남의 말을 덮어놓고 따라서는 안 되며, 시장에 부는 광풍에 휩쓸리거나 분위기에 좌우되어서도 안 된다. 사실 사람은 '대중적인' 것에 더 흥미를 보이는 경향이 있어서 대중이 개인에게 미치는 영향을 완전히 벗어나기는 어렵다. 남의 말에 절대 흔들리지 않겠다고 다짐했다가도 막상 어떤 상황에 놓이면 언제 그랬냐는 듯 쉽게 흔들리는 이유다. 알다시피 투자 시장에서 승리하는 사람은 늘 소수다. 손해나 안 나면 다행이다. 최후에 이익을 손에 넣는 사람은 흐름을 따르지 않고, 주견과 배짱으로 흐름을 마주하고 선 사람이다.

워런 버핏은 자신의 원칙을 고수하고 그에 따라 내린 판단을 끝까지 추진하는 투자자로 유명하다. 그는 다른 사람보다 자신의 직감을 더 믿는다. "가장 중요한 건 스스로 세운 기준에 따라 일하는 것입니다." 버핏은 어떤 문제를 판단하거나 해결해야 할 때, 다음을 끊임없이 '자문自問'한다고 말했다. '나는 세상에서 가장 좋은 사람으로 보이나 사실은 엉망인 사람이 되고 싶은가, 아니면 엉망으로 보이나 실제로는 그렇지 않은 사람이 되고 싶은가?' 자기 생각 없이 다들 그렇게 하니까 그대로 따르는 사람, 주견을 잃지 않고 자기 기준에 근거해서 혼자 '튀는' 선택을 하는 사람, 이 두 사람이 맞는 결말은 완전히 다르다.

사실 버핏도 투자 시장에서 전승全勝을 거둔 것은 아니다. 1990년대 후반, 그는 크게 발전하는 하이테크와 인터넷 산업에 투자하지 않은 선택의 후유증을 한참 앓아야 했다. 하지만 그 와중에도 버핏은 자신의 원칙을 잃지 않으면서 투자한 기업의 경영진과 접촉을 최소화하고 대신 재무 보고표를 보며 분석했다. 이 방식이 훨씬 더 중립적이고 공정하다고 생각했기 때문이다.

또 버핏은 '능력 범위 안의' 투자에만 관심을 보인다는 원칙을 지킨다. 다시 말해 자신이 잘 알고 익숙한 영역에만 투자하고 익숙하지 않은 낯선 영역에는 절대 투자하지 않는다.

그는 평소에는 상냥하고 친절한 사람이지만, 투자할 때만큼은 판단에 영향을 미칠 수 있는 모든 불필요한 간섭을 차단한다. 이처럼 버핏은 명석한 두뇌와 냉철한 이성으로 주견과 원칙을 지키며 투자한 덕분에 '투자의 신'으로서 명성을 드높일 수 있었다.

'양떼 효과'는 투자손실을 일으키는 가장 중요한 원인 중 하나다. 투자로 돈을 벌려면 덮어놓고 타인이나 시장의 흐름을 따르려는 심리를 없애야 한다. 독립적으로 사고하고 원칙과 판단을 견지하며 '자신의 길을 걷는' 태도야말로 투자로 돈을 버는 비결이다.

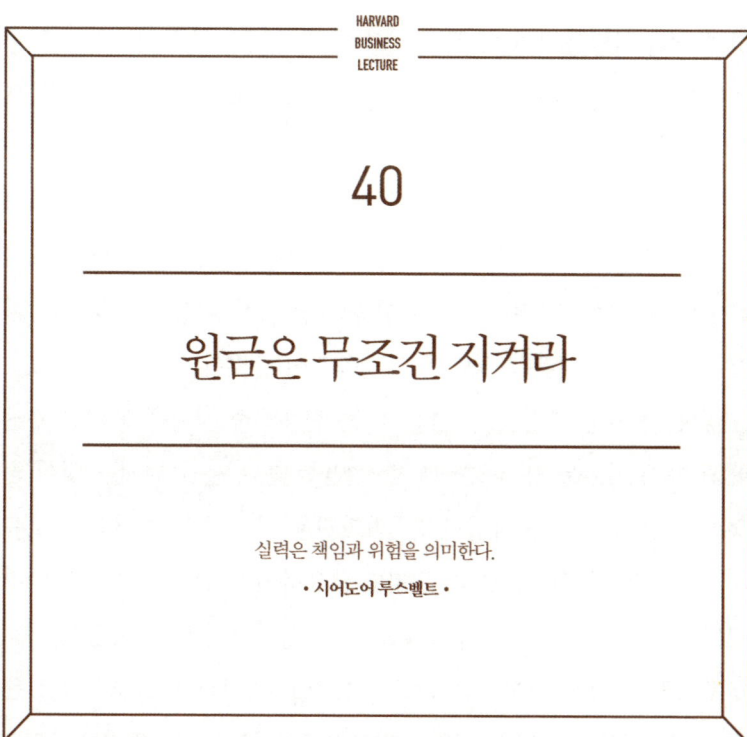

# 40

## 원금은 무조건 지켜라

실력은 책임과 위험을 의미한다.
• 시어도어 루스벨트 •

    투자에는 반드시 위험이 따른다. 투자자라면 한 번, 아니 여러 차례 이 말을 들어봤겠지만, 어떻게 된 일인지 대다수 중소 투자자들은 듣고도 못 들은 체한다. 대부분 투자자는 투자로 얻는 이익만 생각할 뿐, 그에 따르는 손실이라는 위험은 무시하는 경향이 있다. 물론 운 좋게 투자로 어느 정도 돈을 벌 수는 있다. 하지만 투자손실이란 일단 한 번 출현하면 순식간에 거대해져서 걷잡을 수 없는 지경까지 가는 경우가 대부분이다. 이때 절대다수의 보통 사람들은 자본 시장에서 일어난 갑작스러운 변화에 속수무책으로 당하기만 할 뿐, 그 거대한 손실을 감당할 방법이 없다. 그러니 투자하기 전에 반드시 자신이 감당할 수 있는 위험이 어느 정도인지 가늠하고, 이 투자가 상대적으로 안전한지 꼼꼼히 확인해야 한다.

미국 부호들이 꼽는 투자 성공의 기본원칙은 수익률, 회전율, 그리고 안정성이다. 이 세 가지 기본원칙을 어느 수준까지 확보했느냐에 따라 투자에서 얻는 수익이 결정된다. 가장 이상적인 상황은 이 세 원칙이 서로 같은 속도와 폭으로 움직이는 것이다.

워런 버핏은 이렇게 말했다. "나는 신용대출 경험을 통해 후손들에게 아주 이로운 사실을 하나 발견했다. 바로 '돈을 지키는 것이 곧 돈을 버는 것'이라는 사실이다." 버핏뿐 아니라 거액의 자산을 보유한 부자들 대부분이 돈을 버는 일도 중요하지만, 본전을 지키는 일이야말로 무엇보다 중요하다고 강조한다. 생각보다 많은 사람이 돈을 벌겠다는 생각에 위험을 예측하는 능력을 자기도 모르게 상실하곤 한다. 그 바람에 머릿속이 온통 커다란 위험이 따르는 투자계획으로 가득하니, 투자로 돈을 벌겠다는 꿈은 일장춘몽으로 전락하고 만다. 그래서 자신이 얼마만큼의 위험을 감당할 수 있는지 보는 일이 무엇보다 중요하다.

구체적으로 다음의 두 가지를 확인한다.

**1 | 위험에 대한 태도를 확인한다.**

이는 투자자 개인의 주관적인 측면으로, 심리적으로 위험을 어디까지 받아들일 수 있는가의 문제를 다룬다. 손실이 발생했을 때, 투자자 개인 혹은 가정이 심리적으로 어느 수준까지 감당할 수 있는가를 분석, 예측할 필요가 있다. 실제 투자에서 그 '심리적 최저선'을 잘 지킨다면 매우 이성적인 투자가 가능하다.

### 2 | 위험 수용력을 판단한다.

객관적인 측면의 문제로 일반적으로 투자자의 직업 안정성에 따라 결정된다. 일반적으로 직장인이나 공무원 등은 자영업자 및 프리랜서보다 위험 수용력이 훨씬 강하다. 이유는 간단하다. 전자는 안정적인 직장과 수입이 있어서 설령 투자가 실패하더라도 본인과 가정에 미치는 영향이 상대적으로 크지 않거나 제어할 수 있기 때문이다. 또 투자자의 가정 상황에 따라서도 위험 수용력이 달라진다. 보통 나이와 관련이 큰데, 만약 노인과 아이가 모두 있는 가정이라면 독신자보다 위험 수용력이 조금 약하다. 애초에 이 두 투자자는 투자 내용부터 다를 것이다.

투자자의 나이에 따라서 투자 내용이나 비율이 달라질 수 있다. 이를 결정하는 요소 역시 위험인데 다음의 두 가지 측면을 포함한다.

### 1 | 투자 자체의 위험

원칙적으로 투자 수익률은 위험도와 정비례한다. 다시 말해 수익률이 높을수록 위험도도 함께 높아진다. 그러므로 투자할 때는 단순히 투자 수익률만 따질 것이 아니라 여기에 따라오는 위험을 반드시 예측하고, 그것이 겉으로 드러났을 때 자기가 감당할 능력이 있는지 확인해야 한다.

### 2 | 개인 투자 상황의 위험

투자자 개인의 나이, 순자산, 생애계획, 심지어 성별 등도 모두 투자 내용이나 구성에 영향을 미칠 수 있다. 예를 들어 나이가 많지 않아서 다른 부담이 없고 위험 수용력이 강한 편이라면 적극적인 투자가 적합하므로, 위험도가 중상 이상 수준인 투자를 선택할 수 있다. 반면에 노인과 아이를 부양하는 직장인이라면 비교적 안정적인 투자가 적합하다. 하지만 이 역시 절대적인 기준이라 할 수 없으며, 각자의 상황에 따라 적절하게 조정해야 한다. 투자자의 성향도 중요한 요소여서 보수적인 편이라면 위험도가 낮은 투자를 선호한다. 또 투자자의 수입이 안정적이고 부양 부담이 크지 않다면 위험도가 높은 투자로 높은 수익을 기대할 수 있다.

재무적으로 자유롭기를 바란다면 이재에 밝아야 한다. 투자는 처음부터 끝까지 곳곳에 위험이 가득하고, 특히 고수익을 원한다면 커다란 위험을 마주할 확률이 더 높다. 이 때문에 투자자라면 반드시 확실히 위험에 대응하는 방법을 확보해야 한다. 사전에 위험 관리법을 준비해 '방어벽'으로 삼으면 보다 이성적이고 합리적인 투자 판단이 가능해 안정적으로 부를 쌓을 수 있다.

일반적으로 투자자는 위험 관리 방법으로 다음의 두 가지 태도를 선택할 수 있다.

### 1 | 대비

사전에 조처해서 위험을 피하는 태도로 손실이나 손해가 발생할 만한 요소를 미리 확인하고 제거하는 방법이다.

특히 위험도가 높은 고수익 투자라면 반드시 위험 관리 대책을 세우고, 최대한 안전을 확보한 상태에서 투자해야 한다. 위험도가 높더라도 고수익을 기대할 수 있다면 충분히 해볼 만한 모험이기 때문이다. 하지만 위험도는 높은데 수익이 거의 없다고 할 수 있을 정도로 미미하다면 괜히 모험하기보다 투자 자체를 포기하는 편이 현명하다.

### 2 | 제어

예를 들어 신용불량자인 친척에게 꼭 돈을 빌려주어야 하는 일처럼 피할 수 없는 위험도 있다. 혹은 위험한 줄 알지만, 주식이나 선물 투자처럼 고수익을 기대할 수 있기에 기꺼이 모험하고자 할 때, 투자자는 반드시 위험을 제어하는 방법을 마련해야 한다.

투자자는 위험을 관리 혹은 제어하는 방법이 아무리 다양해도 위험을 모두 완벽하게 제거할 수는 없음을 인지해야 한다. 손실이 이미 기정사실이 되었다면, 담담하게 이를 인정하고 받아들이는 배포도 있어야 한다. 투자하면서 위험이 전혀 없기를 바라거나, 자신은 절대 손해 볼 일이 없을 거라고 확신하는 태도는 어리석기 그지없다. 또 아직 보이지도 않은 위험을 걱정하느라 불안에 떨 필요도 없다. 배짱과 담력, 당당한 기세로 투자에 반드시 따라오는 위험을 마주해야 한다.

하버드 출신의 비즈니스 엘리트들은 '투자 원금을 지키는 것이 곧 돈을 버는 것'이라고 생각한다. 이는 예상 수익이 없거나 아주 미미하다는 의미가 아니라, 투자 위험을 마주하는 태도에 관한 이야기다. 투자자가 감당할 수 있는 범위 안에서 위험이 발생하거나 영향을 미친다면, 안전한 투자에 해당한다. 반대로 투자자의 위험 수용력을 넘어섰거니와 투자 원금조차 지키지 못하는 투자는 현명하다고 할 수 없다. 그러므로 투자하기 전에는 자신이 얼마만큼의 위험을 감당할 수 있는지 반드시 확인해야 한다.

현명한 비즈니스 엘리트들은 자신의 위험 수용력을 과대평가하지 않는다. 그들은 투자란 맹목적인 추구일 수 없으며, 반드시 이성적이고 합리적이어야 한다고 생각한다. 사전에 투자 위험을 예측할 수 없거나, 감당할 수 없는 위험이 따르는 투자를 요행을 바라며 하는 일 따위도 없다. 위험은 모든 투자에 따라오는 기본 속성이다. 위험이 존재하지 않는 수익이란 없으며, 위험이 큰 투자일수록 고수익을 기대할 수 있다. 최악의 경우와 그 영향을 예측하고 준비하는 것이야말로 가장 올바른 투자 태도라 할 수 있다.

HARVARD
BUSINESS
LECTURE

## 41

# 부동산 투자는 길고 또 길게

미래에 투자하는 사람은 현실에 충실한 사람이다.
• 하버드 도서관 명문 30훈 •

'부동산'이란 자연 성질이나 법률 규정으로 인하며 이동할 수 없는 토지 및 그 정착물을 의미하는 말이다. 또 '부동산 투자'는 투자자가 예측이 불확실한 효익을 얻기 위해 일정한 현금을 부동산으로 전환하는 행위로 장기성, 고액성, 강한 금융 의존성, 불확정성, 높은 연관성이라는 다섯 가지 특징이 있다.

부동산 투자는 원래 토지, 건물, 산림 등을 대상으로 하나, 일반적으로 주택 및 건물에 대한 투자를 가리키는 말로 통용된다. 특히 일반인들이 부동산 투자를 한다고 하면 주택 및 주거용 건물인 경우가 대부분이다. 이외에 부동산 투자는 투자 형식에 따라 다음과 같이 구분할 수 있다.

- ◆ 투자 방식: 직접투자와 간접투자
- ◆ 투자 항목: 농업토지 투자, 주택용지 투자, 상업용지 투자, 산업시설 용지 투자
- ◆ 투자 주체: 기업투자, 개인투자

부동산 투자에 집중하는 사람들은 부동산이야말로 부의 원천이라고 생각한다. 유명한 투자자 워런 버핏은 "분산 투자는 필요 없다. 달걀을 전부 한 바구니에 담고, 아주 신중하게 살피는 편이 낫다."라고 말했다. 그의 말은 투자에 관한 진리나 다름없는 '분산 투자'와 정반대의 의미인데, 핵심은 '신중하게 살핀다'에 있다. 그의 말처럼 부동산 투자에 열중하는 사람이라면 계획을 잘 세워 바구니에 달걀을 담고서 아주 꼼꼼하고 치밀하게 살펴야 한다. 또 버핏은 "내가 시장에 가는 유일한 이유는 우스꽝스러운 행동을 하는 사람이 있는지 보기 위해서다."라고 말하면서, 자신은 텔레비전에 나오는 경제, 투자 전문가들의 의견이나 평가에 관심이 없고, 주가의 등락을 이해하고 분석해서 투자한 적도 없다고 했다. 실제로 버핏의 투자 행태는 전문가들의 예측이나 투자 관련 뉴스와는 전혀 다른 양상을 보인다. 그가 가장 잘하는 일은 장기 집중 투자로, 이는 부동산 투자에서도 무척 중요하다.

미국의 유명 경제학자이자 베스트셀러 작가인 로버트 기요사

키 Robert T. Kiyosaki는 "당신에게 아주 세밀한 계획이 있으며, 이를 방심하지 않고 꾸준히 밀고 나간다면 큰돈을 만질 수 있을 것이다"라고 말했다. 실제로 부동산 투자에 대해 많이 아는 사람들은 대부분 합리적인 장기 계획을 수립함으로써 고위험 투자를 피하고자 한다. 하버드 경영대학원 역시 부동산 투자와 관련해서 '투자는 계획을 집행하는 단순하고 무미건조한 과정일 뿐'이라고 설명한다.

다른 투자도 그렇지만, 특히 부동산 투자 시장에서는 사람들이 유행을 따르는 경향이 강하다. 절대다수의 사람은 투자 수익률이 아니라 지금 이 투자가 가장 인기 있는가에 초점을 맞춘다. 예를 들어 집값이 확 오르면 전문가들이 각종 매체에 등장해서 부동산이야말로 가장 좋은 투자 종목이며, 더 늦기 전에 어서 투자하라고 부추긴다. 이런 분위기는 사람들의 생각을 바꾸고 조종해서 각자 세웠던 원래의 계획을 흐트러뜨리거나 아예 포기하게 만든다. 그렇게 해서 잘 되면 좋겠지만, 다들 좋다고 한 투자 항목에 알고 보니 커다란 허점과 위험이 존재하고 있었다면 그 손실은 처참하기 이를 데 없을 것이다.

이런 이유로 부동산에 투자할 때는 장기 계획을 잘 세울 뿐 아니라 시장 예측력을 기르는 것이 중요하다. 자신의 판단에 따라 자기 계획을 꾸준히 견지하면서 이른바 '핫이슈'에 넘어가 휘둘려서는 안 된다. 이성적이고 합리적으로 투자 청사진을 그리기만 해도 사방에 위험이 도사리고 있는 부동산 투자에서 안전하게 한발씩 앞으로 나아갈 수 있다.

당신이 확보한 자료의 기간이 길수록 투자 판단이 더 정확해질 수 있다. 특히 부동산 투자에서 성공을 거두려면 장기 결과에 주목하고, 적극적으로 하나 또는 그 이상의 실제적인 투자 전략을 찾아서 이성적이고 합리적으로 투자해야 한다. 투자자는 투자 자체에 관심을 두기보다, 투자 전략의 중요성과 우수성을 확보하고 장기 계획을 치밀하게 세우는 데 더 공을 들여야 한다는 사실을 명심하라.

## 42

# 잃지 않는 자산배치 전략

목표에 도달하려면 우선 분산화 투자구조를 유지해야 한다.
· 워런 버핏 ·

많은 투자자가 자산배치와 투자구조 문제를 해결하고자 하지만, 대부분 정확한 방법을 모르고 일시적인 부분 이익을 좇는다. 어떤 투자자들은 이런 이익이나마 더 많이 얻는 데 혈안이 되어서 근본적인 해결 방법을 사고하는 데 인색하다. 물론 사고는 쉽게 할 수 있는 일이 아니다.

자동차 왕 헨리 포드Henry Ford도 "사고는 세상에서 가장 어려운 일이다. 기꺼이 그 일을 하기 원하는 사람은 매우 드물다"라고 지적했다. 로버트 기요사키 역시 투자자로서 사고의 중요성을 이야기한 바 있다. "두뇌는 당신이 가진 가장 유용한 자산이다. 하지만 부당하게 사용하면 오히려 당신에게 가장 커다란 짐이 될 것이다." 그러므로 훌륭한 투자자가 되기를 바란다면 경제잡지나 텔레비전 경제 프로그램을 보고 따라 할 생각은 말아야 한다. 자기 주견과 사고방식으로 완벽한 투자계획을 세우고, 그것이 더 명확하고 합리적일 수 있도록 끊임없이 사고해야 한다.

모든 투자에는 위험이 따르므로, 투자는 당신이 그 위험을 감당할 수 있는 범위 안에서만 이루어져야 한다. 어떤 방식의 투자든 수익과 위험은 하나가 커지면 다른 하나도 커지고, 하나가 작아지면 다른 하나도 작아진다. 다시 말해, 당신이 안전을 추구하면 수익이 적을 테고, 위험을 부담한다면 수익이 더 커질 수 있다는 이야기다. 그렇다면 정말 큰 수익을 확보하면서 위험은 최대한 피할 방법은 없는 것일까? 이는 곧 투자구조에 관한 이야기다.

투자 시장에는 일종의 철칙, 바로 "달걀을 한 바구니에 담지 말라!"라는 말이 있다. 나누어 담을 정도로 자산이 많은 이에게나 적용되는 말이라고 생각하는 사람이 많지만, 꼭 그렇지는 않다. 달걀을 어디에 어떻게 담든 자산배치의 목적은 투자 위험을 피해서 가능한 한 최대의 수익을 올리는 데 있다. 핵심은 자산이 많든 적든 각각의 자산 유형에 따라 배치함으로써 위험을 효과적으로 잠재우고 평균 이상의 이익을 얻는 것이다. 합리적인 자산배치는 일반적으로 다음의 세 단계를 거쳐 이루어진다.

### 제1단계 | 가진 자산을 분류한다.

자산은 두 종류로 나누어질 수 있다.

> ◆ 금융자산 financial asset : 주식, 채권, 예금, 신탁 등
> ◆ 실물자산 real assets : 비금융자산. 건물, 토지 등의 부동산, 기계 장비 등

각각의 자산은 위험도와 수익률 사이에 상관성이 존재한다. 펀드의 경우, 주식형 펀드는 상대적으로 과감한 투자로 기대수익도 높지만, 그만큼 위험도가 크다. 하지만 MMF나 채권형 펀드는 모두 위험도가 낮은 편이고 상대적으로 안정적이나 수익성이 크지 않다.

### 제2단계 | 상황에 따라 자산을 분배한다.

자산배치는 개인의 상황에 따라 진행되어야 한다. 나이, 직업, 시장 상황, 투자 종목에 따라 자산배치의 결과가 전부 달라질 수 있다. 예컨대 연령대가 35~45세라면 한창 돈을 벌 때이니 꽤 많은 기회를 잡을 수 있다. 하지만 동시에 주택 구입, 자녀교육, 노후대책 등으로 많은 돈이 필요한 시기이기도 하다. 그렇다면 실물자산 45%, 신탁성 금융자산, 펀드, 주식 30%, 은행 예금, 채권, 저축 20%, 보험 5%로 자산을 배치할 수 있다. 이와 동시에 시장 상황, 그러니까 지금이 경제 성장기, 번영기, 쇠퇴기, 부흥기 중 어디에 속하는지 파악하고, 때에 따라 자원배치를 조정하면 된다.

### 제3단계 | 투자성적을 심사한다.

위험도가 비교적 낮은 투자라면 일찍 투자할수록 수익도 높다. 특

히 복리複利는 가장 큰 투자 가치라 할 수 있다. 반대로 위험도가 비교적 큰 투자라면 관건 요소는 투자 시기다. 펀드나 주식시장이 좋지 않을 때는 주식형 펀드를 MMF나 채권형 펀드로 전환하는 편이 좋다. 반대의 경우도 마찬가지다. 자산배치를 완성하면 반드시 평가를 통해 조정해야만 새로운 투자 기회를 발견하고 수익률을 높일 수 있다.

자산은 가치 창조의 원천이다. 단지 투자구조를 조정해서 자산을 이성적이고 합리적으로 배치하기만 해도 그 효용을 최대로 올릴 수 있다. 자산배치는 한번 했다고 끝나는 일이 아니며 꾸준히 관심을 보이면서 기회를 찾아 부지런히 조정함으로써 위험을 최소화하고 최대 이익을 얻어야 한다.

이성적이고 합리적인 자산배치로 투자구조를 최적화하면 비교적 짧은 시간 안에 최대의 이익을 얻고 위험을 최소화할 수 있다. 달걀을 한 바구니에 담지 않아 수익이 늘어나기를 기대한다면 이 달걀들이 서로 부딪히지 않도록 신경 써서 담는 것도 중요하다. 한 바구니 안에 달걀이 너무 많아서도, 너무 적어서도 안 된다. 가장 합리적으로 나누어 담는 방식을 채택해야 바구니들을 잘 들고 빠르게 앞으로 나아갈 수 있다.

HARVARD
BUSINESS
LECTURE

## 43

# 세 가지 투자 스타일

투자자의 투자 스타일은 그의 생각, 성격, 경험, 지식 등이 결정한다.
자신에게 가장 알맞은 투자 스타일을 찾아내는 일은 투자 전략을 결정할 때
매우 중요한 부분이다.

• 하버드 경영대학원 겸임교수, 안드레 F. 페롤드 •

하버드 경영대학원은 '세계 최고의 CEO'를 길러내는 곳이다. 이곳에서 자본 시장과 투자 철학을 강의하는 안드레 F. 페롤드 교수는 다음과 같이 말했다. "투자자의 투자 스타일은 그의 생각, 성격, 경험, 지식 등이 결정한다. 자신에게 가장 알맞은 투자 스타일을 찾아내는 일은 투자 전략을 결정할 때 매우 중요한 부분이다."

모든 사업가의 머릿속에는 투자에 관한 자신만의 생각이 있다. 하지만 그것이 무엇이든 객관적 사실이나 상황을 벗어날 수는 없으므로, 주관적, 객관적 요소가 모두 서로 잘 어우러지게 결합해 '지행합

일知行合一-'을 이루어야 한다. 또 투자 스타일은 일종의 '관성'을 유지해서 너무 자주 바꾸지 않는 편이 좋다.

워런 버핏과 조지 소로스는 이 시대의 위대한 투자자로 손꼽히지만, 두 사람의 투자 스타일은 완전히 다르다. 버핏이 '정원의 꽃이 피고 지는 걸 물끄러미 바라보는' 안정적인 스타일이라면, 소로스는 '험난한 산봉우리에 올라서 끝없이 펼쳐진 풍경을 굽어보는' 급진적인 스타일이다. 이 두 가지 투자 스타일은 절대 하나로 결합할 수 없다. 어느 쪽을 보고 배우든 상관없지만, 두 가지를 하나로 결합할 생각은 일찌감치 접는 편이 좋다. 좀 더 장기적인 투자에 능숙한 사람이라면 버핏의 가치투자로 느긋하게 기다리면서 안정적인 장기 수익을 기대할 수 있다. 반면에 치고 빠지는 단기투자에 능숙하다면 소로스처럼 해서 하룻밤 만에 벼락부자가 되는 희열을 느낄 수도 있다.

결론은 어떤 것이든 자신에게 가장 알맞은 투자 스타일을 찾고, 거기에 집중하는 자세를 찾으라는 이야기다. 투자도 일관성을 유지해야지 오늘은 버핏처럼 했다가, 내일은 소로스처럼 해서는 뭐 하나 제대로 되지도 않을뿐더러 이리저리 흔들려서 혼란에 빠질 뿐이다.

지금 투자자들의 가장 큰 관심사는 어떻게 하면 주식시장에서 최대의 수익을 올리는가다. 주식투자 역시 최적의 투자 스타일과 경로가 필요한데, 이 역시 세계적인 투자자들의 독특한 투자 스타일에서 힌트를 얻을 수 있다. 투자 스타일이 각기 다른데도 불구하고 그들이 모두 장기적으로 꾸준히 많은 이익을 얻는 까닭은 자신에게 가장 알맞은 투자 스타일이 찾은 덕분이다. 최적의 투자 스타일은 당신의 투자를 더 순조롭게 만들고, 더 많은 위험을 피하도록 돕는다. 전 하버드 경영대학원 교수 스티븐 C. 윌라이트 Steven C. Wheelwright는 주식투자 스타일을 다음의 세 가지로 분류했다.

### 1 | 가치투자

워런 버핏, 미국 금융계 대부 벤저민 그레이엄 Benjamin Graham 등이 가치투자의 대표적 인물들이다. 일반적인 상황에서 기업의 성장성이 어떠한가는 가장 중요한 요소가 아니다. 가치투자자들은 시장에 유효한 조건이 불충분한 상황에서, 즉 시장이 안 좋을 때 가격이 하락한 주식, 심지어 누구도 관심을 두지 않을 만한 주식들에 주목하고 선별 작업을 진행한다. 그중에서 다른 것보다 더 밝은 미래가 기대되는 객관적 요소를 갖춘 주식을 발굴해 투자하는 방식이 바로 가치투자다. 버핏은 재무 건전성이 높고, 주가 변동성이 낮으며, 저평가된 주식을 사서 높은 이익을 거두는 것으로 유명하다. 가치투자는 투자비용이 적어서 일종의 '안전지대'를 확보할 수 있다. 긴 시간이 필요하지만, 일단 그 잠재력을 발휘하면 주가가 내재한 가치 이상으로 크게 뛰어오를 것이다.

### 2 | 성장주 투자

월스트리트의 영웅이라 불리는 투자자 피터 린치 Peter Lynch 가 대표적인 성장주 투자자다. 성장주 투자의 가장 큰 특징은 판매 및 수익의 성장세가 가장 높은 기업의 주식, 즉 고성장 우량주를 선택한다는 것이다. 앞에서도 이야기했지만 이런 주식은 수익률이 높은 대신, 그만큼의 투자 위험도 존재한다. 이러한 성장주 투자에서 성공을 거두는 조건은 두 가지를 들 수 있다. 하나는 투자자가 기업 성장에 관련한 모든 정보, 심지어 직원 수의 아주 미세한 변화까지 모두 완벽하게 꿰뚫고 있어야 한다. 이를 바탕으로 높은 수준의 신뢰가 바탕이 되어야만 가능하다. 다른 하나는 시장에서 기업의 흑자 소식이 아주 훌륭한 촉매제가 되어서 주가를 크게 밀어 올리는 작용을 해야 한다. 이 두 가지 조건을 모두 만족하기 위해 투자자들은 단 한 순간도 긴장을 늦추지 말고 관찰하며 분석해야 한다. 예리한 통찰력을 발휘해서 위험을 예측하고, 방어하는 능력을 끌어올려야 한다.

### 3 | 모멘텀 투자

대표적인 모멘텀 투자자로는 유명 펀드매니저 리처드 드리하우스Richard Driehaus를 들 수 있다. 모멘텀 투자자들은 개별 기업의 실적이나 역량에는 크게 신경 쓰지 않는다는 점에서 전통적인 투자 방식과 다르다. 그보다는 장세를 살펴보고 지난 몇 개월간 꾸준히 상승세를 보인 주식이라면 주저하지 않고 매입한다. 하지만 만약 이 상승세가 꺾여서 하락세로 접어드는 걸 발견하면 가차 없이 바로 팔아버린다. 모멘텀 투자자들의 가장 큰 관심은 해당 주식이 상승세인가이므로 수준 높은 기술적 분석 능력이 꼭 필요하다. 모멘텀momentum은 물리학에서 물체를 움직이는 힘을 뜻하는 용어다. 영국 물리학자 아이작 뉴턴Isaac Newton의 운동 제1법칙에 따르면 운동하는 물체는 외부로부터 힘이 작용하지 않는 한 원래의 운동을 계속한다. 이 법칙을 주식시장에 적용하면 상승세를 보여온 주식이 계속 상승세를 유지할 가능성이 크다. 가격이 오를 대로 오른 것 같지만, 사람들이 오르는 주식을 보면 몰려가는 집단행동을 보이기 때문이다. 이런 이유로 모멘텀 투자가 성행하면 주가가 기업 자체의 가치보다 '투자심리'에 의해 결정되는 경우가 많아진다.

　이상의 세 가지 투자 스타일 중 자신에게 맞는 하나를 효과적으로 운용한다면 장기적으로 많은 수익을 기대할 수 있다. 같은 투자 스타일을 채택해도 투자자마다 부담하는 위험도와 다양한 조건은 상황에 따라 전부 달라질 수 있다. 이와 관련해서 스티븐 C. 윌라이트 교수는 다음과 같이 말했다. "투자자는 기호와 성격에 따라 자신에게 가장 알맞은 투자 스타일을 선택하고, 그것을 자신의 상황에 맞게 조정해서 향후 투자 전략을 확정해야 한다."

> 당신은 훌륭한 투자자가 될 수 있을까? 이것은 당신이 각각의 투자 스타일에 필요한 조건을 갖추었는가, 그것을 자신에게 맞게 효과적으로 조정할 수 있는가, 그 안에서 자신에게 가장 적합한 투자 스타일을 모색할 수 있는가에 달렸다. 사실 투자 스타일은 절대적인 좋고 나쁨의 구분이 없으며, 시장의 발전에 적용할 수 있는가가 더 중요하다. 다시 말해 투자자 및 시장의 조건에 어긋남 없이 잘 맞물리는 것이 최적의 투자 스타일이다.

## 44

# 투자할 때 만나는 달콤한 함정

경솔함이 만드는 화는 대부분 비슷하다.
많은 청년이 실패하는 까닭은 일을 경솔하게 하기 때문이다.
• 빌 게이츠 •

"지금 네가 보는 것은 면도칼이지만, 사실 선풍기야. 그 선풍기는 사실 구두지. 그러니까 구두가 면도칼인 거야!" 무슨 소리인지 알 수 없는 이 말은 영화 〈007 북경특급〉에서 감독과 주연을 맡은 저우싱츠周星馳의 대사다. 꼭 변화무쌍한 투자 시장을 이야기하는 것 같지 않은가? 종종 전혀 이해할 수 없는 상황이 벌어지고, 마치 뭐에 홀린 듯이 빠져들게 하는 요지경 같은 곳 말이다. 사방에 크고 작은 위험이 도사리고 있는 투자 시장에서 정신을 똑바로 차리지 않으면 함정에 빠져 헤어 나올 수 없다. 투자 시장에서는 철저히 혼자다. 아무도 당신에게 어떤 주식이 돈을 많이 벌게 해줄지 알려주지 않으며, 함정이 어디에 있는지 알려주는 사람도 없다. 철칙이 존재하지 않는 이곳은 곳곳에 기회가 있는 동시에 곳곳에 함정이 있다.

투자자로서 우리는 자신을 유혹해 환상에 빠뜨릴 가능성이 있는 함정들을 반드시 피해야 한다. 다음은 투자자들이 흔히 만날 수 있는 함정 유형이다.

### 1 | 내부정보의 함정

길거리에서 우연히 만난 낯선 사람이 하는 말은 덜컥 믿으면서, 정작 가장 가까운 사람의 말은 좀처럼 믿으려고 하지 않는 일이 종종 있다. 장담컨대 누구나 이와 유사한 일이 있었을 것이다. 어떤 투자자들은 확실한 근거도 없이 떠돌아다니는 뉴스들은 믿으면서 기업이 공개적으로 발표한 정보나 자료는 신뢰하지 않는다. 그들은 객관적으로 확인된 정보보다 길에서 주워들은 풍문이 아무나 얻을 수 없는 좋은 기회를 제공해준다고 철석같이 믿는다. 심지어 다른 사람들은 전부 손해를 볼 때, 자기만 몰래 뒤로 빠져 큰 이익을 얻을 수 있기를 간절히 바라기까지 한다. 이러한 근거 없는 믿음과 희망이 바로 내부정보의 함정이다.

사실 어떤 정보는 근거가 확실해 보이기도 한다. 예컨대 친구가 특별히 당신에게 전화해서 '증권감독위원회 ××의 비서'에게 들은 이야기라고 했다면 믿음이 생길 수도 있다. 하지만 냉정히 생각해보자. 이 이야기가 당신에게까지 왔으니 알 사람은 다 알 테고, 이 '중요한 정보'가 사실이라면 시장은 이미 뭔가 반응을 보였을 것이다. 혹시 근거가 불분명한 내부정보에 잘 흔들리는 편인가? 중국인들은 이런 상황을 두고 '네가 아는 것은 전부 틀린 것'이라고 말한다.

### 2 | 초기 흥행의 함정

일반 투자자라면 신생기업 투자에 신중하게 접근해야 한다. 특히 듣기에 아주 훌륭하거나 화려한 수식어가 가득한 회사라면 신경을 더 바짝 세우고 경계할 필요가 있다. 그들에게 어떠한 장단점이 있는지 정확하게 파악하지 못한 상태에서 쉽게 믿어버리면 자칫 그동안 고생스럽게 모은 돈을 그냥 날릴 수도 있다. 한 기업이 문을 열고 초기 상품이 한창 흥행할 때는 돈이 쏟아져 들어오니까 금방이라도 업계를 휘어잡을 것처럼 보인다. 하지만 상장기업 통계에 따르면 초기 흥행에 힘입은 투자는 대부분 성공하지 못했다. 음식점도 개업하고 얼마 동안은 손님으로 북적이지만, 이후에는 파리만 날리는 것처럼 말이다. 그러니 언뜻 보기에는 '너무 잘나는 기업이라' 당장 투자해야 할 것 같아도, 좀 더 시간을 두고 면밀하게 관찰할 필요가 있다. 그 후에 해당 기업이 정말 좋은 실적을 올렸을 때 투자해도 늦지 않다.

### 3 | 주가 수익률 PER 의 함정

비시황산업의 고성장 기업은 회사가 성장하면서 이윤이 꾸준히 상승하고, 주가 수익률도 함께 올라간다. 하지만 시황산업[10]이라면 주가 수익률이 상승한다는 것은 곧 다시 떨어질 거라는 의미이니 주

---

10 시황산업(cyclical industry)은 시장 형편과 관련이 깊은 산업으로 철강, 석유, 종이 산업 따위다. 반대로 비시황산업이란 불황에 구애받지 않고 꾸준한 수익을 올릴 수 있는 산업으로 금융업이 대표적인 예다.

의가 필요하다. 한 번 올라간 주가 수익률은 오래 머물 수가 없다.

경험이 많은 투자자들은 '아름다운 꽃은 자주 피지 않는다는' 걸 잘 안다. 그들은 시황산업 기업이 빠르게 성장하면 곧 이 업계에 차가운 겨울이 시작되겠다고 예측하고서 가지고 있는 주식을 단기간에 팔아버린다. 사실 성장기에 시황산업 기업의 주식을 보유한 건 무척 좋은 일처럼 보인다. 투자 분석가들도 이런 시황산업 기업들에 대체로 낙관적인 전망을 내놓곤 한다. 시황산업 기업의 실적은 코끼리가 언덕을 오르는 것처럼 느리지만 매년 균등한 속도로 오른다고 보기 때문이다. 특히 자본 시장 상황이 아주 좋을 때는 보통 시황산업이 경기 주기 속에 있는데, 자본 시장은 대부분 비교적 좋은 상황에 있다. 하지만 이런 기업들이 진짜 함정이다. 표면적으로는 다른 투자자가 아직 발견하지 않은 보석 같아 보이지만, 업계에 불황이 시작되면 아무리 잘나가던 회사여도 혼자 계속 잘나가기는 어렵다. 그러니 투자할 때는 주가 수익률로만 평가해서는 안 된다. 높은 주가 수익률이 언제 내려올지는 아무도 모르기 때문이다.

### 4 | 베스트셀링의 함정

어떤 사람은 투자할 때 업계 판매량 1위 상품을 파는 기업을 편애하는데, 여기에도 함정이 존재할 수 있다. 물론 대형마트나 상가에서 어떤 상품이 잘 팔리는지 주목하면 투자에 도움이 될 수는 있다. 하지만 사실 이는 한 기업의 가치를 평가하는 요소 중 하나에 지나지 않는다. 쉽게 말해서 상품을 잘 판다고 꼭 좋은 기업이라고 할 수는 없다는 이야기다. 좋은 기업의 좋은 상품은 갖가지 구실을 내세운 판촉 활동 따위가 필요 없다. 우수한 품질이 곧 진정으로 잘 팔릴 수 있는 필요조건이기 때문이다. 어쩌면 업계 판매량 1위 기업은 사람들이 쉽게 발견하지 못하는 판매 수단을 통해서 거액의 이윤을 꾀하고 있을지도 모른다. 이런 문제들이 수면 위로 드러났을 때, 그 손실은 어마어마할 것이다. 그러므로 투자하기 전에는 반드시 잘 팔리는 진짜 이유를 확실하게 이해하고 냉철하게 분석해서 투자 함정을 피해야 한다.

### 5 | 저가 주식의 함정

투자자는 '저렴한' 주식을 조심해야 한다. 그 '저가'의 배후에는 '그만큼 비싸다'라는 함의가 숨어 있기 때문이다. 저효율 취약기업들은 주식병합 consolidation of stocks, 예컨대 열 주를 한 주로 합병해서 상장 주식수를 줄일 가능성이 크다. 기업가치에는 아무런 변화 없이 주식수만 감소하므로 기업은 주가 조정 등의 효과를 얻고 상장폐지를 면할 수 있다. 하지만 투자자는 한 주 미만의 주식이 발생할 수 있으므로 이전보다 권리를 잃게 될 수도 있다. 이 때문에 '저렴한' 주식이 사실 가장 위험할 수도 있다.

이외에도 투자 시장에는 여러 가지 형태의 함정들이 잠재해 있고, 이런 함정들을 피할 수 없다면 거대한 손실을 마주할 가능성이 크다. 투자할 때는 무엇보다 표면적인 현상에 속지 말고 그 본질을 꿰뚫어 보아서 이성적으로 판단해야 한다.

하버드 경영대학원 학생들이 기회와 함정을 판별하는 능력을 기르는 까닭도 바로 이 때문이다. 투자 시장이 점차 다원화되는 이 시대에 단일 종목이나 협소한 투자는 시대발전과 어울리지 않으며, 오히려 당신을 생각지도 못한 어두운 함정에 빠뜨릴 수 있다. 그러므로 시야를 틔우고 방향을 정확히 찾아서 밝은 눈과 명철한 두뇌로 함정들을 피해야 한다.

HARVARD BUSINESS LECTURE

· 여섯 번째 수업 ·

# FINANCIAL MANAGEMENT
## 재무

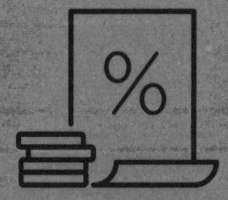

## 돈 관리의 기본을 세우다

•

어떤 투자를 해야 할까? 어떤 방식으로 자금을 조달해야 할까? 제한된 자원을 어떻게 배치해야 할까? 어떻게 하면 최소의 비용으로 최대의 효과를 얻을 수 있을까?······ 기업의 경영자, 자본 시장의 투자자로서 당신의 머릿속에 이런 질문들이 떠오르기 시작했다면 '재무'를 연구할 때다. 재무란 국민경제의 각 부문, 각 단위의 재생산 과정에 객관적으로 존재하는 자금 흐름 및 그 과정 중에 드러나는 경제 관계를 가리키는 말이다. 경제가 빠른 속도로 발전하는 이 시대에 자본 효율 상승과 이윤 최대화는 모든 경영자, 사업가, 투자자가 최우선으로 두는 일이 되었다. 이 장의 내용은 투자자 개인과 각 기업이 좀 더 효율적이고 합리적으로 재무를 관리하는 데 큰 도움이 될 것이다.

## 45

# 어쨌든 돈은 꾸준히 많이 버는 게 좋다

실용주의는 무슨 특별한 결과가 아니라 방향을 확정하는 태도다.
실용주의적 태도는 처음의 원칙보다는 마지막의 효과를 본다.
• 윌리엄 제임스 •

모든 비즈니스 엘리트에게 '돈 버는 일'이란 무엇보다 당연하며, 그들에게 성공은 곧 돈을 많이 버는 것이다. 동서고금 부자는 부러움의 대상이다. 대체 그들은 어떻게 그처럼 부유해질 수 있었을까? J.P.모건은 "부자가 된 비결을 알고 싶다고요? 답은 간단합니다. 돈을 벌면 됩니다!"라고 말했다. 하버드 출신의 비즈니스 엘리트들의 생각도 이와 크게 다르지 않다. 그들의 모든 생각과 행동은 돈 버는 일에 맞춰져 있고, 기업을 경영하면서 항상 효익, 그중에서도 경제적 효익을 가장 중시한다. 언제나 돈에 깊은 관심과 애정을 잃지 않으며, 최대한 더 많은 돈을 벌고자 한다. 대부분 기업과 경영자에게 있어 돈은 신이고, 경제적 효익 추구는 생존의 기초다. 간단히 말해서 돈을 버는 일은 비즈니스 엘리트들의 필수 사고방식이자 행위 습관이다.

세계 최대 금 채광 기업 뉴몬트 Newmont 를 이끄는 리처드 오브라이언 Richard O'Brien 은 다음과 같이 말했다. "기업경영이란 무엇인가? 나는 개인적으로 그것이 전략을 결정하는 프로세스라고 생각한다. 현재 보유한 자원을 최대한 사용하고, 제한된 시간 안에 더 많은 수익과 더 커다란 생산력을 추구하며, 조직원들로부터 절대적인 충성을 얻기 위해 최선을 다하는 일이다. 이렇게 결정된 전략은 기업의 수익과 성장에 결정적인 영향을 미치므로 반드시 신중하고 면밀하게 심사해야 한다."

비즈니스 엘리트들은 대부분 강한 리더십이 있다. 리더십을 갖춘 사람만이 조직을 이끄는 리더로서 조직 전체의 운영효율을 높이며, 경제적 효익 최대화와 가치 수준의 향상을 실현할 수 있다.

밀러 호텔의 사장 존은 이전에도 여러 대형 호텔에서 일한 경험이 있었다. 많은 경험을 통해 그는 돈 버는 일이야말로 경영자의 최고 목표라는 결론을 내렸다. 밀러로 오면서 여러 구상을 실행할 기회를 얻은 존은 경제적 효익을 최대화하는 데 힘썼다. 이를 위해 그는 엄격한 선발 과정으로 젊은 직원들을 대거 채용해서 베테랑 관리자들과 잘 어우러져 일할 수 있도록 지원했다. 각 부서의 직원들은 모두 최선을 다해 각자의 업무를 함으로써 호텔의 성장에 크게 공헌했으며, 호텔을 위해 탁월한 아이디어를 제공해서 다양한 방면의 효익을 증대했다.

존의 성공은 그가 꾸준히 돈을 버는 것이야말로 비즈니스의 최고 목표라 확신하고, 경제적 효익 최대화를 기업 운영과 조직관리의 목표로 삼아 실현한 덕분에 가능했다.

사례의 존처럼 성공한 비즈니스 엘리트들은 자신이 돈을 좋아한다는 사실을 애써 숨기려고 하지 않는다. 정당한 방법이기만 하다면 경제적 효익 창출에 눈을 떼지 않고 각종 방법을 끊임없이 시도한다. 이것이야말로 그들이 성공한 비결이다.

하버드 출신의 비즈니스 엘리트들은 부와 성공을 추구하는 발걸음을 멈추지 않는다. 그들에게 돈 버는 일은 더 이상 자연스러울 수 없는 당연한 일이다. 이런 그들에게 부를 추구하지 못하게 한다면 전진의 방향과 동력을 잃고 쓰러질 것이다. 그들은 벌 수 있는 돈을 벌지 않는다면, 돈에 죄를 짓는 것과 마찬가지라고 생각하는 사람들이다.

어떤 사람들은 자신의 능력만으로는 원하는 만큼의 충분한 부를 얻기 힘들다고 판단하면, 곧바로 '제2단계'에 돌입한다. 바로 돈으로 돈을 버는 일이다. 비즈니스 엘리트들은 돈을 버는 일이 일종의 습관이 된 사람들이라 그 방법에 정통했지만, 일반인들은 돈으로 돈을 버는 일이 사실 그다지 쉽지만은 않다. 물론 아예 할 수 없는 건 아니지만, 그래도 여전히 어렵게 느껴진다면 가장 현명한 방법은 현재 상황에서 경제적 효익을 최대한으로 끌어올리는 것이다. 자신 혹은 회사의 경제 상황을 전체적으로 살펴보고 오직 효익을 염두에 두면서 더 많은 돈을 버는 방법을 찾아야 한다.

효익에 대한 주목은 돈을 벌어들이는 첫 번째 자세다. 하지만 이와 동시에 돈이란 당신의 인생에서 일종의 표현 방식이며, 너무 과하게 탐해서도 안 되는 대상임을 인식해야 한다. 군자가 재물을 취할 때는 도가 있어야 한다고 했다. 돈을 많이 버는 것은 물론 좋은 일이지만, 돈을 버는 방식과 경로를 왜곡하거나 순간적인 탐욕으로 잘못된 길에 들어서지 않도록 경계해야 한다. 내가 돈의 주인이 되어야지, 돈이 나의 주인이 되어서는 절대 안 되는 법이다.

하버드 학생들은 똑똑하게 돈을 버는 법을 배워 습관으로 삼는다. 그들에게 돈을 버는 일은 복권 당첨으로 일확천금을 얻는 일이 아니라, 꾸준히 계속되는 일이어야 한다. 이러한 마음가짐이 일과 생활 전반에 자리 잡은 덕에 하버드를 졸업한 사람들이 계속해서 더 많은 돈을 벌 수 있다.

> 비즈니스 엘리트들은 기업의 목적이 곧 돈이라고 생각한다. 회사가 이윤을 창조하지 못하는 상황을 발견하면, 아무리 고통스럽고 안타까워도 매각하든지 파산 신청을 하지 절대 그냥 붙들고 있지 않다. 갖은 고생을 한 덕에 고지가 바로 눈앞에 있어도 다른 더 커다란 경제적 효익을 위해서라면 조금도 주저하지 않고 회사를 팔아버린다. 오직 탁월한 사람만이 이런 상황에서 감정에 흔들리지 않고 이성적이고 합리적으로 판단한다. 그들은 기업이 존재하는 이유가 돈을 벌기 위해서고, 기업의 의무가 더 많은 돈을 버는 것이란 사실을 믿어 의심치 않는다.

## 46

# 최소 비용으로 최대 효과를

하나의 개념, 그것을 이용해서 경험을 다른 경험으로 수조롭게 전환하고, 사물을 아름답게 연계하며, 안정적이고 단순하게 일해서 노동력으로 아낄 수 있다면, 이 개념은 진짜다.
• 윌리엄 제임스 •

재무란 가치, 현금 및 위험에 관한 일이다. 재무관리의 핵심은 최소 비용으로 최대 효과를 얻는 것이다. 기업을 이끄는 경영자라면 재무적인 눈으로 회사에 존재하는 문제들을 보는 능력을 갖춰야 한다. 이 능력을 이용해서 비용을 관리함으로써 '경제적 효익 최대화'라는 최종 목표를 달성해야 한다.

'최소 비용으로 최대 효과를'은 모든 비즈니스 엘리트가 신봉하는 원칙이다. 대기업이든 작은 상점이든 사업을 벌이고 경영하는 사람은 전부 가능한 한 적게 투입에서 더 많은 효익을 얻을 수 있는 최적의 자원배치를 추구한다. 그들은 지렛대효과 leverage effect[11]를 최대한 활용해서 돈을 불리고 싶어 한다. 사고와 인식을 지지점으로 삼아서 최적의 조합으로 어떻게든 돈을 덜 들이면서도 최대한 많이 거둬들일 수 있기를 희망한다. 지렛대효과를 가장 효과적으로 사용한 사람으로는 투자의 신 워런 버핏을 들 수 있다.

버핏은 현대 경제경영 및 투자 분야를 대표하는 인물이다. 처음 투자를 시작했을 때 1만 달러도 채 되지 않았던 자본금이 2004년에 429억 달러까지 불어나면서, 버핏은 세계 부호 순위 2위에 올랐다. 이후 〈포브스〉가 발표하는 미국 슈퍼리치 100명 중 상위 열 명에 항상 이름을 올린 사람은 그가 유일하다.

버핏은 창업과 경영을 통해 그렇게 커다란 부를 만들어낸 것이 아니었다. 그가 큰 부를 거머쥘 수 있었던 까닭은 최적의 자원 배분으로 지렛대효과를 충분히 이용했기 때문이다. 그는 최소 투자로 최대 효과를 얻을 수 있기를 기대하면서 다른 경영자가 관리하는 기업의 주식을 샀다. 그의 투자 방식을 모방한 다른 투자자들 역시 꽤 효과를 거두어 백만장자, 천만장자가 된 경우도 많다.

물론 투자든 경영이든 무조건 비용을 최소한으로 할 수는 없으며, 그렇게 한다고 해도 기대한 효과를 얻을지는 확실치 않다. 정리하자면 기업의 성장에 가장 적합한 자원배치와 현실에 부합하는 경영모

---

[11] 타인의 자본을 지렛대처럼 이용하여 수익률을 높이는 효과

델을 선택하는 방식이야말로 최대 효과를 얻어내는 방법이다. H&M은 이를 실행에 옮긴 대표적인 기업이다.

유명 패션 브랜드 H&M은 창업 초기에 자체 공장 없이 물량 전체를 거의 900개 업체에 맡겨 외주 제작했다. 그들은 남녀, 아동을 대상으로 트렌디한 옷과 악세서리, 화장품까지 팔았는데, 옷과 악세서리의 평균 판매가는 18달러에 불과했다. 경영진은 이 가격대를 고수해서 모든 소비자가 매년, 매 시즌 새로 출시되는 상품을 살 수 있기를 바랐다. H&M은 저가 판매 정책을 내걸면서 최대한 비용을 줄이는 데 집중했다. 비용을 최소화하기 위해 공들여 선발한 외주 업체들은 전 세계에서 가장 임금이 낮은 국가 21개에 분포되었다. H&M은 비용을 효율적으로 제어하는 법을 알고 제대로 구사해 꾸준히 저가 정책을 고수하면서도 수익을 53% 정도로 꾸준히 유지할 수 있었다. 이처럼 최소 비용으로 최대 효과를 전략 덕분에 H&M은 세계 각지로 뻗어 나가서 현재 14개 국가에 총 800여 개 지점을 운영하고 있다.

H&M의 성공은 운이 아니라 경영진과 직원들이 모두 회사의 발전을 위해 가장 적합한 경영모델을 찾은 결과다. H&M의 성공에서 우리는 최소 비용으로 최대 효과를 내는 것이야말로 자기 브랜드를 탄탄하게 다지고 성공으로 향하는 지름길임을 알 수 있다.

하버드 학생들은 학교에서 기업가치를 최대화하려면 최소 비용으로 최대 효과를 내는 방식을 취해야 한다고 배운다. 더 많은 경영자가 이를 바탕으로 한 재무 관리법을 익힌다면 기업 성장과 발전에 질적인 비약을 이룰 수 있다.

HARVARD
BUSINESS
LECTURE

## 47

# 모든 비용은 가치를 창조한다

이 복잡한 세상에서 솔루션을 찾으려면 네 단계를 거쳐야 한다.
목표 확정, 가장 효과적인 방법 찾기, 찾아낸 방법에 적합한 신기술 개발하기,
신기술을 현명하게 사용하기다.
• 빌 게이츠 •

---

성공하는 사업가는 자린고비다. 농담이 아니라, 세계의 유명한 사업가들을 보면 가지고 있는 부의 크기와 관계없이 실제로 그러하다. 그들은 돈 한 푼도 허투루 쓰지 않고, 무엇이든 꼼꼼하게 계산하며 마지막 한자리까지 따지고, 또 따진다. 이는 어쩌면 프로 경영자의 자세이자 본능일지도 모른다. 그들은 돈을 많이 벌든 적게 벌든 이러한 성향을 포기하려 들지 않는다. 혹시 누군가 경영자인 당신에게 '짜다고' 이야기한다면, 이는 곧 당신이 비용관리를 무척 잘하고 있다는 의미다. 아주 적은 돈이라도 높은 가치를 창조할 가능성이 있기 때문

이다.

역시 돈에 관해 철저했던 록펠러는 이렇게 말했다. "당신의 지갑에서 눈을 떼지 마라. 함부로 돈을 써버리지 말고, 타인이 당신을 인색하다고 말할까 봐 두려워하지 마라. 돈은 한 푼을 써서 두 푼을 만들 수 있을 때만 써야 한다." 그는 실제 생활도 그렇게 행동했다.

록펠러는 클리블랜드의 한 잡화점에서 주급 5달러를 받으며 일을 시작했다. 이후 한 석유채굴회사에 취직해 일했는데, 그가 맡은 일은 어린아이도 할 수 있을 정도로 단순한 것이었다. 그는 매일 공장을 돌면서 석유 저장 탱크에 자동용접이 잘 되고 있는지 확인했다. 석유 저장 탱크가 회전대 위로 올라가서 천천히 돌기 시작하면 용접액이 자동으로 똑똑 떨어지는데, 그렇게 뚜껑을 따라서 한 바퀴 돌면 용접이 끝난다.

매일 반복해서 이 작업을 주시하려니 너무나 지루했던 록펠러는 우연히 저장 탱크가 한 바퀴 도는 동안 떨어지는 용접액 방울을 세기 시작했다. 용접액은 매번 정확히 39방울씩 떨어졌다. 여기에 혹시 조금이라도 개선할 부분은 없는 걸까? 용접액을 한두 방울이라도 적게 쓰면 비용을 줄일 수 있지 않을까? 그는 몇 차례 연구와 시도를 거쳐 용접액 38방울만으로 저장 탱크를 용접하는 방법을 찾아냈다. 단 한 방울을 절약했을 뿐이지만, 그 '한 방울'은 회사에 적지 않은 이윤을 남겼다.

후에 직접 창업한 록펠러는 자리 잡기까지 어려운 시기를 보냈다. 그는 그동안 모았던 돈이 곧 사라질지도 모른다는 생각에 정신을 가

다듬고 비용을 더 철저하게 관리했다. 가진 돈 한 푼, 한 푼이 전부 최대의 가치를 창조하도록 최선을 다했다.

록펠러는 꾸준히 돈을 관리하고 근검절약하면서 열심히 일해 석유산업에 뛰어들었다. 어느 정도 성공한 후에도 한 푼의 가치를 중요하게 생각했으며, 항상 흑자를 보아서 돈이 모이면 다시 투자하는 일을 반복했다. 그러자 사업은 점점 확장되고, 돈도 더 크게 불어났다.

약 30여 년에 걸친 근검절약과 효과적인 비용관리 덕분에 록펠러는 회사를 북미 3대 석유 기업 중 하나로 만들었다. 연 영업액은 1,100억 달러에 달했다.

부호가 된 후에도 록펠러는 근검절약을 포기하지 않았다. 한번은 그가 자주 가는 식당에서 식사한 후, 종업원에게 팁을 50센트 건넸다. 이전에는 항상 1달러 50센트씩 주었기에 종업원은 불만을 털어놓았다. "제가 손님처럼 돈이 많다면, 겨우 1달러에 인색하게 굴지 않겠습니다!" 그러자 록펠러는 미소 지으며 "그래서 당신은 아마 평생 식당 종업원으로 일할 겁니다."라고 말했다.

록펠러의 이야기에서 알 수 있듯이 아무리 적은 돈이라도 모두 그에 상응하는 가치가 있으며, 어쩌면 쉽게 발견할 수 없는 거대한 가치가 숨겨져 있을지도 모른다. 하버드 경영대학원의 재무관리 과정에서 비용관리는 상당히 중요한 부분을 차지하고 있다. 비용 최소화라는 원칙을 이해한 경영자만이 기업의 가치를 최대화할 수 있다.

비용관리는 기업 재무관리의 기초이자 핵심이다. 무슨 사업이든 비용이 이윤의 크기를 결정하므로 경영자는 비용지출을 조정하고 관리하는 방법을 제대로 알아야 최대의 결과를 도출할 수 있다. 단 한 푼의 가치를 알고 현명하게 쓰는 태도를 경영과 투자의 기본으로 삼아야만 더 많은 보상을 얻고, 더 커다란 부를 쌓을 수 있다.

HARVARD
BUSINESS
LECTURE

## 48

# 돈의 시간 가치를 계산하라

삶을 아끼지 않는 사람은 없다. 하지만 시간을 아끼지 않는 사람은 많다.
• 중국 문학가, 량스추 •

---

돈에도 시간 가치가 있다. 아마 은행 담보대출로 집이나 차를 구매한 적 있다면, 전체 상환 기간에 지불한 돈의 총합이 처음 은행에서 빌린 돈보다 많다는 걸 알 것이다. 이때 불어난 만큼의 돈이 이자다. 이자는 돈의 시간 가치를 반영하며, 이 가치는 시간이 흐르면서 점점 더 증가하다.

재무관리를 하든 투자를 하든 돈의 시간 가치를 무시해서는 안 된다. 그 양이 생각보다 커서 놀라는 경우가 꽤 있다. 예컨대 연이자가 1%일 때, 연초에는 100만 위안이었던 돈이 이자가 붙어 연말에는 101만 위안이 된다. 이 불어난 1만 위안이 원금 100만 위안의 '1년의 시간 가치'에 해당한다. 즉 만약 투자할 때 100만 위안을 투자해서 10만 위안의 수익을 기대했다면, 실제 수익은 11만 위안이어야 계획대로 되는 셈이다. 아무런 투자를 하지 않고 100만 위안을 은행에 넣어두기만 해도 1만 위안의 시간 가치를 얻을 수 있으니, 그만큼을 제해야 하기 때문이다.

사람들은 종종 돈의 시간 가치를 잊는다. 미국의 유명한 투자자 피터 린치는 "이번 주 혹은 다음 주의 시장과 주가 파동에 관심을 가져봤자 주의력만 분산될 뿐이다. 그보다 기업가치에 영향을 주는 요소에 더 관심을 가져야 한다."라고 말했다. 투자자가 돈의 시간 가치를 무시하는 태도는 그의 자금 관리 행위에 영향을 미친다. 이런 투자자는 감정에 따라 투자를 결정하고, 단기투자에 더 집중하는 경향을 보인다.

돈의 시간 가치에 대해 다음의 두 가지를 기억하자.

**1 | 즉시 소비를 포기하면 돈의 시간 가치를 보상으로 얻는다.**

돈을 투자에 사용하면 즉시 소비가 불가능해진다. 사람들은 미래에 더 많이 할 수 있기를 기대하며 즉시 소비를 포기하곤 한다.

**2 | 돈의 시간 가치는 시간이 흐를수록 증가한다.**

자본이득 capital gain [12]의 특성이 돈의 시간 가치를 부여한다. 이와 관련해서 버핏은 다음과 같이 말했다. "상장기업의 내재가치는 이 기업이 미래에 얼마만큼의 현금흐름cash flow의 할인가치를 생산할 수 있는가에 있다. 기업가치를 측정할 때는 미래의 현금흐름과 이자율 변동이 최종 계산 결과에 영향을 주는가를 확인해야 한다. 설령 정확하게 계산할 수 없더라도 투자 기준과 주가를 평가하는 합리적인 방법이 될 수 있다."

버핏은 예를 들어 더 자세히 설명했다. "이 문제는 대학 교육에 비유하면 더 쉽게 이해할 수 있다. 한 대학생의 '내재가치'를 평가하려면 먼저 경제적인 각도에서 그가 평생 얼마만큼의 돈을 벌 수 있는가를 예측한다. 이어서 여기에서 다시 만약 그가 대학에 가지 않고 평생 일해서 벌어들일 수 있는 수입을 제한다. 그 결과가 바로 그가 대학에 가서 얻은 '초과 수입'이다. 이제 적당한 이자율로 이 초과 수입에 현금할인을 진행하면 이 대학생이 졸업한 후에 대학 교육을 받아서 얻은 내재가치를 얻을 수 있다. 또 그의 '장부가액book value[13]'은 그가 대학 교육을 받기 위해 투입한 비용 및 대학에 들어갔기 때문에 포기해야만 했던 기회비용이다. 만약 그의 '내재가치'가 '장부가액'보다 낮으면 경제적인 각도에서 대학 입학이 가치 없는 행위이며, 반대라면 매우 현명한 선택이었다는 의미다."

내재가치를 평가할 때는 반드시 현금흐름할인법을 이용해야 장부가액과 비교할 수 있다. 주식의 경우 투자자는 미래 현금흐름에 대해 적정한 할인율로 할인해 구한 가치와 장부가액을 비교해야 주가를 평가할 수 있다.

---

12 원금의 가격 상승으로 발생하는 이익
13 장부에 기록된 자산 항목, 즉 자산, 부채, 자본 따위의 가격

어떻게 하면 돈의 시간 가치를 더 정확하게 계산할 수 있을까? 투자자 입장에서 돈의 시간 가치는 다음의 여러 방면으로 결정될 수 있다.

◆ 위험요소: 위험이 가져올 수 있는 손실
◆ 투자이윤율: 투자로 발생하는 이윤 및 손실
◆ 인플레이션 요소: 화폐의 가치 증가로 말미암은 손실

모든 창업 계획에서 수입과 지출을 정확하게 예측하려 하지만, 나중에 보면 거의 모든 예측이 부정확하다. 이는 사람들이 항상 돈의 시간 가치를 무시한다는 의미다. 창업뿐 아니라 투자를 결정할 때도 더 정확하게 예측하고 싶다면 반드시 돈의 시간 가치를 따지고 중요하게 생각해야 한다.

돈은 일정 시간 합리적으로 운용하면 가치가 증가하고 이익이 창출된다. 그 시간이 길어질수록 이윤도 높아지고 가치도 커진다. 이는 곧 현재 당신이 가진 돈이 몇 년 후에 더 큰 돈으로 불어날 수 있다는 의미다. 그러므로 몇 년 후에 가지게 될 돈을 현재가치로 환산하려면 반드시 할인을 거쳐야 한다. 좀 더 합리적이고 정확하게 투자하고 싶다면 돈의 시간 가치를 반드시 고려해야 한다!

HARVARD
BUSINESS
LECTURE

## 49

# 돈이 멈추는 순간, 위기가 온다

성공한 사람이 보편적으로 준수하는 돈 버는 원칙은 지출이 수입을 넘지 않는 것이다.
지출이 수입을 초과하는 비정상적인 상황에서 돈을 버는 일은 당연히 불가능하다.
• 미국 건축가・하버드 교수, 토마스 쉬로퍼 •

    '현금흐름'이란 기업에서 일정한 시간 안에 이루어진 현금 유입과 유출을 가리킨다. 현금 유입은 노동 제공, 상품판매, 은행 대출, 고정자산 매각, 상장 등으로 현금을 얻는 일이고, 현금 유출은 임금, 대외투자, 고정자산 구축, 원자재 구매, 채무 상환 등으로 현금이 나가는 일을 의미한다. 일반적인 상황에서 기업의 현금흐름은 투자 활동, 재무 활동, 영업 활동에 따른 세 가지로 나뉜다.
    효익 방면에서 기업이 잘 돌아가려면 현금흐름이 좋아야 한다. 자금 균형에 문제가 생기거나 위기가 조성되는 이유는 이윤이 적거나 발전속도가 느려서라기보다는 대부분 현금흐름이 원활하지 않아서다. 기업이 마주하는 다양한 위기 중에 가장 돌발적이고 위험한 상황은 현금흐름이 끊어져서 생산을 계속할 수 있는 능력을 상실하는 일이다. 즉 기업의 선순환과 성장 발전의 관건은 바로 현금흐름이다.

경영자가 현금흐름을 꾸준히 원활하게 하는 능력을 갖추었다면 이 기업은 큰 문제를 겪을 일이 없을 것이다. 사실상 기업이 현금을 확보하는 능력은 이윤을 얻는 능력보다 더 중요하다. 고수익 기업이어도 일정한 기간 안에 적절한 현금흐름이 이루어지지 않아 기한 내 채무를 상환하지 못하는 일은 드물지 않다. 현금흐름이 끊기면 아무리 흑자 수준이 높고 업계에서 날고 기어도 곤경에 빠질 수밖에 없으며, 상황이 심각할 경우 파산 위기에 직면할 수 있다. 이런 이유로 현금흐름 제어 및 관리 강화는 거의 모든 기업이 가장 관심을 두는 일이다.

더 효율적으로 경영하고 싶다면 현금흐름을 제어해서 기업의 생사존망을 결정하는 전략적 능력을 높여야 한다. 경영자는 객관적인 지표에 따라 현금흐름을 제어 및 관리하고, 매우 상세한 현금흐름 관리제도를 건립해야 한다. 이렇게 해서 회사의 모든 현금 유입과 유출, 자금의 유동이 모두 매우 체계적인 프로세스와 제어 아래 이루어지도록 해야 한다.

경영자들은 반드시 이성적이고 합리적인 사고방식과 예리한 눈으로 시장 변화를 주시하고 끊임없이 새롭게 포지셔닝해야 한다. 또 현금흐름을 철저하게 관리함으로써 기업의 선순환과 발전의 공간을 확보하고 실력을 강화할 필요가 있다.

비즈니스 엘리트들은 현금흐름 유형을 구분하고 각각 반응하는 데 능하다. 경쟁형, 시즌형, 법규형, 기술형, 조세형 등 다양한 유형이 기업의 현금흐름 상황에 영향을 미친다. 기업을 경영하고 관리하는 사람이 이런 것들을 식별하는 능력을 갖추지 못한다면 기회가 찾아왔을 때, 적시에 적합한 자원을 투입하기 어렵다. 현금흐름 유형을 식별하고 과거와 현재의 현금흐름 정보를 확보해야만 정확하게 미래를 예측하고 상응하는 행동을 취해서 성공으로 나아갈 수 있다.

현금흐름은 기업 현금 유동성의 크기와 활동성으로 나타난다. 기업은 끊임없이 자금이 회전하고 생산경영주기를 순조롭게 완성해야만 진일보한 생산 및 발전 능력을 단련할 수 있다. 또 현금흐름에 대한 주주의 관심은 주가 변화에 여실히 드러나므로, 주가와 현금흐름은 서로 연관성이 있다. 이는 주주가 기업이 현금흐름을 창조하기를 바란다는 의미인 동시에 현금흐름이 주주의 마음속에 형성하는 기대를 반영한다.

## 50

### 이익이 있는 곳에 위험이 있다

나는 우리가 반드시 소프트웨어를 해야 한다고 생각합니다. 마이크로프로세서의 기능은 2년마다 배로 상승하고 있습니다. 그래서 나는 스스로 물어봐야 했습니다. 여기에 굳이 뛰어들 필요가 있을까? 지금 부족한 것은 무얼까? 무엇 때문에 컴퓨터의 모든 기능을 사용하지 못하고 있나? 그건 바로 소프트웨어입니다!

· 빌 게이츠 ·

"이익이 있는 곳에 위험이 있고, 이익이 큰 곳일수록 위험도 크다." 대다수 사업가는 모두 이 말이 무슨 뜻인지 정확하게 안다. 기업을 경영하면서 최대 이익을 원한다면 위험을 두려워해서는 안 된다. 반드시 위험을 정면으로 바라보며, 과감하고 현명하게 분석해서 상응하는 대책을 찾아야 한다. 모험한다고 꼭 성공하는 건 아니지만, 모험하지 않으면 절대 성공할 수 없다. 시도할 용기조차 없기 때문이다.

위험은 종종 초과 수익과 손을 잡고 함께 온다. 그래서 비즈니스는 시기가 관건이고, 모험과 신중함 사이의 전쟁이라 할 수 있다. 위험이 다가올 때, 사업가로서 당신은 좀 더 신중한 동시에 대담할 필요가 있다. 과감한 모험을 좋아하는 사람만이 기업을 이끌고 성공으로 걸어가는 법이다. 록펠러 역시 모험이 가득한 세상 속에서 남다른 배짱과 식견으로 성공을 거두었다.

1859년, 펜실베이니아 주 타이터스빌 Titusville에서 미국 최초의 유정 油井이 발견되었다. 당시 똑똑한 청년 사업가였던 록펠러는 위험도가 높기는 해도 석유산업이 꽤 전망 있다고 판단했다. 이후 그는 석유회사 앤드루스-플래글러 Andrews & Flagler의 주식을 사들이는 과정에서 비범한 모험심을 드러냈다.

록펠러는 매번 상대방보다 높은 가격을 써냈다. 그렇게 해서 처음에 500달러에서 시작한 가격은 5만 달러까지 올랐다. 록펠러와 경쟁자는 모두 속으로 이 가격이 앤드루스-플래글러의 실제 가치를 넘어섰다고 생각했지만, 물러서지 않았다. 특히 록펠러는 이 회사를 반드시 사겠다고 마음먹었다.

가격이 계속 올라 경쟁자가 72만 달러를 써내자, 록펠러는 조금도 주저하거나 의심 없이 72만 5,000달러를 써내어 마침내 승리를 거두었다. 당시 겨우 스물여섯 살이던 그는 과감한 모험심을 바탕으로 위험을 두려워하지 않고 기회를 거머쥐었다.

이후 록펠러의 스탠더드 오일 Standard Oil Company은 더 빠른 속도로 성장해 미국 정유 판매의 90%를 차지했다. 이렇게 거대한 성공을 거두었음에도 록펠러는 절대 모험을 포기하지 않았다.

19세기에 오하이오 주 리마 Lima 에서 커다란 유전이 발견되었는데, 이 유전에서는 탄소 함유량이 높은 저등급 원유인 사워 원유 Sour Crude Oil 가 났다. 당시 기술력으로는 이런 원유를 제대로 정제하기 어려웠기에 큰 가치가 없었다. 사워 원유의 가격은 배럴당 겨우 15센트에 불과했다. 이런 상황에서 오직 록펠러만이 언젠가는 정제 방식이 개발될 테고, 그렇게만 되면 그 가치가 상당하다고 생각했다. 그래서 그는 이 유전을 사기로 결정했다.

록펠러의 결정은 당시 이사회에서 대부분 이사의 반대에 부딪혔다. 하지만 그는 절대 포기하지 않고 위험이 클수록 더 큰 수익이 발생한다며 이사들을 설득했다. "끝까지 반대하면 나는 여러분이 말하는 위험을 무릅쓰고 사비로라도 이 유전을 사려고 합니다. 만약 필요하다면 200만, 300만 달러까지도 반드시 내겠습니다." 록펠러는 계속 고집을 부리며 이사회가 동의하도록 압박해서 마침내 유전을 샀다. 그리고 2년 후, 록펠러는 이 원유를 정제하는 방법을 찾았고, 한때 배럴당 15센트에 팔리던 사워 원유는 배럴당 1달러에 거래되기 시작했다.

나중에 스탠더드 오일은 아예 리마에 세계 최대의 정유공장을 세워 거액을 벌어들였다. 록펠러는 탁월한 식견과 두둑한 배짱으로 반대표를 던졌던 이사들을 압박했다. 그들은 위험을 두려워하지 않는 록펠러와 그의 모험심에 탄복했다.

사업하면서 록펠러처럼 모험하지 않으면 기회는 타인의 손에 들어간다. 위험은 수익과 함께 오며, 큰 위험일수록 더 좋은 기회가 숨어 있고 더 커다란 가치를 얻을 수 있다. 하버드 경영대학원 투자 수업의 주제 중 하나는 "위험을 두려워하지 말라. 대신 더 많은 수익으로 보상해달라고 요구하라!"다. 사실상 이 말은 위험을 마주하는 가장 좋은 방식이다.

대다수 투자자는 일정한 위험 수준에서 최대한의 보상을 얻고자 애를 쓰는 동시에 일정한 기대 보상 수준에서 위험을 최소화하려고 한다. 이 역시 재무관리 작업의 기본원칙 중 하나다. 성공한 프로 투자자가 되고 싶다면 항상 이 원칙을 잊지 말며, 상대적으로 위험이 가장 작으면서 수익은 가장 큰 것을 찾아 투자해야 한다.

HARVARD BUSINESS LECTURE

· 일곱 번째 수업 ·

# PERSONAL CONNECTIONS
## 인맥

## 맨손으로 꼭대기에 오르는 방법

•

사회 발전과 시대 변화에 따라 인간관계를 다루는 사교 능력은 그 사람의 성공 여부를 가르는 중요한 요소로 자리 잡았다. 기업경영 분야에서 자랑스러워할 만한 성취를 거두고 싶다면 일정한 원칙을 바탕으로 광범위한 인맥 자원을 확보해야 한다. 하버드 학생들은 재학 시절, 꾸준히 인맥 관리 방면의 지식을 교육받는다. 덕분에 인맥 자원을 수집하고 공고히 하는 일이 지식을 쌓는 일보다 더 중요하다는 걸 잘 알고 있다. 그들의 눈에 인맥 자원 확보는 금맥을 캐는 것과 같다.

HARVARD
BUSINESS
LECTURE

# 51

# 인맥 경영의 시대

한 사람의 성공은 15%의 전문기술과 85%의 인간관계 및 처세술이 만들어낸 결과다.
비교하자면 전문기술은 하드 스킬이고, 인간관계를 잘 처리하는 사교술은
소프트 스킬이다.
• 미국 현대 성인교육의 아버지, 데일 카네기 •

 

일상의 사교는 모두 인적 네트워크를 확대하기 위한 행위다. 아무리 대단한 지식을 갖추고 부를 쌓은 사람이라도 자기만의 인적 네트워크, 즉 인맥 자원이 없다면 성공한 사람이라고 할 수 없다. 인맥의 사전적 정의는 '인간관계를 통해 형성된 사람들의 유대 관계'다. 특히 정치나 비즈니스 영역에서 사교를 통한 인맥 자원은 없어서는 안 되는 요소이며, 사실상 어떤 직업이든 외부의 도움이나 타인과의 소통 없다면 제대로 하기 어렵다. 특히 직장인이나 사업가에게 사교를

통해 형성한 인맥 자원은 더할 나위 없이 중요하다. 하버드에서 인맥 확대는 지식 확충보다 더 중요한 일이다. 지식이 있다면 객관적, 과학적 측면에서 부를 쌓을 수 있지만, 인맥이 있으면 호랑이에 날개를 단 것처럼 자기 사업을 높이 날게 할 수 있다. 인맥 자원은 평생 사용할 수 있는 무형의 잠재적 부라고 할 수 있다.

혈관이 육체의 생명을 유지하는 시스템이라면, 인맥은 사회적 생명을 유지하는 시스템이다. 중국에는 "울타리 하나를 세우려면 말뚝 세 개가 필요하다", "한 사람은 나무를, 두 사람은 숲을, 세 사람은 삼림을 이룬다"라는 말이 있다. 모두 성공하려면 인맥 자원이 탄탄하게 뒷받침해야 한다는 의미다.

인맥은 고차원의 자원이자 일종의 기능이다. 당신이 아무리 박학다식하고 똑똑해도, 혼자 잘난 맛에 살면 사회와 점점 더 어긋날 뿐이다. 일반적으로 한 사람의 성공 여부를 가늠할 때는 일을 통해 얻은 이익의 크기, 그리고 그 과정에서 쌓은 경험을 본다. 하지만 그보다 더 중요한 요소는 그의 인간관계가 얼마나 넓은가, 어떠한 품질의 인맥 자원을 확보했는가다. 학교에 다닐 때는 인맥 자원의 중요성이 크게 보이지 않지만, 사회에 발을 들이는 순간, 취직했든 창업을 했든 금세 이것이 얼마나 중요한지 깨닫게 된다. 인맥은 당신의 일과 사업에 생각보다 크게 작용한다. 심지어 당신이 일터를 떠나더라도 인맥 자원은 여전히 작용해서 이후의 행보에 중요한 자산이 될 것이다.

하버드 학생들은 모두 사교와 인맥의 중요성을 잘 알고 있다. 그들은 사교 기술의 연마가 지식 습득보다 더 중요하다고 생각한다. 다음 빌 게이츠의 사례를 보자.

사람들은 빌 게이츠가 시대의 발전과 시장의 변화를 알아차리고 적시에 사업을 펼친 덕에 세계 최고의 부자가 되었다고 생각한다. 그렇다면 그는 어떻게 시대의 발전과 시장의 변화를 알아차릴 수 있었을까? 정답은 그가 '인맥'을 잘 활용했기 때문이었다. 그의 전문지식은 자타가 공인할 정도로 최고지만, 넓은 인맥 자원이 없었다면 지금과 같은 휘황찬란한 성공을 거두지는 못했을 것이다.

빌 게이츠는 창업 초기부터 줄곧 다음과 같이 자신의 인맥 자원을 '경영'했다.

첫째, 가족의 인맥 자원을 동원했다.

빌 게이츠는 스무 살에 처음 사업 계약을 성사시켰다. 그것도 당시 전 세계 최대 컴퓨터 기업인 IBM과 말이다. 대학생 신분으로 인맥 자원 따위는 없었던 그가 이런 '고래'를 낚을 수 있었던 데는 어머니의 도움이 컸다. 빌 게이츠는 IBM 이사회의 이사였던 어머니의 소개로 IBM의 주요 인물들을 알게 되었다. 만약 어머니의 인맥 자원을 잘 이용하지 못했다면, 이 첫 번째 계약은 존재하지도 않았을 것이다. 물론 지금처럼 수백억 달러의 개인 자산을 보유한 성공한 사업가가 될 수도 없었다.

둘째, 동업자의 인맥 자원을 이용했다.

빌 게이츠에게 폴 앨런 Paul Allen과 스티브 발머 Steve Ballmer라는 중요한 동료가 있었다는 사실은 잘 알려져 있다. 그들은 MS의 성공을 위해 좋은 두뇌를 제공했을 뿐 아니라 가지고 있는 인맥 자원을 모두 동원해서 빌 게이츠를 지원했다.

셋째, 외국 친구의 도움으로 해외 시장을 개척했다.

빌 게이츠에게는 아주 친한 일본인 친구 히코니시彦西가 있었다. 히코니시는 늘 빌 게이츠에게 일본 시장과 소비자의 특성을 이야기해주었고, 일본에서의 첫 프로젝트를 제안했다. 빌 게이츠는 히코니시의 도움과 지원 아래 순조롭게 일본 시장에 진출할 수 있었다.

넷째, 잠재력 있는 친구들과 함께 일했다.

이에 관해 빌 게이츠는 다음과 같이 말했다. "내 일에서 가장 좋아하는 부분은 인재를 선발하는 일입니다. 완전히 신뢰해서 중임을 맡길 수 있는 사람, 나와 함께 걱정을 나누어질 사람이 있는 사람이 있는 것은 무엇보다 중요합니다."

빌 게이츠의 인맥 자원 이용 사례에서 알 수 있듯이 사업을 하려면 단순히 지식만으로는 한참 부족하다. 인맥 자원이 없으면 아무리 열심히 일해도 가시밭길뿐이다. 인맥 확대에 주력하면서 주변의 인맥 자원을 발견하는 '인맥 경영'이야말로 당신의 비즈니스에 더 넓은 발전 공간을 제공할 것이다.

인맥 경영의 기본은 바른 태도를 유지하면서 사람을 대하는 것이다. 상대방을 거짓으로 대하거나 마음에도 없는 칭찬을 늘어놔봤자 금세 들통이 날뿐더러 오히려 역효과만 발생한다. 또 솔직 담백하게 대하는 동시에 조심스럽게 경계하는 태도를 잃지 않아야 한다. 비즈니스 환경에서의 사교는 캠퍼스에서 친구를 사귀는 것과는 전혀 다르니, 모든 관계가 천 갈래, 만 갈래로 제각각일 수 있음을 명심해야 한다. 인맥 자원으로 뿌리내리지 못하는 사교는 아무런 의미가 없는 공허한 행위에 불과하다. 인맥 자원을 창조하고 공고히 쌓는 일은 추운

날 홀로 눈밭을 걸어가는 것보다 힘들고 괴롭지만, 꼭 해야 하는 중요한 일이다. 다음은 인맥 자원을 풍부하게 만드는 몇 가지 방법이다.

### 1 | 사교 모임 참여하기

여가를 이용해서 다양한 취미 모임에 가입해 적극적으로 활동하거나 외부 조직에 가입하는 방식으로 인맥 자원을 확대하는 가장 효과적인 방법이다. 각종 스포츠클럽, 노래나 댄스 동호회, 그림 동호회, 사진 동아리 등등이 있다.

### 2 | 온라인 친구 사귀기

요즘에는 각종 온라인 플랫폼, 예컨대 SNS나 메시지 프로그램을 통해 다양한 사람을 만난다. 전문 분야, 업무, 흥미 등 다양한 주제로 사람을 만나고 이야기를 나눌 수 있으니 편리하다. 하지만 이 방법은 간편한 만큼 위험도가 크므로 상대방을 너무 과하게 믿지 말고 신중하게 거짓말과 참말을 구분할 줄 알아야 한다.

### 3 | 학원 다니기

무엇을 배우든 학원에서는 적극적이고 진취적인 사람들을 많이 만날 수 있다. 이런 사람들과 친구가 되면 큰 도움이 될 수 있으니 수준이 높은 학원에서 다양한 사람을 만나보면 좋다.

### 4 | 여행 떠나기

시간과 경제 상황이 허락한다면 여행을 통해서도 새로운 친구를 사귈 수 있다. 단체 여행을 떠나거나 현지에서 다양한 단체 활동에 참여하는 방법도 좋다.

### 5 | 운동하기

예를 들어 헬스장은 친구 사귀기에 아주 좋은 곳이다. 건강을 다지고 업무 스트레스를 줄이는 동시에 재미있고 의기투합할 수 있는 친구를 사귈 수도 있다.

### 6 | 초대 수락하기

초대를 받으면 되도록 수락하자. 시간이 허락하는 한 최대한 많은 사람을 만날 수 있는 모임 혹은 활동에 참여하면 인맥 경영에 유리하다. 친구의 친구를 당신의 인맥 자원으로 만드는 좋은 기회가 될 것이다.

> 인맥 자원이 직접 부를 만들지는 않지만, 인맥 자원이 부족하면 부를 창조하기 어렵다. 전문지식이 풍부하고 멋진 입담을 보유했으며 아주 고매한 인격을 지녔어도 협상이나 거래에서 성공한다고 장담할 수 없다. 바로 이때, 아주 중요한 인물이 나타나서 당신을 돕거나, 대신 몇 마디 거들어준다면 생각보다 손쉽게 승리를 거둘 가능성이 생긴다. 이것이 바로 인맥 확대가 지식 확충보다 중요하다고 말하는 까닭이다.

## 52

# 인맥의 시작은 학교다

이른바 엘리트 사회는 사실 얽히고설킨 사교 관계망이다.
만약 당신이 이 사회에 녹아들고 싶다면 이런 네트워크를 건립하고
공고하게 하는 방법을 배워야 한다.
· 미국 심리학자·하버드 교수, 하워드 가드너 ·

교우 관계는 아주 친근한 관계 중 하나로, 인맥 자원에서 매우 중요한 위치를 차지한다. 경영계에서 하버드 동문이라는 타이틀은 아주 커다란 가치가 있다. 전 세계를 아우르는 최고 비즈니스 엘리트 사회가 곧 하버드 경영대학원의 동문회라고 해도 과언이 아닐 정도다.

하버드에서는 학생들뿐 아니라 교수들 역시 커다란 압박감을 느낀다고 한다. 그들은 언제나 최신의, 최고 수준의 내용을 세계에서 가장 명석하다고 할 수 있는 학생들에게 강의해야 하므로 각 분야 연구의 최전선에 서 있다. 하버드 교수들은 학생들과 같은 자세로 도전

과 혁신의 즐거움을 기꺼이 누리고자 하며, 서로 설득력 있는 교류와 소통을 진행하기를 희망한다. 이런 이유로 하버드 인맥에는 학교를 같이 다닌 동문뿐 아니라 교수들도 포함된다.

많은 사람이 인맥 경영이 사회에 진출한 후의 일이라고 생각하는데, 단언컨대 커다란 착각이다. 적어도 대학에 들어가서부터는 인맥 자원을 확충하는 데 심혈을 기울여야 한다. 일상, 학업……, 언제든지 곳곳에서 선생님, 선후배, 동급생, 심지어 잠시라도 자습실을 함께 쓴 낯선 이도 향후 당신의 비즈니스에 귀한 인맥 자원이 될 가능성이 있다.

그중에서도 함께 밤새며 공부한 동급생과의 관계는 순수해서 오래도록 견고한 우정으로 발전할 수 있다. 누구나 학창 시절에는 젊고, 복잡하게 생각하지 않으며, 열정으로 가득하다. 또 모두 인생과 미래에 낭만적인 이상으로 충만하다. 함께 열렬하게 논쟁하고 탐구하며 각자의 개성과 내면을 가감 없이 드러내고 종일 함께 하면서 서로의 성격, 취미, 관심사 등을 더 깊이 이해할 수 있다.

다음은 학창 시절에 만날 수 있는 인맥 자원들이다.

## 1 | 가장 무시되기 쉬운 인맥 자원: 교수와 동급생

캠퍼스에서 학생들이 가장 많이 접촉하는 사람은 역시 교수와 동급생이다. 사실 그들은 당신이 손만 뻗으면 얻을 수 있는 귀중한 인맥 자원이지만, 종종 아주 쉽게 무시되곤 한다. 알다시피 누구나 자기 인맥이 있다. 교수와 동급생의 인맥을 직접 가져다 쓰지는 못해도 평소에 좋은 감정을 잘 쌓아둔다면 당신이 어려움을 만났을 때, 그들은 자신의 인맥 자원을 동원해서 돕고자 할 것이다.

### 2 | 실습, 구직 시 유리한 인맥 자원: 선배와 동문

학교를 떠나 사회로 나갔을 때, 꽤 많은 사람이 당혹감을 느낀다. 순간적으로 사회가 너무 낯설고, 자신의 내일이 어떻게 흘러갈지 가늠할 수도 없다. 또 어떤 사람은 직장에 들어간 후, 예전의 친구들과 멀어진 느낌을 받는다. 사실은 전혀 그렇지 않다. 원래 사람은 사회에 들어가면서 점점 성숙해져서 인맥 자원을 비교적 쉽게 확충하는데 그중에서도 학창 시절의 선배나 동문은 모두 여전히 당신의 공고한 인맥 자원이다. 그들은 당신보다 먼저 사회에 들어갔기 때문에 당신에게 인턴이나 취업 기회를 제공할 수도 있고, 구직활동에 도움이 되는 실용적인 제안을 할 수도 있다. 이들은 당신보다 먼저 구직활동을 했고 직장에서 몸소 경쟁에 부딪히고 있으므로 꽤 큰 도움이 될 것이다.

인맥 경영은 교문을 나선 후가 아니라, 들어섰을 때부터 시작해야 하는 일이다. 학창 시절에는 최대한 많은 선배, 동문과 접촉하기 위해 다양한 기회를 활용하는 편이 좋다. 다른 친구들이 학생회에 관심이 없거나 동아리 활동이 무의미하다고 생각할 때, 당신은 그곳이야말로 인맥 경영의 '최적지'임을 기억해야 한다. 이외에 학교 동문 게시판이나 SNS 등에서도 다양한 사람을 만날 수 있다. 교수, 선후배, 동급생……, 누구든 캠퍼스에서 만나는 모든 이가 향후 당신의 비즈니스 성장과 발전에 커다란 도움을 줄 수 있다는 사실을 반드시 기억해야 한다.

HARVARD BUSINESS LECTURE

# 53

## 비주류 청년에서 미국 대통령으로

위대함은 저절로 주어진 것이 아니라, 쟁취하는 것입니다.
우리의 여정은 결코 지름길이나 작은 성과에 안주하는 길 중의 하나를
걸어온 것이 아니었습니다.

• 미국 제44대 대통령, 오바마 Barack Obama •

2008년 11월 4일은 버락 오바마에게 평소와 전혀 다른 하루였다. 미국 대선이 있었던 이날, 오바마는 마침내 승리해서 미국 역사상 첫 번째 흑인 대통령이 되었다. 대선 전에는 오바마를 아는 사람이 많지 않았지만, 대선 기간 내내 그는 대중의 큰 사랑을 받았다. 그는 이미 전 세계를 들썩이는 정치계 스타였다. 오바마는 인맥 자원의 중요성을 잘 아는 사람으로 사실 대선 전부터 자신의 인맥 자원을 이용해 나름의 세를 구축해왔다. 그는 대체 어떻게 미국 사회의 비주류에서 대통령의 자리에까지 올랐을까?

1961년 8월 4일, 버락 오바마는 하와이 호놀룰루 Honolulu에서 태어났다. 아버지 버락 오바마 시니어 Barack Obama Sr.는 케냐 서부 닌자 Nyanza주의 유목민 가정에서 태어난 순수 케냐 흑인이었다. 어머니 앤 더넘 Ann Dunham은 캔자스 주 위치타 Wichita 출신의 미국 백인이었다. 오바마는 어린 시절에 보았던 두 분의 모습을 1995년에 쓴 첫 저서에 이렇게 묘사했다. "나의 아버지는 주변 사람들과 확연히 달랐다. 그의 피부는 아스팔트처럼 검었고, 어머니의 피부는 우유처럼 하얗다."

부모님은 오바마가 채 세 살이 되기도 전에 이혼했다. 이후 부모가 각자 여러 차례 결혼하면서 오바마에게는 여섯 명의 이복 혹은 동복형제가 생겼다. 여섯 살이 되었을 때는 어머니를 따라 인도네시아 자카르타로 가서 남아시아의 뜨거운 파도 속에서 4년 동안 즐겁게 지냈다.

열 살이 되어서 미국으로 돌아온 오바마는 외조부모와 함께 생활했다. 그는 자서전에 이때의 자신에 관해 이렇게 썼다. "나는 10대 시절에 마약을 했다. 당시 나는 다른 흑인 청년들과 마찬가지로 삶의 의미를 찾지 못했다. 한동안 방탕한 생월을 보냈고, 수많은 어리석은 일을 저질렀다. 고등학생 시절, 나는 모든 선생님의 악몽이었고, 누구도 나를 어찌해야 할지 몰랐다."

고등학교에 들어간 오바마는 늘 말썽을 피우며 하루하루를 무의미하게 보냈다. 거의 매일 수업에 빠지고 마약에 취해 허송세월했다. 하지만 어머니는 아들의 미래를 위해 포기하지 않았다. 그녀는 매일 새벽 4시에 오바마를 깨워서 영어 통신교육 과정을 공부하게 했으며, 어떻게든 정신 차리게 해서 세상에 유용한 사람으로 거듭나기를 바랐다. 어머니는 아들이 스스로 옳고 그름을 판단하고, 주변 사람과 교류하도록 유도했으며, 매일 마틴 루터 킹 Martin Luther King 의 연설 녹음을 반복해서 들려주었다.

성인이 된 오바마는 어머니의 가르침에 따라 완전히 다른 사람이 되었다. 예전에 그림자처럼 따라다니던 자기 비하는 완전히 사라지고, 자신감이 그 자리를 채웠다. 자신감이 커지자 숨어 있던 능력과 열정이 솟아나기 시작했다. 이때부터 오바마는 자기 주변에서 이용할 수 있는 모든 인맥을 동원해 성공으로 향하는 길을 닦기 시작했다.

오바마는 1985년부터 사회운동에 투신해 시카고 빈민가에서 주민들의 주거와 교육 환경을 개선하는 데 헌신했다. 몇 년 후, 하버드 로스쿨에 입학해 학업에 매진한 그는 졸업 1년 전에 최고 권위의 로스쿨 학술지 〈하버드 로 리뷰 Harvard Law Review〉의 편집장으로 발탁되었다. 이는 하버드 로스쿨의 날고 기는 인재들 1,600명 중 단 한 명만 누릴 수 있는 최고의 영예였다. 〈하버드 로 리뷰〉의 104년 역사상 첫 흑인 편집장이 된 오바마는 이때 처음으로 전국적인 관심을 받았다. 1991년, 오바마는 법학박사 학위를 받고 우등으로 졸업했다.

오바마는 노력과 열정으로 자신을 증명했다. 피부색으로 말미암은 자괴감은 그를 무너뜨리지 못했으며, 오히려 성취하려는 욕망을 더 키워 법학박사, 교수, 주 의원, 상원의원에서부터 대통령까지 멈추지 않고 나아가게 했다.

오바마의 성공은 고난과 노력이 만들어낸 결과다. 멈추지 않고 끊임없이 나아가는 그의 강한 정신력은 누구나 탄복할 만큼 대단한 것이었다. 하버드에서 배운 지식은 오바마의 인생관, 가치관, 나아가 인생 전체에 영향을 미쳤다. 오바마의 인생은 역경을 거친 인재가 원하는 삶을 향해 멈추지 않고 나아가는 모습을 보여주었다.

대통령 선거 기간, 오바마는 대부분 미국인이 원하는 '변혁'을 강조하며 큰 반향을 일으켰다. 그의 '복잡한' 혈통이 미국 사회의 다원화 사조에 부합했다는 점도 꽤 크게 작용했다. 무엇보다 중요한 부분은 오바마가 사회 각 방면의 개혁 요구를 포용했다는 데 있다. 여기에 노력과 열정을 더해 오바마는 마침내 비주류 청년에서 미국 대통령의 자리에까지 올랐다.

오바마의 성공은 절대 쉽지 않았으며, 자기 각성과 가족의 도움에서 비롯되었다. 고개를 들고 당당하게 앞으로 나아가게 되었을 때, 그는 주변의 인맥 자원을 놓치지 않았으며 더 많이 노력해서 성공을 향해 달려갔다.

HARVARD
BUSINESS
LECTURE

54

## 인맥이 곧 그 사람의 가치다

한 사람의 가치는 그가 가진 재물이 아니라 어떠한 인맥을 가졌는가를 보아야 한다.
• 심리학자·하버드 의학대학원 졸업생, 줄리언 태플린 •

사람들은 뛰어난 능력을 발휘해 원하는 직장에서 열심히 일하고, 좋은 대우를 받아서 바라는 삶을 살고자 한다. 평범한 사람이 되기를 거부하는 자는 이미 평범함을 넘어섰다는 말이 있다. 맞는 말이다. 평범하게 살고 싶지 않다면 가진 인맥마저도 평범해서는 안 된다. 당신의 가치는 당신이 보유한 인맥 자원으로 결정될 수 있으니 평소에 어떤 사람과 접촉하는가가 인생의 각 방면의 변화에 직접적인 영향을 미친다.

기업 교육담당자들 사이에 '학력은 동메달, 능력은 은메달, 인맥은 금메달'이라는 말이 있다. 사회에서, 특히 일할 때 인맥이 그만큼 중요하므로 사교를 허투루 생각하지 말고, 인맥 경영에 성의를 다하라는 의미다.

출신이 어떻든, 어떠한 기회가 있든, 인맥이 당신의 가치에 매우 커다란 영향을 미친다는 사실을 기억하라. 사회가 끊임없이 발전하고 다원화하면서 사람들은 더 이상 평등한 사교를 원하지 않게 되었다. 조건을 따져가며 결혼하는 일도 비일비재하다. 사실 도덕적 측면을 배제하고 오직 성공학의 각도에서만 봤을 때, 이런 방식은 매우 효율적이다. 인맥 환경 최적화를 통해 성공에 더 가까이 다가설 수 있기 때문이다. 하지만 부유하거나 권력이 있는 대단한 집안에서 태어나지 못했고 부자와 결혼하지도 못했다면, 다음 방법이 있다. 바로 인맥 경영이다. 지금부터라도 '인맥 통장'에 차곡차곡 적합해서 인맥 자원을 개발하고 탄탄하게 관리해서 제 손으로 운명을 바꾸면 된다.

"서른 이전에는 일해서 돈을 벌고, 서른 이후에는 사교로 돈을 번다."라는 말이 있다. 아마 이미 숨이 막힐 정도로 치열한 경쟁을 겪어봤다면 인맥 자원 경쟁력이 얼마나 중요한지 인식했을 것이다. 지금 당신의 '인맥 통장'은 어떠한가? 당신은 얼마나 많은 인맥 자원을 보유했는가? 당신이 지닌 인맥의 가치가 곧 당신의 가치다. 지식과 기술이 날카로운 칼이라면, 인맥 자원은 비밀병기다. 일하면서 이 비밀병기를 효과적으로 사용한다면 성공과 발전에 어마어마한 작용을 일으킬 수도 있다.

어떤 사람들은 기자나 보험 설계사 같은 사람들에게나 인맥이 중요하다고 생각하지만, 절대 그렇지 않다. 물론 그런 분야에서 사교와 인맥의 중요성이 두드러지기는 하겠지만, 실제로는 어떠한 분야든 어떤 직책이 있든 누구도 사교를 통한 인맥 경영으로부터 멀어질 수는 없다. 지금 인맥 자원의 경쟁력은 모든 이에게 무엇보다 중요한 과제다.

커크 더글라스 Kirk Douglas 는 할리우드의 원로 배우이자, 유명 배우 마이클 더글라스 Michael Douglas 의 아버지다. 젊었을 때 그는 무척 가난했지만, 낯선 사람과 스스럼없이 어울리며 좋은 관계를 맺는 데 재주가 있었다. 한번은 기차에서 옆자리에 앉은 여성과 이야기를 나누었는데 이 짧은 대화는 커크 더글라스의 인생을 완전히 바꾸어놓았다. 며칠 후, 그는 한 영화제작사의 전화를 받고 성공적으로 데뷔했다. 알고 보니 기차 옆자리의 그 여성은 아주 유명한 제작자였다.

커크 더글라스의 이야기에서 우리는 아무리 재주가 좋고 뛰어나도 그것을 알아봐주는 사람을 만나야만 빛을 발할 수 있음을 알 수 있다. 인맥 자원은 비즈니스 성장과 발전의 추진장치로 작용할 수 있다. 누구나 힘들 때, '귀인'이 나타나서 멋지게 도와주기를 바란다. 이런 일이 실제로 발생하려면 평소에 성실하게 인맥을 경영에 매진해서 자신의 가치를 높이는 사교를 해야 한다. 가치 높은 사교활동을 한다면 당신의 가치는 자연히 오를 것이다.

수준 높은 사교, 양질의 인맥 자원은 당신이 성공으로 향하는 길 위에서 더 빠르게 걸을 수 있도록 돕는다. 당신을 위해 기회의 창문을 열어주고, 밝은 곳으로 안내해 더 크게 활약하도록 할 것이다. 또 성공에 도달하는 시간을 크게 단축하고, 당신을 더 높은 자리에 앉혀 먼 곳까지 한눈에 볼 수 있도록 한다.

> 하버드 학생들은 인맥 경영에 관한 주제를 탐구하며 사교와 부의 연관성을 토론한다. 그들은 훌륭한 인맥 자원이 곧 마르지 않는 부의 원천과 같다고 생각하며, 인맥 자원이야말로 비즈니스의 성장과 발전에 커다란 추진 작용을 한다고 믿어 의심치 않는다.

## 55

## 가난해도 부자의 줄에 서라

나는 내가 보유한 과학기술을
소크라테스와 함께 하는 오후와 바꿀 수 있기를 희망한다.
· 스티브 잡스 ·

부는 누구에게나 아주 매력적인 대상이다. 경제학자들은 사람을 '부유한 자'와 '가난한 자'로 구분하곤 하는데 이러한 구분은 부를 인류의 기본 속성으로 본 결과다. 부의 크기로 사람을 구분하는 사회에서 그것은 개인의 도덕 수준, 사회 지위, 정치 태도 및 사상, 정신에까지 모두 상당히 크게 작용한다.

그렇다면 '가난한 보통 사람'으로서 부의 크기로 계층을 나누는 이 세상에 어떻게 대처해야 할까? 가난한 사람들 속에서 '사람 위의 사람'이 되겠는가, 아니면 부자들의 울타리를 뚫고 들어가서 그들처럼 되기 위해 최선을 다하겠는가?

"가난한 개인은 대개 집안까지 가난하다. 그들은 빈자의 줄 가장 앞에 서서 평생 가난하게 사는 걸 원하지, 부자의 줄 꼬리에 서기를 원하지 않는다."《가난해도 부자의 줄에 서라》의 저자 테시마 유로手島佑郞가 한 말이다. 그는 이스라엘과 미국에서 유대인의 장사법, 경제관 등을 장장 30여 년이나 연구한 사람이다. 테시마 유로는 특유의 독특한 관점과 정곡을 찌르는 날카로운 어휘를 구사하는 강연으로도 아주 유명하다.

한번은 테시마 유로가 중국 모 대학에서 유대인 장사법 32개 지혜를 설명했다. 그런데 늦게 들어와서 앞 내용을 듣지 못한 한 사람이 손을 번쩍 들더니 유대인 장사법이 무엇이냐고 질문했다.

청중들은 수군거리며 그 사람을 비난했지만, 테시마 유로는 이렇게 말했다. "이렇게 하죠! 제가 설명하기 전에 여러분 모두 먼저 세 가지 질문에 대답해주시기 바랍니다." 그는 곧이어 질문을 시작했다.

"첫 번째 질문입니다. 유대인 두 명이 동시에 커다란 굴뚝을 청소했는데 그중 한 명은 몸에 재가 전혀 묻지 않고, 다른 한 명은 온몸에 재가 묻었습니다. 두 사람 중 누가 목욕을 했겠습니까?"

청중은 이구동성으로 "당연히 몸이 더러워진 사람이죠!"라고 대답했다.

"틀렸습니다! 목욕한 사람은 재가 묻지 않은 사람입니다." 테시마 유로는 아직 이해하지 못하는 청중에게 웃으며 설명했다. "온몸에 재가 묻은 사람은 상대방을 보고 자신도 그렇게 깨끗할 거라고 생각합니다. 반대로 재가 전혀 묻지 않은 사람은 상대방의 모습을 보고서 자기도 저렇게 더러워졌겠구나 싶어서 얼른 목욕하러 가겠죠!"

테시마 유로는 청중을 보면서 다시 질문했다.

"두 번째 질문입니다. 아까 그 유대인들이 며칠 후에 또 한 번 커다란 굴뚝을 청소하고 똑같은 상황을 마주했습니다. 이번에는 어느 쪽이 목욕하러 갔을까요?"

"깨끗한 사람이요!" 청중은 방금 테시마 유로가 한 설명을 토대로 입을 모아 대답했지만, 그는 다시 한번 고개를 저었다.

"또 틀렸습니다! 깨끗한 사람은 저번에 목욕하면서 자신이 그렇게 더러워지지 않은 걸 발견했죠. 반면에 온몸이 더러워진 사람은 상대방이 왜 목욕하러 갔는지 알게 되었고요. 그래서 이번에는 몸에 재가 묻어 더러워진 사람이 씻으러 갔습니다."

테시마 유로는 감탄하는 청중을 보고 미소를 지으며 다음 질문을 시작했다.

"세 번째 질문의 주인공도 그 두 유대인입니다. 얼마 후, 그들은 다시 커다란 굴뚝을 청소했어요. 이번에는 누가 목욕하러 갔을까요?"

"이번에는 몸이 더러워진 사람이에요!"

"아니, 이번에는 깨끗한 사람일 거예요!"

청중의 의견은 둘로 나누어졌다. 사실 어느 쪽을 선택하든 정확한 이유를 댈 수 있는 사람은 없었다. 대체 누가 목욕하러 갔다는 거야?

"여러분이 어느 쪽을 이야기하든 모두 틀렸습니다! 애초에 두 사람이 함께 같은 굴뚝에 떨어졌는데 한 사람은 깨끗하고, 다른 한 사람은 더러워진다는 게 말이 안 되지 않습니까!"

웃음소리와 웅성거림이 잦아지자 테시마 유로는 다시 이야기를 시작했다.

"이것이 바로 유대인의 장사법입니다. 여러분, 가난은 이를 뽑고 살을 찢는 고통이지만, 부유함은 자신감이 넘치고 당당한 자세입니다. 가난한 사람은 부자들이 이룬 성과를 부러워하지만, 부자들의 돈 버는 지혜에는 별로 신경 쓰지 않습니다. 누구나 가난을 벗어나 부유해지기를 동경합니다. 하지만 부유해질 수 있는 사상과 수단이 없다면 자기 위로를 위한 환상에 지나지 않습니다. 가난한 사람은 운명이나 팔자 탓만 하지 말고, 부자들의 줄 맨 끝에라도 서서 그들이 돈을 어떻게 바라보고, 어떻게 성공하는지 보고서 자기 것으로 만들어야 합니다. 그래야만 진정으로 부유해질 수 있습니다."

누구나 부자가 되고 싶은 꿈이 있고, 그럴 가능성도 충분히 있다. 지금 아무리 가난하더라도 부자가 되려는 꿈을 쉽게 포기해서는 안 된다. 설령 맨 끝자리라도 부자의 줄에 서서 그들 특유의 처세술과 일하는 방법을 흡수해야 한다. 또 주변의 부자들 속에서 기회를 제공하고 성공을 돕는 '귀인'을 만나는 것도 중요하다. 사실상 부자들 속으로 들어가고 실력을 인정받기만 해도 당신이 부자가 되는 날은 머지않다.

지금 당신이 어디에 서 있는가가 미래를 결정할 수도 있다. 가난한 사람으로 가난한 사람들 속에서 힘든 하루하루를 살고 있다면 얼른 생각을 바꾸어야 한다. 부자들 속에서 가장 뒤에 서야지 가난한 사람들 속에서 가장 앞에 서서는 안 된다. 당신의 성공, 부자의 꿈을 이루는 데 전혀 이로울 게 없다.

성공이 '복사 후 붙여넣기'로 되는 일은 아니지만, 돈을 벌거나 불리는 방법은 얼마든지 따라 할 수 있다. 《탈무드》에 이런 말이 있다. "늑대와 함께 생활하면 울부짖는 법을 배운다. 훌륭한 사람들과 자주 만나면 좋은 영향을 받으면서 자주 보고 들어 익숙해져서 자기도 모르게 그렇게 된다." 성공한 사람들 속으로 들어가면 인맥 경영에 유리해지는데, 이는 당신의 성공에 무척 중요한 일이다. 자신을 믿고 정확한 방향을 선택했다면 가난해도 부자 속에서 가난한 편이 낫다.

HARVARD BUSINESS LECTURE

· 여덟 번째 수업 ·

# HUMAN RESOURCES
인력자원

## 최고의 인재와 함께하라!

•

오직 개인의 역량으로만 탄생한 위대한 성공이란 없다. 현대 사회에서 고효율 조직을 구성하고 운영하는 일은 이미 비즈니스 목표를 달성하기 위한 첫 번째 관문이 되었다. 사업을 벌이고 기업을 경영하려면 먼저 혼자서 모든 일을 완성할 수 없다는 사실을 인정하고, 반드시 '용인(用人)', 즉 사람 쓰는 법을 익혀야 한다. 예리한 감각으로 타인의 장점을 발견하고 재능을 발휘할 수 있는 무대를 제공함으로써 그들이 당신과 회사를 위해 이익을 창출하도록 유도해야 한다. 마케팅 관리 측면에서도 인력자원의 작용은 절대 무시할 수 없으며 상당히 중요한 역할을 차지한다!

HARVARD
BUSINESS
LECTURE

## 56

# 원팀(one team)의 힘

혼자 하기보다 타인의 힘을 빌리면 훨씬 낫다는 걸 아는 순간,
한 단계 더 도약할 수 있다.
· 데일 카네기 ·

　진정한 의미의 성공을 거두고 싶다면 무엇이 가장 중요한지 정확하게 알아야 한다. 풍족한 돈, 똑똑한 머리, 넘치는 열정……, 물론 모두 중요한 요소다. 하지만 성공이라는 탑을 단단하게 쌓을 때 무엇보다 중요한 건 바로 사람이고, 조직이다. 무슨 일을 하든 어떤 사업을 펼치든 사람과 조직을 관리하는 일은 무엇보다 중요하고, 꼭 필요하다. 관리가 잘 된 조직은 비즈니스 기회를 발견하면 하나로 똘똘 뭉쳐 빠르게 목표를 향해 나아가 순조롭게 임무를 완성한다.

알리바바 Alibaba, 阿里巴巴가 거둔 성공에서 '18나한+八羅漢[14]'의 활약을 빼놓을 수는 없다. 수많은 기업이 창업 초기에 제대로 된 조직을 갖추지 못해 사업이 병목현상에 빠지거나 심지어 무너지지만, 마윈에게는 다행히 그들이 있었다.

마윈은 조직에 관해 다음과 같이 이야기했다. "조직의 핵심 부분은 어떠한 격려, 인정, 도움, 이해 따위는 없이 단지 압박만 있는 상태에서도 승리를 거둘 줄 알아야 합니다. 만약 타인의 칭찬이나 격려 덕분에 빛나게 되었다면 당신은 아무리 잘 되어봤자 전구에 불과합니다. 전구가 아니라 발전기가 되어서 타인을 빛나게 할 때, 당신은 조직의 핵심이 됩니다!"

지금은 혼자 힘으로 땅을 개척하고 일구어 성공할 수 있는 시대가 아니다. 노벨상 역사에서 첫 25년 동안 공동 수상은 41%에 불과했지만, 지금은 거의 80%에 육박한다. 이는 현대인들이 조직, 팀, 합작에 더 많이 주목하게 되었음을 의미한다. 농구 황제 마이클 조던 Michael Jordan은 시카고 불스 Chicago Bulls를 이끌고 여섯 차례나 NBA 우승컵을 들어 올렸다. 마이클 조던이 아무리 날고 기어도 팀이 하나 되지 않았다면 불가능한 일이었다. 중국의 IT 기업 롄샹 聯想, Lenovo Group은 해외 시장에서 경쟁업체와 대등하게 싸우기 위해 가장 먼저 조직을 정비했다. 또 억만장자 필립 그린 Philip Green은 조직을 탄탄하게 하나로 만든 덕분에 단 2년 만에 영국 경제계를 주름잡는 쟁쟁한 인물이 되었다.

---

14 마윈은 자신의 아파트에서 동료 17명과 함께 알리바바를 창립했다. '18나한'은 마윈을 포함한 18명의 알리바바 공동창업자를 일컫는 말이다.

영국 크로이던 Croydon에서 태어난 필립 그린은 열여섯 살에 기숙학교에서 나왔다. 그때부터 줄곧 일했기 때문에 그린은 정식 졸업장이 하나도 없다. 어렸을 때부터 자수성가하겠다는 열망이 강했던 데는 아마 부동산 사업을 하던 아버지의 영향이 컸던 거로 보인다. 그린은 타인의 지시를 받기를 싫어했기 때문에 반드시 자기 사업을 벌여서 성공하고자 했다. 학교를 떠난 후, 그는 가슴에 원대한 꿈과 은행에서 대출받은 2만 파운드를 품고서 소매업계에 뛰어들어 갖은 고생을 했다. 소매업에 대해 아는 것 하나 없던 이 천방지축 소년은 영국 역사상 가장 빠르게 많은 돈을 번 사람으로 기록되었다.

그린은 사람들의 비웃음을 받으며 다 무너져 가는 Bhs를 샀다. 약 70여 년의 역사가 있는 Bhs는 영국적인 색채가 아주 강한 생활용품점이었다. Bhs는 한때 영국의 5대 의류 소매점으로 직원이 1만 4,000명이나 있는 아주 잘나가는 상점이었지만, 그린이 넘겨받았을 때는 손실만 1,600만 파운드에 달하는 등 적자의 늪에 빠져 있었다. 1년 후, Bhs는 그린의 지휘 아래 정비를 완벽하게 마치고 기사회생했다. 마치 눈 한 번 깜박해서 돈나무를 흔들어서 돈이 우수수 떨어지게 한 것 같았다. 그린이 이끄는 Bhs 체인점은 2년 만에 1억 파운드라는 거액을 벌어들였다.

그린은 명실상부 '벼락부자'다. 그가 그렇게 빠르게 성공을 거둘 수 있었던 까닭은 자신이 무엇을 하고 싶은지, 그리고 고객이 무엇을 원하는지 정확히 알은 덕분이었다. 그린은 특유의 혜안과 뛰어난 판단력으로 어디에서 더 많은 이익을 얻을 수 있는지 포착했다. 이는 아무나 가질 수 없는 사업가로서의 '촉'이다. 이외에 그의 성공을 뒷받침한 다른 요소는 바로 탁월한 조직관리 능력이었다. 그는 무기력해진 조직을 재정비하고 위아래 모두 일심단결하게 했다. 그렇게 직위 고하를 막론하고 다 같이 노력한 덕분에 그린이 이끄는 Bhs는 영국 소매업 역사에 기적을 만들 수 있었다.

기러기는 보통 알파벳 V자 대형으로 비행한다. 과학자들의 연구에 따르면 이와 같은 '편대 비행'은 단독 비행보다 72%를 더 비행할 수 있다고 한다. 비단 기러기뿐 아니라 사람도 그렇다. 서로 대항하지 않고 합작하기만 해도 더 높이, 더 멀리, 게다가 더 빠르게 날 수 있다. 서로 손잡고 하나가 되어 일할 때 기업의 이윤이 끊임없이 상승한다. 이것이 바로 안정적으로 하나가 된 조직, 즉 '원팀 One Team'의 힘이다.

원팀은 인맥 경영 방면에서도 거대한 역량을 발휘한다. 한 집단 내 모든 구성원은 적어도 100개의 유의미한 관계가 있다는 연구 결과가 있다. 그래서 만약 당신이 속한 집단에 6명이 있다면, 이는 당신이 600개의 유의미한 관계를 얻을 수 있다는 뜻이 된다. 이 600명이 또 다른 100개의 유의미한 관계가 있다고 하면, 당신은 총 6만 개의 유의미한 관계와 접촉할 수 있다. 또 다른 연구 결과에 따르면 한 인맥 네트워크를 통해 접촉할 수 있는 유의미한 관계의 수는 네트워크 인원수의 제곱이다. 이에 따라 만약 당신이 아는 사람의 총수가 600명이라면, 이를 통해 만날 수 있는 사람은 600의 제곱수, 즉 36만 명이다. 하나가 된 조직의 역량은 이처럼 거대하다. 비즈니스라는 총성 없는 전쟁터에 뛰어든 사람은 원팀에 속해 있기만 해도 인맥 자원을 거대하게 키울 수 있다. 원팀이 개인에게 가져오는 이익은 무궁무진하다.

함께 노력해서 원팀을 만들고, 다 같이 힘을 합쳐 역량을 키우며, 협력해서 윈-윈을 추구하는 조직 문화는 기업이 정상적으로 돌아가기 위해 꼭 필요한 조건이다. 조직이 원팀으로서의 작용을 최대화하려면 반드시 공정성을 기초로 삼아야 한다. 직원들은 원팀 안에서 적극성과 창조성을 모두 발휘하며, 그래야만 조직뿐 아니라 개인의 이익도 보장된다. 더불어 원팀을 시간 소비를 줄이고 개인을 더욱 성장시켜 조직 전체가 효율적으로 운영되게 한다.

HARVARD BUSINESS LECTURE

## 57

# 모두가 장점을 발휘하게 하라

인재를 발굴할 줄 아는 관리자는 직원들이 역량을 최대한 발휘하게 한다.
직원이 능력을 선보일 무대를 제공해서 자신을 드러내게
하는 것이야말로 관리자의 지혜다.

• 경제학자·전 하버드 경영대학원 교수, 스티븐 C. 월라이트 •

훌륭한 관리자는 직원들의 장점을 알아보고 격려와 칭찬을 아끼지 않음으로써 그들이 역량을 남김없이 발휘하게 한다. 이는 당연히 기업에 더 많은 이익과 더 커다란 가치를 창조하는 방법이기도 하다. 타인의 장점을 발굴하는 능력은 관리자가 반드시 갖추어야 할 역량이다.

현대 경영학, 조직관리 이론에서 관리자는 직원의 두 가지 방면을 확인해야 한다. 하나는 '능력을 업무 성과로 전환할 수 있는가?'이고, 다른 하나는 '직원 개인의 능력과 장단점은 어떠한가?'이다. 결론부터 말하자면 관리자는 다소 결점이 있는 우수한 사람을 쓰되, 결점이 없으나 평범한 사람은 쓰지 말아야 한다. 사람을 쓸 때는 그의 단점보다 장점에 집중하고, 업무에 적합한지를 최우선으로 보아야 한다.

눈에 띄는 실적을 내지 못하는 직원이 있다고 하자. 어떤 관리자는 그를 열외로 두고 신경 쓰지 않으면서, 그의 많은 장점을 무시한다. 이 사람의 실적이 눈에 띄지 않은 까닭은 어쩌면 관리자가 그를 적합한 자리에 쓰지 않은 탓에 재능을 펼칠 기회와 동력이 없었기 때문일지도 모른다. 그러므로 관리자라면 항상 직원의 상황에 주목하고 장점이나 특기를 발견해서 최대한 적합한 위치에 두어야 한다. 그러면 직원은 잠재력을 발휘하고 성장해 가치를 키워 회사를 위해 더 많은 이익을 창조할 것이다.

또 이런 직원도 있다. 그는 일을 꽤 잘하는 편으로 자기가 관심 없는 일이라도 일단 맡기면 매우 훌륭히 해낸다. 하지만 이런 직원은 다른 회사에서 관심 있는 업무를 제시하거나 능력을 펼칠 플랫폼을 제공하면 바로 이직할 가능성이 매우 크다. 일 잘하는 직원을 허무하게 잃고 싶지 않다면 그가 좋아하고 잘하는 업무를 주어 지금보다 더 능력을 발휘하게 도와야 한다.

기업이 난관을 극복하고 더 많은 이익을 얻는 데 조직관리 능력의 중요성이 나날이 커지고 있다. 조직관리 능력 수준은 관리자가 자신과 타인의 장점을 발휘하게 하는 데 얼마나 탁월한가로 드러난다!

세계 최고의 부자라는 빌 게이츠의 창업 이야기에서 빼놓을 수 없는 사람이 바로 폴 애런이다. 그는 빌 게이츠와 함께 MS를 창업해 역시 억만장자가 되었다.

    게이츠와 그보다 두 살 많은 애런은 1968년 레이크사이드 스쿨에서 처음 만났다. 애런은 어렸을 때부터 독서광으로 다양한 분야의 지식을 섭렵했다. 게이츠는 애런의 박학다식함에 탄복했고, 애런은 컴퓨터에 대해 모르는 게 없는 게이츠를 부러워했다. 금세 좋은 친구가 된 두 사람은 함께 창업해서 소프트웨어 혁명을 일으켜 세상을 뒤흔들었다.

    MS 창업에는 애런의 영향이 컸다. 그는 소형 컴퓨터 연구개발 성공에 관한 기사가 실린 잡지를 들고 게이츠를 찾아가 이제 카드게임은 그만하고 제대로 된 사업을 하라고 끊임없이 설득했다. 그가 친구의 장점을 알아보고 가장 적합한 일을 제시한 덕에 전 세계 소프트웨어 분야의 거인인 MS가 탄생할 수 있었다.

    빌 게이츠와 폴 애런의 이야기는 많은 관리자가 귀 기울여 들을 만하다. 경영자는 자신과 조직 구성원 개개인의 장점을 찾고, 그에 맞는 자리에 배치해서 능력을 발휘할 무대를 제공해야 한다. 이렇게 해야 성공으로 향하는 길 위에서 장점을 취하고 단점을 피하여 가장 효율적으로 기업을 끌고 갈 수 있다.

> 중국에 "소매가 긴 옷을 입으면 춤을 잘 춘다."라는 말이 있다. 조건이 좋으면 일하기 쉽다는 의미인데, 이는 타인의 힘을 빌려 나를 위해 쓰는 상황과도 일맥상통한다. 비즈니스 엘리트들에게 '조력'이란 외부의 힘뿐 아니라 직원의 지혜와 능력, 그리고 자신의 장점을 더해 업무를 더욱 완성도 있게 마무리하는 것을 의미한다.

## 58

## 칭찬하면 움직인다

적극성은 증오와 멸시가 아니라, 공감과 칭찬에서 생겨난다.
· 윌리엄 제임스 ·

기업 관리의 핵심은 사람이다. 어떠한 환경에서든 사람들은 모두 타인과 사회에 인정받고자 하는 욕구가 있다. 이러한 심리적 욕구가 만족을 얻으면 자신이 속한 단체 혹은 조직에 최대의 역량을 기꺼이 제공하려는 동력이 생겨난다. 그러므로 조직을 관리할 때는 절대 칭찬의 작용을 무시하면 안 된다. 단언컨대 칭찬으로 조직 내 모든 구성원의 적극성을 충분히 불러일으키기만 해도 효과적인 조직관리가 가능하다.

현대 경영학의 아버지 피터 드러커는 "한 사람이 조직을 이끄는 '유효성'은 그의 지능, 상상력, 지식 등과 큰 관련이 없다."라고 말했다. 여기에서 말하는 '유효성'이란 조직 구성원의 적극성을 불러일으킬 수 있는가에 관한 것이다. 적극성은 타고나는 것이라기보다 일종의 실무종합능력으로, 칭찬을 받으면 최대로 발휘되는 잠재력에 가깝다. 이 잠재력이 업무 습관으로 자리를 잡으면 효율이 올라가고 실적을 키우는 데 매우 유리해진다. 어쩌면 생각지도 못한 커다란 긍정적인 효과를 얻을 수도 있다.

미국 제너럴 일렉트릭 GE의 회장 겸 CEO였던 잭 웰치 Jack Welch는 하루 업무시간을 어떻게 배분하냐는 질문에 이렇게 대답했다. "전체 업무시간의 45%를 각급 직원들과 이야기를 나누는 데 씁니다. 대화를 통해서 그들의 현 상황을 이해하고 기분도 알아보죠. 20% 정도는 기업 전략 방면에서 각종 결정을 내리는 데 쓰고, 나머지 35%는 직원들과 현재의 프로세스를 토론하면서 개선해야 할 점을 이야기합니다."

그의 대답에서 알 수 있듯이 웰치는 직원들의 일과 생활에 관심을 두는 일을 가장 중요한 업무로 생각했다. 끊임없이 직원들과 소통하면서 그들의 감정변화를 이해하고, 그러한 감정변화가 생겨난 원인을 분석해서 곤경에서 벗어날 수 있도록 최대한 도왔다. 또 직원들이 성공을 거두거나 발전하면 함께 기쁨을 나누고 축하했다.

웰치는 칭찬과 격려의 중요성을 아는 사람이었다. 이를 통해 그는 직원들의 적극성을 북돋고, 자발적으로 조직에 충성하도록 유도했다. 칭찬을 받은 직원들은 자연스럽게 모든 열정을 업무에 쏟아부었다. 열심히 일하면 상사의 인정과 칭찬을 얻을 수 있으니, 최선을 다해 일했고 그에 따라 업무 효율 및 품질도 함께 향상되었다. 이처럼 관리자는 칭찬을 아끼지 않기만 해도 완벽하게 성공적으로 조직을 관리할 수 있다.

메리케이 Mary Kay 는 세계 최대의 화장품 방문판매 기업 중 하나다. 이 화장품 왕국을 세운 메리 케이 애시 Mary Kay Ash 는 탁월한 능력을 갖춘 경영자다. '여성의 삶을 풍요롭게'를 회사의 목표로 삼았으며, 이후 회사가 성장해서 세계로 뻗어 나가자 '전 세계 여성이 함께 누리는 사업'이라는 슬로건을 내걸었다. 메리 케이 애시의 주도 아래 그녀가 믿는 황금 법칙, 생활 우선이라는 경영 철학이 80만 뷰티 컨설턴트와 함께 전 세계로 빠르게 퍼져나갔다.

메리 케이 애시는 고객을 직접 만나는 뷰티 컨설턴트들과 적극적으로 소통하며, 일과 생활 방면에서 격려와 응원을 아끼지 않았다. 메리케이의 독특한 사업 구조에 따라 뷰티 컨설턴트들은 사실상 각각 소규모 기업의 경영자와 마찬가지였다. 메리 케이 애시는 끊임없는 격려와 물질 보상을 통해 더 많은 여성이 자존감과 자신감을 되찾게 도왔다. 한 잡지는 그녀에 대해 다음과 같이 썼다. "메리 케이 애시가 해방한 여성들은 여권운동가 글로리아 스타이넘 Gloria Steinem 이 해방한 수보다 훨씬 더 많다." 메리 케이 애시는 한 인터뷰에서 이렇게 말했다. "우리의 목표는 여성의 삶을 풍요롭게 만드는 것입니다. 모든 여성은 기회, 격려, 명예가 주어지면, 곧 날개를 펴고 높이 날 수 있습니다." 메리 케이 애시는 현재 세계에서 가장 성공한 여성 기업가로 최근 200년 동안 전 세계 기업계에서 가장 거대한 성공을 거둔 인물 20명 중 한 명으로 손꼽힌다.

메리 케이 애시는 꾸준한 소통과 칭찬, 격려를 통해서 조직 전체가 활기찬 분위기 속에서 능동적이고 효율적으로 움직이게 했다. 그녀의 칭찬은 항상 정신적인 것과 물질적인 것 두 가지를 모두 포함했다. 이처럼 관리자가 효과적인 방법으로 직원들을 칭찬하고 격려하면, 그들은 회사를 위해 더욱 충성스럽게 일한다. 스스로 열의를 북돋워서 포기하지 않고 끝까지 열정을 다하며, 회사를 위해 기꺼이 자신의 재능과 땀을 내놓고자 한다. 모든 최종 결과가 경영자의 몫이더라도, 그 과정에서 직원들은 심리적 만족 및 물질적 만족을 모두 얻는다. 이처럼 칭찬 하나로 경영자와 리더가 모두 원하는 이익을 얻을 수 있으니, 이야말로 진정한 윈-윈이라 하겠다.

칭찬과 격려는 사람의 마음속 깊은 곳에 있는 동력을 일으킬 수 있다. 누구나 타인으로부터 칭찬받기를 원한다. 그러므로 관리자는 반드시 칭찬과 격려 한마디로 직원들이 무한한 열정을 다하도록 유도해야 한다. 이를 통해 직원 개인의 가치를 실현하고 기업을 위해 더 많은 이익을 창출할 수 있다.

HARVARD
BUSINESS
LECTURE

## 59

# 상사를 관리하는 방법

지혜란 업무 외의 문제를 관리할 줄 아는가의 문제다.
• 윌리엄 제임스 •

---

부하직원들 눈에 능력 있고 일 잘하는 상사는 거의 신처럼 보인다. 명석한 두뇌에 넘치는 에너지, 샘솟는 아이디어, 추진력과 리더십까지 갖춘 상사들은 끊임없이 각종 지시를 내리며 조직을 진두지휘한다. 그런데 직원들도 상사를 '관리'해야 한다는 걸 알고 있는가? 부하직원으로서 상사 관리는 직장 생활의 지혜라 할 수 있다. 여기서 말하는 관리의 대상은 지능지수 IQ가 아니라, 감성지수 EQ다.

부하직원으로서 당신이 상사를 관리하는 목적은 그를 더 깊이 이해하고, 회사의 문화와 분위기를 익히기 위해서다. 그 첫 단계는 바로 친근한 교류와 존중을 기본으로 삼아 동등하게 대화를 나누며 상사의 업무 스타일을 파악하는 것이다. 예컨대 그가 일의 결과만 중요하게 생각하는 사람인지, 아니면 전체 프로세스의 디테일을 모두 알려는 사람인지 파악해야 한다. 전자라면 업무를 완성한 후에 결과를 간단히 정리해서 보고하면 된다. 보고서를 마치 장편 기록문처럼 썼다가는 일은 일대로 하고서 좋은 소리를 못 들을 가능성이 크다. 반대로 후자라면 몇 가지를 더 확인해야 한다. 예컨대 사전보고와 사후보고, 구두보고와 서면보고 중 어느 쪽을 더 선호하는지 등을 파악하고 그에 맞추면 된다.

업무 중 어떤 부분은 상사가 잘 모르거나 익숙하지 않을 수도 있다. 하지만 그는 이외의 다른 분야에서는 경험이 많고, 시야도 넓다. 각종 데이터와 수치에 예민해서 배후의 내용을 분석하는 데 탁월한 상사도 있고, 사회자원과 인맥 경영에 뛰어나서 업무에 효과적으로 활용하는 상사도 있다. 그렇다면 부하직원으로서 당신은 그들의 힘을 빌려 적극적으로 업무에 활용해야 한다. 당신의 업무를 지원할 사람 중에 상사도 포함시키는 것이다.

성공적인 상사 관리의 기본은 상호신뢰와 협조다. 열심히 한답시고 상사를 귀찮게 해서는 안 되며, 상사와 함께 각자의 장점을 발휘하며 윈-윈이라는 결과를 도출해야 한다. 세상에 완벽한 사람은 없다. 상사에게도 결점과 약점이 있을 수 있으니, 부하직원으로서 당신은 그의 가장 박약한 부분을 보호, 보완할 의무가 있다.

당연히 이것만으로 상사 관리의 목적을 달성했다고 할 수는 없다. 상사가 당신을 더 많이 주목하게 하려면 뭐니 뭐니 해도 '일을 잘해야' 한다. 부하직원은 상사가 더욱 효율적으로 업무를 완성하고 실적을 내도록 돕는 사람이다. 직원과 상사는 마치 서로 밀고 당겨주는 일종의 선순환 관계를 구축해야 한다. 상사를 고위직에서 멀어지게 훼방 놓는 게 아니라, 그가 계속 높은 자리로 올라가게 협조해야 당신에게도 승진 기회가 오고, 그래야 지금 상사의 자리에 당신이 앉을 수 있다. 일을 제대로 잘하려면 능동적인 자세로 상사의 생각이나 불만을 정확히 이해할 필요가 있다. 그를 위해 걱정거리를 없애고 문제를 해결해서 회사가 더 잘 돌아가게 만드는 데 일조해야 한다. 그러면 상사는 당신을 '일 잘하는 직원'으로 인정하고, 달리 볼 것이다.

일부 기업에는 명령에 복종하기를 강요하는 문화가 여전히 남아 있다. 이런 곳에서는 상사 관리가 불가능한 걸까? 그렇지 않다. 설령 반드시 복종해야 하더라도 상사 관리의 효과를 얻을 수 있는데, 그러려면 우선 '시키는 대로' 일을 해야 한다. 상사의 업무 스타일을 충분히 파악하고 주어진 업무를 해내라. 그러다 보면 그도 더 신중하게 결정하고, 부하직원과의 소통이나 지도를 강화해야 하는 걸 깨닫게 될 것이다. 무조건 복종을 강요했다가 한 번 문제가 발생해서 업무 실적에 악영향을 미치면, 그 자신이 관련 책임을 벗어날 수 없기 때문이다.

또 상사를 관리할 때는 절대 상사보다 앞에 서면 안 된다. 그와 일정한 거리를 유지하고 있다가 필요할 때 적시에 도움이나 피드백을 주어야 한다. 그들은 늘 부하직원의 칭찬으로 자신감을 보장받고자 한다는 걸 기억하자.

상사 관리는 당신의 직장 생활에 큰 도움이 될 것이다. 단지 상사를 잘 관리하기만 해도 효율적으로 업무를 해내고 상사의 눈에 들어 더 많은 기회를 얻을 수 있다. 그러면 더 광활한 발전 공간이 당신을 기다리고 있을 것이다.

부하직원으로서 당신은 상사를 관리하고 지지할 필요가 있다. 대부분 상사는 부하직원들의 칭찬과 인정, 존중을 갈망한다. 그들은 이를 통해 자신감을 키우고, 직원들 사이에서 지위를 공고하게 하며 위신을 세우고자 한다. 단순히 상사를 정확히 이해하고 그가 더 높은 곳으로 가도록 열심히 협조하는 것만으로도 직장에서 더 크게 발전할 수 있다!

HARVARD
BUSINESS
LECTURE

## 60

# 가장 우수한 사람이 아닌 가장 적합한 사람

인재 선발은 모집으로 끝나는 일이 아니다. 그의 장점을 정확히 알아보고,
재능을 충분히 발휘하게 도와야 한다.
• 빌 게이츠 •

    모든 관리자는 인재를 적재적소에 배치하는 일을 업무의 기본으로 삼아야 한다. 비즈니스 엘리트들은 가장 우수한 사람이 최대의 가치를 창조하는 사람이라고 생각하지 않는다. 대신 직원을 선발할 때 그가 업무 환경이나 업무 프로세스에 적합한 사람인가를 더 중요하게 본다. 조직에 가장 잘 맞는 사람만이 조직의 성장과 발전에 이바지할 수 있다고 여기기 때문이다.

    HP의 역사에서 빼놓을 수 없는 인물이 두 명 있는데 바로 전 CEO

칼리 피오리나와 마크 허드 Mark Hurd 다. 지금도 수많은 경영학도와 경영자들이 이 두 사람의 경영 스타일과 철학을 연구한다. 두 사람은 모두 HP의 발전에 혁혁한 공을 세웠지만, 사람을 쓰는 일에서는 방식이 확연히 달랐다. 피오리나는 1999년부터 2005년까지 HP의 CEO로 재직한 기간 내내 이사회로부터 새로운 인물을 쓰라는 압박을 받았지만, 고위급 경영진 몇 명만 영입하는 데 그쳤다. 그녀는 가장 뛰어난 재능에 탄탄한 경험까지 갖춘 사람만이 가장 좋은 인재라고 생각했다. 이에 관해 이사회는 불만이 많았다. 심지어 인도의 기업 컨설턴트로 이 시대 최고의 리더십 구루로 인정받는 램 차란 Ram Charan도 피오리나가 '사람도 제대로 못 뽑는다고' 비난했다.

컴팩 인수 후, HP의 판매액 중 31%를 PC 사업이 차지했다. 하지만 진짜 심각한 문제는 PC 사업이 흑자가 아니라는 사실이었다. 강력한 경쟁업체인 델 컴퓨터가 저비용이라는 강점을 내세워 저가 판매 정책을 고수했기 때문에, HP도 어떻게든 비용을 줄이는 것이 급선무였다. 알렉스 그루젠 Alex Gruzen은 피오리나가 큰 기대를 안고 발탁한 사람이었다. 피오리나는 이전에 컴팩에서 노트북PC 사업을 총괄한 그루젠이 PC 사업을 맡기에 가장 적합한 인물이라고 확신했다. 당시 HP의 PC 사업 총괄책임자가 해야 할 첫 번째 임무는 델의 고효율 공급라인을 제압할 방법을 찾고, 자사의 프로세스에서 문제를 개선하는 일이었다. 하지만 그루젠은 이 가장 중요한 일을 제대로 해내지 못했다. 소니와 컴팩에서 오랜 기간 많은 경험을 쌓았고 HP에서도 신형 노트북PC를 잇달아 내놓은 그였지만, 정작 해야 할 일을 하지 못한 것이다.

2005년에 CEO가 된 마크 허드는 우수한 경영진을 확보함으로써 HP가 다시 한번 비약하게 하는 데 성공했다. 허드는 전임자 피오리나와 달리 사람 쓰는 법을 잘 알고, 또 매우 중요하게 생각했다. 그는 우선 PC 사업 총괄책임자로 토드 브래들리 Todd Bradley를 영입했다. 브래들리는 개인 휴대 단말기 PDA 제조업체 팜 PALM의 전 CEO로 신중하고 효율적인 경영을 하는 사람이었다. HP의 PC 사업은 브래들리의 지휘 아래, '실패자'의 이미지를 벗고 다시 태어났다. 덕분에 HP에서 PC 사업을 담당하는 PSG Personal Systems Group는 기업 내 최대 사업 부문으로 성장해 총수입의 32%를 벌어들였다. 2006년 PSG는 12억 달러에 달하는 흑자를 냈는데, 당시 이 정도 흑자를 내는 기업은 애플 APPLE 밖에 없었다.

힘들게 영입에 성공한 랜디 모트 Randy Mott 역시 허드의 비밀병기였다. 원래 델 컴퓨터의 최고정보책임자 CIO였던 그는 HP로 이직한 후, 회사의 총비용을 10억 달러나 줄이는 성과를 올렸다. 또 허드는 관리 소프트웨어 개발업체 비네트 Vignette의 전 CEO인 토마스 호건 Thomas E. Hogan을 소프트웨어 및 솔루션 담당 총괄 부사장으로 영입했다. 소프트웨어 분야에서 24년의 경력이 있는 그는 허드가 기대한 대로 맡은 일을 훌륭히 해냈다. 이처럼 허드는 각 분야 엘리트들을 영입해 적재적소에 배치함으로써 HP에 활력을 불어넣는 데 성공했다.

피오리나와 허드는 모두 훌륭한 CEO지만, 택인擇人, 즉 사람을 고르는 데 있어서 완전히 달랐다. 피오리나는 가장 우수한 사람이 가장 적합한 사람이라고 생각했지만, 허드는 가장 적합한 사람이 가장 우수한 사람이라고 생각했다. 허드가 볼 때는 가장 우수한 사람이 꼭 최대 이익을 만들어내는 건 아니었다.

허드의 택인은 언제나 장기 업무 목표와 계획에 따라 이루어졌다. 이는 사실 꽤 어려운 일로 조금이라도 허술하거나 주관이 개입하면 분명히 오류가 발생한다. 쉽게 말해서 '적합하지 않은 사람을 적합하지 않은 자리에 두는' 일이 발생한다는 의미다. 이는 두 가지 양상으로 드러난다. 하나는 직원의 능력이 업무에 비해 뛰어난 상황이다. 이렇게 되면 직원은 전심전력으로 일하지 않으며 재능을 썩히고, 기업은 성과도 없이 인력자원 비용만 낭비한다. 다른 하나는 직원의 능력이 업무 수준에 못 미치는 상황이다. 이러면 업무 진행이 잘 안 될 뿐더러, 기업이 교육 및 훈련 비용을 대량 투입해야 한다.

이상 HP의 사례에서 기업경영에서 올바른 택인이란 가장 우수한 사람이 아니라 가장 적합한 사람을 고르는 것임을 알 수 있다. 경영자는 이 원칙을 반드시 지키며 사람을 써야 한다. 그래야만 직원이 자기 일에 집중해 업무 효율이 높아지고, 회사 각 부문이 조화롭게 맞물려 돌아가서 안정적으로 발전할 수 있다.

사람과 업무를 꼭 맞게 배치하는 일은 기업경영에서 매우 중요한 동시에 쉽지 않은 일이지만, 경영자가 반드시 해내야 하는 일이기도 하다. 인재를 고르거나 쓸 때는 어떤 사람이 어떤 업무에 가장 적합할까를 확실히 파악해야 한다. 그래야 그에게 일을 맡겼을 때 순조롭게 기대한 결과를 얻고, 더 커다란 이익을 얻을 수 있다.

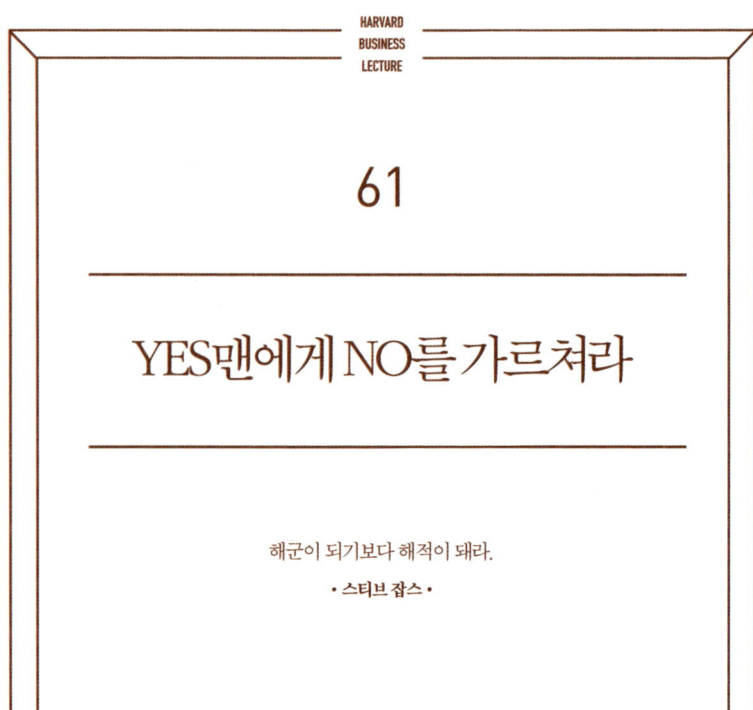

# 61

## YES맨에게 NO를 가르쳐라

해군이 되기보다 해적이 돼라.
• 스티브 잡스 •

상사의 지시에 무조건 'YES'를 외치면 더 높은 곳으로 올라갈 수 있다고 생각하는 사람이 많다. 어쩌면 실제로 과거의 직장에서는 이런 일이 종종 가능했는지도 모르겠다. 하지만 시대가 발전하면서 현대의 관리자들은 자신과 다른 관점을 제시하는 직원들을 더욱 중시하게 되었다. 다른 사람들이 감히 말하지 않는 각종 문제나 폐단을 언급하고 자기 의견을 내보임으로써 회사의 중대한 손실을 막거나 큰 위기를 피하게 돕기 때문이다.

현명한 관리자라면 업무 중에 무조건 고분고분하게 YES만 외치는 직원들이 NO라고 말할 수 있도록 가르쳐야 한다! 그들이 자기 생각, 견해 사고방식을 드러내고 당당하게 소통하면서 더 나은 길을 찾는 데 동참하도록 유도해야 한다. 무슨 말을 하든 맞장구치면서 윗사람에게 아부하는 태도는 시대 흐름에 맞지 않을뿐더러 일이 잘되게 하는 데 전혀 도움이 안 된다.

관리자로서 어떻게 하면 직원이 혁신적으로 사고하고 적극적으로 의사를 표현하게 유도할 수 있을까? 어떻게 하면 이전의 고분고분 순응하는 태도를 벗어나게 할까?

### 1 | 공사를 엄격하게 구분한다.

관리자는 공사를 분명하게 구분할 줄 알아야 한다. 일도 제대로 하지 않고 노력하지 않으면서 실력이 아니라 개인적인 친분이나 관계로 기회를 잡아 보려고 기웃대는 직원들을 엄하게 관리해야 한다.

### 2 | 업무 지시를 명확하게 내린다.

주견이 부족하고 대충 일하는 직원들에게는 업무를 최대한 명확하게 구체적으로 지시해야 한다. 이를 통해 그들의 업무 능력을 훈련하고, 자기 생각을 과감하게 표현하게 할 수 있다. 자신이 해야 할 임무를 정확히 하달 받은 직원들은 업무에 더 큰 열정을 보인다.

미국 저널리스트 프레드 무디 Fred Moody 는 빌 게이츠가 주최하는 상품개발 회의에 참석해달라는 요청을 받았다. 참관인 자격으로 회의장 한쪽에 앉은 그는 게이츠의 일거수일투족을 자세히 관찰했다. 놀

랍게도 게이츠는 회의 내내 감정을 고스란히 드러내면서 다소 거친 언사와 반응도 서슴지 않았다.

간단한 개발 현황 보고로 회의가 시작되었다. 딱 봐도 잔뜩 긴장한 엔지니어는 거의 스무 마디 정도 말했을 뿐이지만, 게이츠를 크게 화나게 했다. 이후 한 시간 넘게 게이츠는 수시로 날카롭게 소리를 지르고, 심지어 악을 쓰며 팔까지 마구 휘둘렀다. 다른 사람의 말을 자르고, 노골적으로 냉소적인 반응을 보였다. 비난과 조롱은 말할 것도 없고, 간간이 욕도 입 밖으로 튀어나왔다. 무디는 당시 상황을 이렇게 묘사했다. "그때 나는 상황이 이런데 왜 아무도 경찰을 부르지 않는 건지 궁금했다." 하지만 무디가 진짜 놀란 부분은 따로 있었다. 게이츠가 아무리 고약하게 굴어도 회의 참석자 중 누구 하나 물러서지 않고 맞서면서 끝까지 자기 의견을 이야기하고 설득하려고 한 점이다.

드디어 회의가 끝날 무렵, 게이츠는 조용히 의자에 앉아 몸을 앞뒤로 천천히 흔들면서 생각에 빠진 듯 보였다. 잠시 후, 그는 모두를 향해 이렇게 말했다. "들어보니 나쁘지 않네. 그럼 그렇게 하지." 프레드 무디는 이 회의에서 빌 게이츠의 '미친 짓'과 욕먹은 사람들의 '차분함'을 목격했다.

얼마 후, 게이츠가 무디에게 이메일을 보냈다. 사실 게이츠는 회의 전에 이미 안건에 관한 이메일 보고를 읽었다. 그런데도 회의 중에 그렇게 '반대 시위'를 벌인 이유는 아이디어 제안자를 공격함으로써 그가 정말 제대로 깊이 생각했는가, 확신이 있는가를 확인하고 싶었기 때문이었다.

기업에서 관리자가 직원의 실력과 쓰임을 판단하고 싶다면 그가 얼마나 '말을 잘 듣는가'가 아니라, 그가 다른 사람, 특히 상사 앞에서도 자기 관점을 끝까지 지키는가를 주의 깊게 보아야 한다. 좋은 관리자는 직원의 창의성에 주목하면서 YES만 외치는 직원들이 당당하게 NO라고 말할 수 있게 한다.

수준 높은 조직은 모든 구성원의 성장 및 발전을 위해 열정을 다해 일할 기회를 제공한다. 좋은 관리자는 직원들에게 목표와 임무를 명확하게 일러주고, 그들이 일을 완성하는 과정에서 자기 의견을 굳건히 밀고 나갈 수 있는 환경을 조성한다.

또 직원으로서 당신은 업무 실력을 탄탄하게 다지고, 논쟁을 해결하는 능력, 설득과 협상 실력을 키워야 한다. YES만 외친다고 상사에게 일 잘하는 능력 있는 직원으로 보일 리 없다. 상사는 오히려 능력도 없는데 줏대까지 없는 사람이라고 생각할 것이다. 더 높은 곳에 올라 광활한 발전 공간을 확보하고 싶다면 변화한 시대에 맞게 고효율을 추구하는 비즈니스 엘리트로 거듭나야 한다!

고분고분하게 YES만 말하는 사람에게 NO를 끌어낸다면, 조직의 수준이 한 단계 더 높아질 수 있다. 수준 높은 조직은 모든 사람이 결과를 책임지기 때문에, 지위 고하와 관계없이 모든 구성원이 발전을 저해하는 프로세스와 정책 요소를 인지하고 개선을 요구할 필요가 있다. 이러한 개방적인 교류 환경과 토론 과정들은 직원들 스스로 성장해서 조직을 질적으로 발전하게 하는 데 큰 도움이 된다. 관리자로서 당신은 이러한 사실을 직원들에게 전달해 그들이 발전을 저해하는 요소를 경계하게 할 의무가 있다.

## 62

# 차별 없는 MS의 인재 양성법

> 과거에는 능력 있는 직원 한 명이 평범한 직원 두 명 몫을 한다고 생각했지만, 지금은 적어도 쉰 명의 몫은 한다고 믿는다. 지금 나는 시간의 4분의 1을 능력 있는 직원을 찾는 데 쓰고 있다.
> • 스티브 잡스 •

    현대 기업들이 더 많은 이익을 얻고 더 크게 성공하려면 인재 없이는 불가능하다. 고위 경영진에서부터 말단 평사원까지 모든 직원은 아직 실력을 드러내지 않은 잠룡일 가능성이 크다. 어떤 의미에서 비즈니스 전쟁은 곧 인재 전쟁이고, 나날이 치열해지고 있다. 가뜩이나 자원이 넉넉지 않은 인재 쟁탈전은 이제 지역을 넘어 세계적인 범위로 확대되는 실정이다. 한 기업이 더 큰 성공을 거둘 수 있는가는 훌륭한 인재를 얼마나 확보했는가가 결정한다. 인재 하나만 제대로 써도 기업 전체에 매우 긍정적인 영향을 일으킬 수 있다.

인재 전쟁은 단순히 직원 수를 마구 늘리는 양적 확대로 승리할 수 없다. 기업의 성공은 직원의 수가 아니라 소질과 능력으로 빚어내는 결과다. 실제로 많은 기업이 원하는 인재상을 확립하고, 인재의 영입, 영성, 배치에 관한 전략적이고 체계적인 계획을 세우고 수행한다. 이를 통해 거대한 이익을 창출할 수 있기를 바라면서. 많은 경영자가 인재 경영의 중요성이나 그 관리 방식을 논리정연하게 말하지만, 현장에서 실효성은 떨어지는 편이다. 그 바람에 결국 일단 직원 수를 대거 늘려서 그중에서 옥석을 가려내는 방식을 취하는 경우가 많다. 이는 굉장히 저효율의 소모적인 행위다. MS는 이 문제를 인재 양성으로 해결한 기업이다.

초기에 MS는 무슨 일이든 빌 게이츠가 도맡아 했다. 하지만 규모가 점점 커지면서 이런 권한 및 책임 구조에 문제가 드러났고, 게이츠는 1980년대 말에 과감하게 개혁을 단행했다. MS는 우선 일반 직원과 관리직 사이의 경계를 없앴다. MS 경영진에게 학력이나 경력 따위는 크게 중요하지 않았다. 그들은 꿈을 향해 노력하고 도전하는 직원들은 누구라도 관리직이 될 수 있다고 격려하며, 이에 맞춰 제도를 개선했다. MS뿐 아니라 기업경영에서 인재 양성 시스템의 유무는 해당 기업의 발전 가능성을 결정하는 요소 중 하나다.

이에 관해 〈포브스〉는 "MS는 인재 양성 방면에 큰돈을 들여 직원의 능력을 키우고, 그들의 열정과 충성심을 얻어냈다. 현재 MS의 관리직 60% 이상이 하급 말단 직원에서부터 시작했다."라고 평가했다. 이처럼 MS의 인재 양성 시스템은 단순히 능력 있고 일 잘하는 직원을 길러냈을 뿐 아니라, 그들에게 애사심과 단체정신을 주입했다는 데 더 큰 의의가 있다.

MS의 인재 양성 시스템은 다른 기업들이 눈여겨볼 만하다. 이런 방식은 인재 경영 방면에서 전통적인 모델을 벗어나 다음의 두 가지 사고방식을 바탕으로 이루어진다.

### 1 | 과거의 협소한 인재 경영관에서 벗어난다.

관리자는 인재가 기업의 발전에 얼마나 큰 작용을 하는지 인식하고, 자신의 택인 및 용인 방식을 꾸준히 개선하면서 그 경로를 확대해야 한다. 능력이 뛰어난 직원인데도 관리자가 인재 경영 능력이 부족한 바람에 실력을 제대로 발휘하지 못하는 경우가 꽤 있다. 사회가 끊임없이 변화하고 발전함에 따라, 기업은 점점 더 많은 복잡 다변한 상황을 마주하게 될 것이다. 앞으로는 창의적 지성을 갖춘 복합형 인재가 더 많은 기업의 주목과 환영을 받을 전망이다.

### 2 | 내부의 기존 직원을 중시한다.

많은 경우, 대부분 기업이 외부에서 인재를 영입하는 데 골몰할 뿐, 내부에서 인재를 양성하는 데는 큰 관심이 없다. 중국에 "멀리서 온 스님이 불경을 잘 읽는다."라는 말이 있는데, 이 역시 비슷한 종류의 선입견이다. 앞서 소개한 MS의 인재 양성 시스템을 참고하기 바란다. MS처럼 기존 직원들이 능력과 에너지를 방출할 수 있는 환경을 만들고 개인의 성장과 발전을 적극적으로 돕는다면, 기업발전에도 크게 이바지할 것이다.

인재를 양성할 줄 아는 경영자야말로 멀리 보는 눈이 있다고 할 수 있다. 중국에 "낫을 간다고 땔나무 하는 일이 늦어지지는 않는다."라는 속담이 있다. 사전에 준비해두면 일을 더 순조롭고 효율적으로 할 수 있다는 의미다. 인재 경영도 마찬가지다. 평소에 인재 양성을 소홀히 하지 않아야 더 큰 성공을 거둘 기반을 다질 수 있다.

인재 하나만 제대로 써도 기업 전체에 매우 긍정적인 영향을 일으킬 수 있다. 기업 내부에서 인재를 양성해 수준 높은 조직으로 거듭나게 하면 더 큰 이익을 얻을 수 있다. 인재 경영에서 앞서가고 싶다면 외부 영입보다 내부에서 개인의 특성에 맞게 인재를 기르는 일을 소홀히 해서는 안 된다. 이렇게 해야 조직 안에서 모든 구성원이 잠재력을 최대한도로 발휘할 수 있다.

## 63

# 필요할 때는 이별도 해야 한다

능력이 부족한 직원을 발견하고 어쩔 수 없이 해고해야 할 때, 무척 고통스럽다.
하지만 이것이 바로 나의 일이다. 기준에 도달하지 않은 사람을
해고하는 일은 정말 싫지만, 어찌 되었든 해야 하는 일이다.
물론 아무리 해도 즐겁지 않다.
· 스티브 잡스 ·

'관리管理'라는 말은 '사람을 지휘 감독管'하고, '일을 다스린다理'라는 의미다. 이 중에서 사람을 지휘 감독하는 일은 인재 선발, 관리, 육성뿐 아니라 과감하게 '해고'하는 행위까지 모두 포함한다. 공정한 해고의 중요한 전제는 사람을 구분할 줄 아는 것이다. 관리자는 객관적이고 합리적인 기준에 근거해서 직원을 여러 등급으로 나누어야 하는데, 특히 하위 10%는 반드시 구분해야 한다. 상당히 힘든 일이지만, 또 반드시 마주해야 하는 중요한 일이기도 하다.

중국 영화 〈두라라 승진기 Go Lala Go!〉에서 하이룬은 사내 연애 문제

로 해고되었다. 그녀의 직속 상사이자 오랜 친구인 두라라가 너무 속상해하자 하이룬은 힘없이 말했다. "별수 있니? 잘라야 할 사람을 안 자르면 인사팀이 일을 안 하는 거니까……." 사실 하이룬의 말이 맞다. 관리자는 인재를 알아보고 잘 쓰기도 해야 하지만, 해고도 잘해야 한다. 이것이 그들의 일이고, 책임이다.

어떤 기업들은 절대 감봉이나 해고를 하지 않는다. 회사 전체가 어려운 상황에 놓였어도 마찬가지다. 기업의 사회적 책임 때문이라지만, 사실 기업경영의 측면에서 보면 대단히 잘못된 결정이다. 기업이 위기에 놓였는데 직원들이 그대로 남아있는 일은 옳지 않으며, 해고라는 수단으로 비용을 낮추는 결정은 크게 비난할 바가 못 된다. 그렇게 하지 않으면 직원 수가 과도하게 많아져서 간접적인 압박과 부담으로 작용하고, 끝내 기업을 무너뜨리는 원인 중 하나가 될 수 있기 때문이다. 다시 말해, 무조건 감봉이나 해고를 거부하는 행위는 기업과 직원 모두에게 좋은 일이 아니다. 이런 이유로 직원이 기업에 이익을 가져오는 데 도움이 되지 않는다면 해고하는 것도 관리자가 반드시 할 일이다. 이러한 구조조정을 통해 기업이 더 오래 건강하게 발전할 수 있도록 하는 것이 관리자의 책임이다. 잭 웰치도 GE의 조직 구조를 완전히 뒤집어엎어서 쇄신을 꾀했다.

잭 웰치는 1980년대 세계 최고의 CEO라 불리는 사람이다. 그는 GE를 맡은 초기 몇 년 동안 크게 세 방면에서 전대미문이라고 할 만한 대대적인 구조조정을 단행했다. 우선 웰치는 여러 사업 부문 중 해당 시장에서 우위가 없는 것들은 규모를 크게 줄였다. 시장 점유율이 높거나 업계 순위에서 수위를 다투는 사업만 남기고 나머지는 싹 없앴다. GE를 비롯한 미국 대기업들은 직원을 해고하지 않는다는 전통적 인식을 완전히 바꾸어놓은 강력하고 대담한 조처였다. 이를 통해 웰치는 12억 달러가량의 회사 자산을 매각하고, 대신 26억 달러에 달하는 다른 자산을 매입했다. 동시에 웰치는 총 41만 2,000명이던 전기 엔지니어를 22만 9,000명으로 대폭 줄였다. 마지막으로 그는 조직 구조를 더 간결하게 정리했다. 처음 웰치가 CEO로 취임했을 때, GE의 직급은 9~11개였지만, 10년 후에는 모든 사업 부문에서 4~5개로 줄어들었다.

웰치가 주도한 구조조정 후, GE는 남아있는 13개 사업 부문에서 연 영업액 130억 달러를 달성했다. 그중 가장 실적인 안 좋은 사업 부문도 연 영업액이 25억 달러를 넘었다.

웰치는 CEO로 재직한 20여 년 동안 자신의 목표를 하나씩 모두 실현했다. 그가 사업 규모를 축소하고 과감하게 직원을 해고한 덕분에 GE는 더 많은 성공을 거두었으며, 각 핵심사업은 모두 세계 시장에서 두각을 드러냈다. 〈포춘〉은 1980년대 미국 기업 리더에 관한 글에서 '그중에서도 가장 뛰어난 CEO는 역시 잭 웰치'라고 평가했다.

자기 기업이 오래도록 강력함을 잃지 않기를 바란다면 웰치처럼 해야 한다. 기업 내부에서 업무 성적이 가장 안 좋은 사람을 잘라내는 것만으로도 관료주의 발생을 막고, 효율을 높여 더 수준 높은 조직을 만들 수 있다. 하버드 출신의 비즈니스 엘리트들은 기업을 경영하면서 용인과 해고를 모두 이용해서 조직의 수준을 끊임없이 올리고 비약적으로 발전하게 한다. 기업 경영자로서 당신도 그들처럼 사람을 쓸 뿐 아니라, 과감하게 자를 수도 있어야 한다. 이 두 가지를 병용해야만, 진정한 인재들로 가득한 조직을 세울 수 있다. 이는 인력자원 방면에서 경영자가 반드시 실현해야 할 궁극의 목표다.

비용을 낮춰 이윤을 올리고 효율을 보장하고자 할 때, 해고를 통한 인원 감축은 가장 흔히 사용하는 방법이다. 가장 빠르게 인력자원 비용을 줄일 수 있기 때문이다. 하지만 부당한 해고는 오히려 이익을 감소하므로 해고대상자와 비대상자를 관리하는 기술이 꼭 필요하다. 이 역시 관리자의 업무로 다음의 몇 가지 사항에 주의해야 한다.

### 1 | 적극적으로 소통한다.

사전에 적극적으로 소통하고 교류함으로써 직원의 이해를 얻고 원망을 줄일 수 있다. 반대로 회피하는 태도는 해고대상자의 분노와 반발만 일으킬 것이다.

### 2 | 사실과 데이터로 이야기한다.

관리자는 해고 이유를 모호하게 둘러대지 말고 충분히 설명해야 한다. 예컨대 회사 상황이 좋지 않아서, 근무 태도가 나빠서…… 등을 이야기하고, 이를 뒷받침할 구체적인 사실과 데이터를 내놓는다.

### 3 | 직접 처리한다.

해고, 특히 대량 해고를 공지할 때는 관리자가 직접 말해야 한다. 일부 기업은 해고 통보를 인사팀에서 하게 한다. 하지만 대다수 직원은 그동안 중요한 일들을 모두 직속 상사와 이야기해왔다. 고용 관계가 끝나는 순간에도 관리자가 직접 회사의 결정을 전달해야 이후 진행에 더 유리할 수 있다.

### 4 | 지원 프로그램을 제공한다.

해고대상자들은 통보를 받으면 맨 먼저 "이제 뭐 하지?"라는 생각부터 들 것이다. 그들 중 금세 새로운 일을 찾는 사람은 지극히 소수에 불과하다. 실직 스트레스가 크고 감정이 요동칠 때, 회사가 그들에게 새로운 일이나 교육의 기회를 소개하는 지원 프로그램을 제공할 수 있다. 더불어 해고대상자와 비대상자 모두 기업이 자신을 물질 자원이 아니라 인재로서 존중하고 있다는 사실을 알게 해야 한다.

### 5 | 남은 직원들을 안심시킨다.

대량 해고는 남은 직원들의 감정에도 어느 정도 영향을 미친다. 언젠가는 내게도 그런 일이 생기지 않을까? 이제 업무가 바뀌거나 늘어나지 않을까? 언제 또 갑자기 해고할까? …… 이러한 마음가짐으로는 일에 집중하거나 회사를 위해 열정적으로 일하기 힘들다. 관리자는 남은 직원들을 잘 다독여 걱정과 부담을 없애야 한다.

HARVARD
BUSINESS
LECTURE

## 64

# 명확한 평가 기준 마련하기

수치를 광범위하게 사용하면 각 기업의 특성에 따라
확고한 정보 시스템을 만들어 운영 프로세스를 개선하고
교류와 관리를 강화할 수 있다. 이렇게 해야 효율이 크게 올라간다.
• 빌 게이츠 •

기업경영에서 점점 더 많은 관리자가 '평가 기준'의 중요성을 깨닫고 주목하고 있다. 이는 특히 이제 막 시작한 기업들에도 매우 중요한 내용이다. 알다시피 창업 초기에는 경영자를 괴롭히는 각종 요소가 너무나 많다. 엄청난 압박과 스트레스에 시달릴 때, 명확한 평가 기준이 있다면 기업의 성장과 발전을 저해하는 불필요한 문제들을 줄일 수 있다. 기업이 각 방면에 맞춤옷처럼 꼭 맞는 평가 기준을 세우면 영업실적까지 크게 향상할 것이다.

하버드 교수들은 학생들에게 사람이든 일이든 대하고 평가하는 적당한 기준이 있어야 한다고 강조한다. 이 기준을 기초로 삼아 잠재력을 최대한 발휘해야 비로소 최선을 다했다고 할 수 있다. 하버드 교문을 나선 비즈니스 엘리트들이 성공하는 까닭 역시 이런 생각을 기업경영에 반영하기 때문이다. 실제로 좋은 평가 기준을 세우는 일은 기업 각 부문을 관리하는 데 매우 효과적인 작용을 일으키며 끊임없이 영업실적을 향상해 회사에 더 커다란 이익을 가져온다.

기업에 고정적인 평가 기준이 없다면 이는 경영자가 기업 전략에 관한 계획을 세우지 않았으며, 어떻게 장기 경영 목표를 완성할지 명확하게 사고하지도 않았음을 의미한다. 평가 기준이 모호하면 직원들의 실적을 평가할 때 척도가 없으니 오류가 발생하고, 이런 일들이 기업발전에 불리하다는 건 의심할 바 없는 사실이다. 그렇다면 어떻게 해야 좋은 평가 기준을 건립해서 영업실적 향상이라는 목표를 달성할 수 있을까?

### 1 | 반드시 합리적이고 공정하게 한다.

합리성과 공정성은 평가 기준이 기대한 효과를 발휘하는 기초다. 결함이 존재하고 내부에서 공인받지 못한 평가 기준은 오히려 직원들의 적극성을 떨어뜨리므로 기업의 인력과 물력만 낭비한다.

### 2 | 상황에 맞게 다수의 평가 기준을 세운다.

오직 단 하나의 평가 기준을 일괄 적용한다면 각 사업 부문이나 부서의 특성을 반영하기 어렵다. 평가 결과에 오류가 발생할 뿐 아니라 내부에 반발이 생길 수도 있다. 그러므로 상황에 맞는 다수의 평가 기준을 마련해 종합적인 평가가 가능케 해야 한다.

### 3 | 영업 비용을 반영한다.

평가 기준에 영업 비용을 반영하는 일은 사실 그리 어렵지 않다. 통상 재무회계 부서에서 책임지지만, 영업 담당 관리자가 더 많이 주목할 필요가 있다. 실제 업무를 담당해서 비용 투입 상황에 대한 이해도가 더 높기 때문이다.

### 4 | 고객 피드백을 분석한다.

고객 반응은 영업실적을 효과적으로 평가하는 중요한 요소다. 판매부서는 고객과의 소통 및 상호활동을 통해서 그들의 문제를 해결하는 동시에 각종 정보를 파악해 평가 기준으로 삼을 수 있다.

명확한 평가 기준은 관리자가 직원들을 이해하고 영업실적을 늘리는 데 도움이 되고, 이를 통해 향후 발전 방향을 더 명확히 할 수 있다.

HARVARD BUSINESS LECTURE

· 아홉 번째 수업 ·

# INFORMATION
정보

## 시장의 소리를 듣다

●

무서운 속도로 변화하는 경제 환경 속에서 도태하지 않고 살아남으려면 각종 '필수품'을 반드시 챙겨야 한다. 그중에서도 '정보'는 자본만큼이나 중요하다고 해도 과언이 아니다. 단언컨대 비즈니스 기회는 정보 분석에서 비롯된다. 각종 정보에는 당신이 생각하지도 못한 비즈니스 가치가 숨어 있으니, 정보를 획득하고 분석해서 효율 면에서 불필요한 손실을 피해야 한다. 이는 비즈니스 엘리트라면 반드시 해내야 하는 과제다. 지금 누구보다 먼저 정보를 획득해서, 통찰력을 발휘해 분석을 시작하자. 비즈니스 기회는 부자들에게만 오는 것이 아니다. 돈을 벌 수 있는 정보를 기가 막히게 포착하고 손에 넣는 자의 것이다!

HARVARD BUSINESS LECTURE

## 65

# 정보가 이익과 손실을 만들어낸다

무시와 소홀이 만들어낸 화는 똑같다.
유용한 정보를 그냥 지나치는 사람들을 맞이하는 건 손실과 후회뿐이다.
• 빌 게이츠 •

지금처럼 고속으로 발전하는 정보의 시대에 비즈니스를 하려면 커다란 지혜가 하나 필요하다. 바로 경영자가 정보를 효과적으로 이용해서 비즈니스 명맥을 지켜나가는 지혜. 정보를 확보하면 투자 손실을 피하고, 문제 발생을 효율적으로 억제하며, 나아가 커다란 승리를 거둘 수 있다.

카펫 판매상인 벨기에인 반더위게 Vandeweghe 가 아랍 국가에 상품을 팔러 갔다. 하지만 아무리 열심히 판촉 활동을 벌여도 누구 하나 그의 카펫에 관심을 보이지 않았다. 속이 상한 반더위게는 가만히 앉아 있느니 뭐가 문제인지, 실패의 원인을 찾기로 했다. 현지인들의 생활과 문화를 죽 둘러본 그는 이슬람을 믿는 무슬림들이 매일 시간에 맞춰 땅에 무릎을 꿇고 성지 메카Mecca를 향해 기도드린다는 사실을 발견했다. 그 순간, 반더위게는 정신이 번쩍 들었다. 바로 이거야!

서둘러 비행기를 타고 벨기에로 돌아온 반더위게는 즉각 무슬림 소비자들에게 꼭 맞는 카펫, 바로 방향 지시 기능이 있는 휴대용 기도 카펫 개발에 착수했다. 사실 원리는 복잡하지 않았다. 가지고 다니기 좋은 크기의 카펫에 나침반처럼 바늘 하나를 넣었는데, 남북 방향이 아니라 단 하나의 방향, 바로 성지 메카 쪽만 가리키게 설계했다. 철저히 무슬림 소비자를 위한 카펫을 만들려는 의도였다. 매일 하루도 빠짐없이 기도하는 무슬림들은 이 카펫을 간편하게 들고 다니면서, 어디에서든 쉽게 메카를 향해 무릎을 꿇고 기도할 수 있었다!

반더위게의 예상은 적중했다. 그의 카펫은 아랍 시장에 발을 들이자마자 무슬림 소비자의 엄청난 호응을 불러일으켜 순식간에 완판되었다. 무슬림들은 이것이 그들에게 내려온 일종의 '성물'이라고 생각했다!

이처럼 반더위게는 일반 카펫에 몇 가지 가공과 장식을 추가해서 새로운 가치를 부여하고, 몸값을 배로 키워서 큰 성공을 거두었다.

만약 반더위게가 초기 실패에 낙담한 나머지, 현지 시장을 돌며 조사하지 않았다면 어떻게 되었을까? 운이 없다고 한탄하며 팔리지 않은 카펫을 싸들고 그냥 벨기에로 돌아왔을 가능성이 크다. 당연히 비즈니스 기회 따위는 있을 리 없다. 다행히 반더위게는 쉽게 포기하는 사람이 아니었다. 그는 예리한 눈으로 목표시장의 정보를 습득하고 파악해서 소비자의 니즈를 정확히 찾아냈다. 실제로 시장의 정보를 듣고, 포착하고, 적절하게 이용하기만 해도 어느 정도는 돈을 벌 수 있다. 이처럼 성공적인 정보 수집과 이용은 비즈니스 기회를 얻어 돈을 버는 데 유리할 뿐 아니라, 다가올 위기를 감지하고 예비하는 데도 큰 효과가 있다.

1865년 4월, 미국 남북전쟁이 곧 끝나갈 무렵이었다. 수년에 걸친 전쟁으로 미국 소비시장에서는 돼지고기 가격이 급등해 내려올 기미를 보이지 않았다. 당시 육류 유통사업을 하던 상인 필립 D. 아머Philip D. Armour는 시장 상황을 보고 곰곰이 생각했다. 전쟁이 끝나면 시장이 지금과는 완전히 달라질 거야. 그러니까 매일 전쟁 상황을 주목하고 있다가 변화가 생길 것 같으면 재빨리 대처해야 손실을 줄일 수 있어…….

아머는 매일 신문을 정독하고 라디오 방송을 귀 기울여 듣는 등 전쟁 상황에 촉각을 곤두세웠다. 그러던 어느 날, 그는 한 신문 기사를 읽고 전쟁이 곧 끝난다고 확신했다. 기사에 따르면 남부에서 한 굶주린 아이가 신부님을 찾아와 어디로 가면 빵을 구할 수 있냐고 물었다고 한다. 아이는 울면서 며칠을 굶었는데 아버지가 전쟁터에서 가져온 말고기는 도저히 먹을 수가 없다고 말했다.

그러니까 남부 사람들이 이제 말고기로 배를 채워야 할 정도로 힘든 상황이군……, 더 이상 버티기 힘들겠어! 전쟁이 끝나면 치솟았던 물가가 분명히 다시 내려올 거야. 아머는 자신의 판단을 믿고 가지고 있는 돼지고기 물량을 시세보다 20%나 저렴한 가격으로 팔기 시작했다. 업계 사람들은 아머가 자기 물건을 팔아서 남의 주머니를 불려준다고 비웃으면서, 아머가 싸게 파는 돼지고기를 나오는 대로 전부 사들였다. 덕분에 아머는 며칠 만에 창고를 싹 비웠다.

일주일 후, 남북전쟁이 마침내 끝났다. 동시에 아머의 예상대로 물가가 큰 폭으로 떨어졌는데, 특히 돼지고기는 그가 팔았던 가격보다 25%나 아래로 떨어졌다. 이제 업계에서 웃는 사람은 아머뿐이었다. 그를 비웃으면서 투기로 돈을 벌어보려던 업계 사람들은 모두 후회막급이었다.

전후 물가 폭락으로 업계가 처참한 손실의 소용돌이 속에 파묻혀 있을 때, 오직 아머만 온전히 살아남았다. 그것도 100만 달러나 벌어들이면서! 아머가 손에 넣은 이 거대한 이윤은 정보를 이용해 직접 만들어낸 것이었다. 후에 그는 자랑스럽게 말했다. "뉴스를 열심히 보고, 또 열심히 생각했죠. 만약 하루라도 머뭇거렸다면 100만 달러는 다른 사람들의 주머니로 들어갔을 겁니다. 사업을 하려면 첫째가 정보고, 둘째가 민첩성입니다!"

아머의 말은 '비즈니스는 전쟁'이란 말과 일맥상통한다. 자신의 비즈니스를 성공시키려면 정보를 얻을 뿐 아니라, 폭풍우가 휘몰아치기 전에 과감하고 민첩하게 움직여야 한다. 시장을 떠도는 수많은 정보 중에서도 핵심을 콕 집어내어 비즈니스 기회 혹은 잠재 위험을 포착한다면 이익을 얻거나 손실을 피해 기업의 안정적인 발전을 보장할 수 있다.

> 비즈니스의 핵심 목표는 고효율과 고수익이며, 이 두 가지의 기초는 바로 믿을 만하고 가치 있는 정보다. 매 순간 변화하는 정보의 시대에 유의미한 정보를 손에 넣으면 세상을 장악할 수 있다! 경영자로서 비즈니스에서 성공을 거두고 싶다면 기존의 사고방식을 벗어나 혁신적으로 사고해야 한다. 수많은 정보 중에서 자신에게 이익을 가져다줄 유용한 정보를 포착해야 경영 효율 면에서 불필요한 손실을 피할 수 있다.

HARVARD
BUSINESS
LECTURE

## 66

# 정보가 과할 때 해야 할 일

너무 끝의 끝까지 내다보려는 일은 잘못되었다.
운명 사슬의 고리는 한 번에 하나씩만 다룰 수 있다.
• 전 영국 수상, 윈스턴 처칠 •

정보가 종과 횡으로 마구 교차하는 세상에서 정보 획득은 곧 돈을 만드는 기회를 잡는 것과 같다. 융통성이 부족한 사람들은 정보가 무조건 많아야 좋다고 생각하지만, 지혜로운 비즈니스 엘리트들은 유용한 정보를 선별해서 이용하는 데 뛰어나다. 그들은 불필요한 정보로 두뇌 속 '내부 저장소'가 꽉 차면 정작 중요한 정보를 잊어서 득보다 실이 많다는 사실을 잘 알고 있다. 뛰어난 비즈니스 엘리트들의 잠재의식 속에는 성능이 아주 뛰어난 '정보 선별기'가 있다. 이 정보 선별기는 타고난 직감일 수도 있고, 후천적으로 훈련한 예민함일 수도 있다. 어느 쪽이든 그들은 이 정보 선별기를 열심히 가동해서 가장 가치 있는 정보를 찾아낸다. 이 시대 최고의 비즈니스 엘리트인 빌 게이츠의 머릿속에도 이런 정보 선별기가 하나 있는데, 바로 예리한 비즈니스 직감이다.

빌 게이츠가 거둔 성공은 알면 알수록 탄성이 나온다. 그는 뛰어난 판단력을 갖춘 비즈니스 엘리트로 다른 사람들이 컴퓨터 산업의 발전에만 주목할 때, 홀로 과학기술 발전 양상 전체를 두루 살피고 가장 먼저 맨 앞자리를 꿰찼다!

하버드 법학과에서 공부하던 게이츠는 우연히 본 친구의 사진 속에서 PC를 발견한 순간, 커다란 비즈니스 기회를 감지했다. PC 보급은 당시 사무실 안에 있던 무겁고 둔한 대형 컴퓨터가 대체될 거라는 의미였다. 머지않은 미래에 작고 가벼운 PC가 사무실 안 모든 책상 위에 출현하면, 거대한 소비시장이 형성되고, 이윤도 상당할 것이 분명했다.

게이츠를 비롯한 친구들은 모두 이제 PC 시대가 시작되었으며, 이 분야가 상당히 전도유망하다고 여겼다. 하지만 게이츠는 거기에서 그치지 않고, 좀 더 심층적으로 시장을 예측했다. 그는 PC 시장이 커지면 당연히 소프트웨어의 소비도 많아진다고 생각했다. 따지고 보면 PC보다 소프트웨어 수요가 더 크고, 또 무제한으로 업그레이드할 수 있으니 가능성이 무궁무진했다. 게이츠는 소프트웨어 분야야말로 예측하기도 어려울 정도의 이윤이 생기는 곳이라고 확신했다! 이렇게 해서 게이츠는 컴퓨터가 아니라 거기에 들어가는 각종 소프트웨어를 개발했고, IT업계의 신화를 써 내려갔다.

이처럼 빌 게이츠는 수많은 정보 중에 자신에게 가장 유용한 것을 선별해내고, 시장의 추세 변화를 살펴 기회를 포착했다. 이것이 그가 세상을 놀라게 한 성취를 이룰 수 있었던 까닭이다.

광활한 비즈니스의 바다에서 사람들은 항상 크고 작은 정보와 각종 데이터를 마주한다. 하지만 안타깝게도 모든 사람에게 성능이 좋은 정보 선별기가 있는 건 아니어서, 자신에게 유용한 것만 쏙쏙 골라내는 사람은 그리 많지 않다. 다양한 정보와 데이터를 접하고 즉각 올바른 결정을 내리는 일은 말처럼 쉽지 않다. 다음은 우리가 정보를 선별할 때, 접할 수 있는 문제들이다.

### 1 | 불완전성

일반인은 모든 유효한 정보를 전부 확보할 수 없다.

### 2 | 불충분성

중국 속담에 "시아버지는 시아버지가 옳다고 하고, 시어머니는 시어머니가 옳다고 한다."라는 말이 있다. 제각각 자기주장을 굽히지 않는다는 의미다. 정보도 마찬가지여서 상반되는 정보가 동시에 들어올 수도 있다. 그러므로 정보는 한쪽 면만 보아서는 안 되며 다방면으로 옳고 그름을 비교해야 한다.

### 3 | 감정 개입

빨리 결단을 내려야 할 때, 이해득실을 따지느라 생각을 정하지 못하는 사람들이 많다. 이렇게 시간을 끌다가는 손에 쥐고 있던 중요한 정보들이 순식간에 손가락 사이로 빠져나가는 꼴을 보게 될 것이다. 잠재한 중요 정보들은 눈에 보이자마자 바로 전방위적으로 분석하고 과감하게 시도해야 성공에 더 가까워질 수 있다.

전 영국 수상 처칠은 누구 못지않은 결단력으로 유명하다. 그는 쏟아지는 복잡한 정보들을 분석해서 신속하게 결단을 과감하게 행동하는 사람이었다. 그는 정보 분석부터 정책 결정까지, 다음의 세 가지를 중요하게 생각해야 한다고 말했다.

- ◆ 핵심문제를 명확하게 파악한다.
- ◆ 정책 결정으로 비롯될 수 있는 긍정 혹은 부정적인 면을 모두 따진다.
- ◆ 임기응변의 능력을 갖춘다.

대량의 정보를 접했을 때, 고도의 집중력을 유지하면서 민첩하게 정보의 우열을 가려야 한다. 특히 잠재정보를 접하면 시선을 좀 더 멀리 두고 그것이 가져올 수 있는 커다란 우위를 가늠해야 한다.

하버드 교수들은 지금이 정보가 폭발적으로 생성, 전달되는 '정보의 황금기'라고 말한다. 하지만 그렇다고 해서 모든 사람이 부의 기회를 얻는다는 의미는 아니다. 사회가 발전할수록 어떤 정보와 데이터가 자신에게 유용한지 판별하는 능력이 더욱 중요해지고 있다.

과학기술 진보와 경제 발전은 무한한 비즈니스 기회를 제공한다. 실제로 우리 생활방식의 작은 변화들 속에는 쉽게 얻기 어려운 기회들이 숨겨져 있다. 어쩌면 우리는 성공으로부터 단 한 걸음만 떨어져 있는지도 모른다. 그 한 걸음을 좁히는 방법은 바로 수많은 정보 중에서 자신에게 유용한 정보를 찾아내 누구보다 먼저 비즈니스 기회를 붙잡는 것이다. 가장 가치 있는 정보를 선별, 판단하는 것이야말로 곧 비즈니스 기회이며, 성공의 필요조건이다.

'세상사가 곧 훌륭한 지식'이란 말이 있다. 이 말을 비즈니스에 적용한다면, '세상사를 알면 비즈니스 기회를 얻는다'로 바꿀 수 있지 않을까? 어떤 사람들은 아무리 노력해도 자신을 성공으로 이끌어줄 비즈니스 기회가 보이지 않고, 끝까지 얻지 못할 것 같다며 낙담한다. 사실 기회는 생각보다 훨씬 가까이에 있다. 당신이 할 일은 그저 무한히 많은 정보 중에서 유의미한 것을 선별하고 분석해서 과감하게 행동하는 것이다!

HARVARD
BUSINESS
LECTURE

# 67

## 데이터와 정보를 구분하라

데이터 시대가 도래하자 정보 수집과 관리가 성공과 실패를 결정하게 되었다.
오직 미래를 향해야만 승리할 수 있다.
• 빌 게이츠 •

---

정보를 손에 넣어야, 세상 전체를 손에 넣을 수 있다. 지금도 전 세계 수많은 비즈니스 엘리트가 데이터 수집과 저장에 온 힘을 기울이고 있다. 하지만 데이터 그 자체는 비즈니스 기회를 제공하지 못한다. 데이터는 생명력이 없고, 지향성이 부족하기 때문이다. 진정으로 성공하고 싶다면 얼음장처럼 차가운 숫자들이 아니라, 그보다 훨씬 '영양가 있는' 정보들을 얻어야 한다. 이런 정보야말로 당신의 영감과 통찰력을 불러일으키는 효과적인 자원이다!

숫자는 일종의 증빙 근거다. 기업 내 각 부문의 모든 업무는 숫로 표현할 수 있어야 하며, 뒷받침할 숫자가 없이는 어떠한 결론이나 결정도 설득력이 부족하다. 사물이나 현상을 숫자로 표현하는 '수치화'는 기업의 기초 업무이자, 꼭 필요한 경영관리 수단으로 자리 잡았다. 어떤 일이든 반드시 숫자를 중시해야 하며, 수치화할 수 없는 것은 관리할 수 없는 대상임을 알아야 한다. 이제 거의 모든 분야에서 숫자로 정리하고 표현하는 법을 배워야 한다고 해도 과언이 아니다.

예컨대 상품 연구개발, 프로세스 품질 관리, 생산 안전관리도 모두 업무를 숫자로 표현해야 한다. 이를 소홀히 해서 데이터가 부족하면 기업을 제대로 관리한다고 말할 수 없다. 크든 작든 꾸준히 발전하는 기업은 숫자를 이용해서 말하는 것을 좋아한다. 하지만 이것만으로 부를 창출할 수 있는 것은 아니다. 부를 창출하고 싶다면 수치화한 데이터에 대한 분석력 및 통찰력, 그리고 그 안에서 비즈니스 기회를 찾아내는 예리한 판단력을 갖춰야 한다. 데이터는 데이터일 뿐이다. 당신이 손에 넣어야 하는 것은 부를 만들어줄 믿을 만한 정보다!

경제와 과학기술이 끊임없이 발전한 덕분에 비즈니스 기회가 끊임없이 생겨나고 있다. 심지어 사회 문제에서도 비즈니스 기회를 찾을 수 있다. 예를 들어 가정문제의 경우, 사회적으로 보면 안타깝고 애석한 일이지만, 각종 관련 데이터에 근거해서 점점 악화할 전망이라면 그 속에서 비즈니스 기회를 찾고 해당 소비자들을 겨냥한 상품을 내놓아야 한다. 실제로 미국의 한 젊은 사업가는 당시 대두된 사회 문제에서 비즈니스 기회를 포착하고 10억 달러를 벌었다. 바로 콜레코Coleco의 자비에르 로버츠Xavier Roberts다. 로버츠는 겨우 스물여덟 살의 나이에 미국 장난감 시장에서 새로운 트렌드를 만들었다!

자비에르 로버츠가 '양배추 인형'을 출시할 무렵, 미국 사회는 딩크 가정, 핵가족, 1인 가정 등이 증가하며 전통적인 가정의 형태가 변화하고 있었다. 사람들은 양육과 부양의 부담을 버거워하면서도, 사랑받기를 원하고 사랑할 대상이 있기를 바랐다. 이는 사회나 정부가 적극적으로 개입해 해결할 수 없는 문제였다. 스물여덟 살의 똑똑한 청년 사업가 로버츠는 가정 형태의 변화에 관한 데이터를 눈여겨보고 분석을 거듭해 매우 독특한 비즈니스 기회를 찾아냈다.

로버츠는 이미 전자화, 지능화로 한 차례 변혁을 겪은 장난감 시장에 다시 감정화, 소프트웨어화의 물결이 휘몰아친다고 예측했다. 그는 이제 나이와 관계없이 모든 소비자가 나만의 장난감, 특별한 의미가 담긴 장난감을 원한다고 보고, 완전히 새로운 인형을 개발하기 시작했다. 그가 만든 양배추 인형은 모두 특별했다. 컴퓨터 기술을 이용해서 각각의 특징을 넣어, 단 하나도 서로 겹치지 않게 했다. 예전에 하나의 틀에 넣어 제작해서 똑같은 모습을 한 인형들과 완전히 달랐다. 또 양배추 인형마다 고유의 '출생카드'를 제공했는데, 여기에는 출생증명, 이름, 발자국 등의 각종 정보가 기재되어 있었다.

점원이나 소비자 모두 양배추 인형을 판매나 구매한다고 하지 않고, '입양'한다고 표현했다. 양배추 인형을 '입양'하려면 '입양증명서'에 서명해서 공식적으로 인형과의 관계를 확정지었다! 콜레코는 명절이 되면 양배추 인형을 입양한 '양부모'에게 아주 그럴듯한 축하카드를 발송했다. 로버츠는 이 '입양 활동'을 더 진짜처럼 만들기 위해서 돈을 아끼지 않고 대대적으로 텔레비전 광고를 했다. 특히 어린이 프로그램을 적극적으로 공략해서 더 많은 '양부모'들을 유혹했다!

또 로버츠는 직접 미국 여러 대도시를 방문해서 '양배추 인형 입양식'을 거행해 상당히 큰 호응을 얻었다. 애틀랜타에서 온 한 여성은 과거에 외롭게 살았지만, 지금은 양배추 인형을 100개나 입양해서 행복하게 산다고 말했다. 또 어떤 '양부모'는 입양 절차를 완성하기 위해 거의 14시간을 기다렸지만, 시간이 아깝지 않다고 했다. 심지어 영부인도 아이들에게 양배추 인형을 크리스마스 선물로 주었다. 제각각 사연을 가진 사람들은 양배추 인형에서 사랑과 위안을 얻었으며, 로버츠는 소비자가 만족한 만큼 거액의 돈을 벌어들였다. 당시 양배추 인형 및 그 관련 상품 판매액은 무려 10억 달러가 넘었다!

양배추 인형 사례에서 알 수 있듯이 사실 데이터 자체는 큰 가치가 없다. 데이터를 분석하는 두뇌와 판단력이 그것에 가치와 무한한 생기를 불어넣어 유의미한 정보로 만든다. 쉽게 말해 데이터는 분석을 거쳐야만 돈 버는 경로와 수단에 관한 정보를 제공할 수 있다.

> 정보를 획득할 때, 데이터 수집은 필수적인 작업이지만, 단 한걸음에 불과하다. 분석을 통해 고정불변의 데이터를 유용한 정보로 바꾸고, 그 안에서 비즈니스 기회를 포착해야만 성공으로 가는 지름길을 걸을 수 있다. 데이터 자체로는 경제적 가치를 얻을 수 없으며, 두뇌와 육체의 노동이 더해져야 더 많은 자원을 확보하고 더 큰 이익을 얻을 수 있다!

HARVARD
BUSINESS
LECTURE

## 68

# Think의 힘

가장 어렵고 중요한 일은 바로 허위 정보를 식별하는 것이다.
• 전 하버드 총장, 폴 H. 벅 •

　형형색색의 각종 정보로 가득 찬 현대 사회에서 정보의 진위를 판별하기란 너무나 어려워 곤혹스러울 정도다. 하지만 허위 정보를 진실이라고 믿는 순간, 끝이 보이지 않을 정도로 깊은 실패의 심연으로 끌려갈 테니 반드시 깊은 사고를 통해 정보의 진위를 제대로 파악해야 한다. 수준 높은 사고력은 점점 더 복잡다단해지는 정보의 시대에 무엇보다 중요한 자질이다. 모든 것을 꿰뚫어 볼 수 있는 예리한 안목은 정보의 진위를 판단하고, 사고의 범위와 깊이를 확대하는 데 도움을 준다. 통찰력은 이 시대에 꼭 필요한 최고의 역량이므로 성공하고 싶다면 반드시 갖춰야 한다. 그러려면 지식을 확대하고, 개방적인 태도로 혁신적인 사고를 습관화하는 데 노력을 아끼지 말아야 한다.

컴퓨터 제조업체 IBM의 전 회장 토머스 J. 왓슨 Thomas J. Watson은 회사의 슬로건을 제시하며 이렇게 말했다. "좋은 사고 습관이 있어야 자신이 무엇을 해야 하는지 깨닫고, 그 방향을 알며, 필요한 정보를 분별해서 더 나은 가치를 창조한다!" 그가 말한 슬로건은 바로 '사고'를 의미하는 'Think'다. 위로는 회장부터 아래로는 말단직원까지, IBM 모든 직원의 책상 위 가장 잘 보이는 곳에는 'Think'라는 단어가 붙여져 있다. 이 슬로건을 통해 직원들에게 생각이 얼마나 중요한지 알리고 강조하며, 제품의 기술혁신을 이뤄내고자 함이다.

미국 행동학 박사 데니스 웨이틀리 Denis Waitley는 "가장 위대한 역량은 타인이나 돈이 아니라, 뇌의 사고 과정을 제어하는 것이다. 이는 모든 역량의 기초다."라고 말했다. 사고력은 어떻게 키울 수 있을까? 아인슈타인은 "대학에 들어가는 목적은 지식이 아니라 사고하는 법을 배우기 위해서다."라고 말했다. 안타깝게도 대부분 사람은 대학을 다니면서 그런 교육을 받지 못한다. 그러므로 일과 생활 중에 끊임없이 사고해서 습관으로 만들고, 꾸준히 사고의 품질을 개선해야 한다. 알다시피 성능이 아무리 좋은 기계라도 한참 사용하지 않으면 녹이 슬어 작동하지 않는다. 사람의 뇌도 마찬가지로 사용하지 않으면 굳고 사용할수록 강해지니 의식적으로 사고하는 습관을 들여야 한다. 실제로 많은 사람이 깊은 사고를 통해 성공을 거두었다.

1890년, 엔지니어 제라드 필립스Gerard Philips는 폐업한 공장을 하나 사서 필라멘트 전구 사업을 시작했다. 하지만 그는 기술만 뛰어났지 경영에 대해서는 아는 바가 없었다. 그 바람에 제라드의 회사는 4년 만에 파산 위기에 몰려 매각을 준비하는 신세가 되었다. 제라드는 구매 희망자를 여럿 만났지만, 하나같이 터무니없이 낮은 가격을 제시해 매각이 쉽지 않았다. 그렇게 시간만 계속 흐르는 중에 이제 갓 스물한 살이 된 남동생 앤톤 필립스Anton Philips가 회사에 들어왔다. 그는 즉각 각종 상황을 면밀하게 사고하고 분석해서 회사의 운명이 걸린 파격적인 제안을 했다. 바로 협소한 네덜란드 시장에만 있지 말고, 광활한 러시아 시장에 진출하자는 것이었다. 일부 직원들이 너무 무모하다며 반대했지만, 다행히 제라드는 나름의 직감과 판단력으로 동생 앤톤의 제안을 받아들였다.

러시아로 떠난 앤톤은 곧바로 시장 조사에 착수했다. 러시아는 인구가 많고 시장도 크지만, 무엇보다 당시 차르가 현대화 발전계획을 추진 중이었다. 덕분에 앤톤이 가져간 필라멘트 전구는 러시아 시장에서 큰 주목을 받았다. 한번은 앤톤이 전구 5만 개를 주문받아 네덜란드에 있는 형 제라드에게 주문서를 전보로 보냈다. 이를 본 제라드는 도저히 믿을 수가 없어서 몇 번이나 확인했다. "너 확실한 거야? 전구 5만 개 맞아? 잘못 쓴 거 아니야?" 앤톤 필립스는 파산을 피하려고 더 큰 시장으로 과감하게 진출했고, 그곳에서 비즈니스 기회를 포착해서 회사를 살렸다. 모두 깊은 사고와 분석의 결과였다. 이후 제라드와 앤톤의 필립스는 점점 더 발전해 세계적인 전자제품 제조기업이 되었다.

사례에서 앤턴 필립스는 범상치 않은 사고력을 발휘해 위기에 빠진 필립스를 구해냈다. 당신이 무엇을 하든 끊임없는 사고는 꼭 필요하다. 사고는 통찰력을 기르고 키우는 가장 빠른 방법이기 때문이다. 수많은 허위 정보가 횡행하는 지금, 정보의 진위를 판별하려면 오직 깊은 사고를 통한 뛰어난 통찰력을 동원하는 수밖에 없다.

비즈니스 전쟁터에서 살아남으려면 믿을 만한 정보를 확보해서 당신이 결정을 내릴 때 도움이 되게 해야 한다. 그런데 만약 당신에게 허위 정보를 알아보는 능력이 없다면, 정보의 도움을 받기는커녕 쏟아져 들어오는 정보에 매몰될 가능성이 크다. 사고는 통찰력과 판단력을 키우는 데 도움이 된다. 사고하면 정보의 진위를 판별하고, 다시 그 안에서 가장 가치 있는 정보를 골라낼 수 있다. 그래야만 정보를 이익으로 바꾸는 목적을 달성할 수 있다.

## 69

# 공짜로 호텔을 지은 힐튼의 지혜

사람 간의 차이는 목 윗부분, 즉 머리에서 결정된다!
획득한 정보에서 돈이 어디에 숨었는지 파헤치는 사람만이 최후에 성공을 거둔다.
• 빌 게이츠 •

　작가 나폴레온 힐 Napoleon Hill 은 "사고가 부를 창조한다."라고 말했다. 정보를 수집하는 데서 끝나지 말고 깊은 사고로 유용한 것을 선별한 후에, 필요한 행동을 취해야만 비로소 최종 목표, 즉 '부의 창출'을 이룰 수 있다. 하버드는 학생들에게 각종 정보 뒤에 숨은 부의 기회를 찾아내야 한다고 강조한다. 실제로 성공한 비즈니스 엘리트들은 정보를 손에 넣었으면, 사고와 분석을 거쳐 기어코 돈이 나올 구멍을 찾아낸다.

힐튼호텔 창업자 콘라드 N. 힐튼Conrad N. Hilton이 새 호텔을 건설하다가 자금 회전이 막혀 공사가 중단될 위기에 놓인 적이 있었다. 당시 상황으로는 은행 대출도 어려운 상태여서 여간 급한 상황이 아니었다. 이런 상황에서 힐튼은 뜻밖에도 지역 부동산업자의 정보를 수집하기 시작했다. 그는 수많은 정보를 분석해서 이 부동산업자가 어떤 식으로 사업을 운영하고, 어디에서 이익을 얻는지 속속들이 파악했다. 그리고 다시 깊이 사고한 끝에 묘책을 떠올렸다. 바로 부동산업자에게 '공짜로' 호텔을 지어달라고 요구하는 것이었다!

힐튼이 이 계획을 이야기하자 사람들은 실소를 터트렸다. '바보'가 아닌 다음에야 누가 공짜로 호텔을 지어준단 말이야? 하지만 힐튼은 아랑곳하지 않고, 부동산업자를 찾아가서 단도직입적으로 말했다.

"내가 지금 호텔을 하나 짓고 있는데, 자금이 바닥나서 더 이상 공사를 진행하기 어렵습니다!"

부동산업자는 힐튼을 흘긋 한 번 보더니 심드렁하게 말했다.

"그럼 공사를 멈춰야죠. 돈이 생긴 후에 다시 지으면 되겠군요."

"뭐, 나도 그렇게 생각합니다. 그런데 내가 호텔 공사를 멈추면 손실을 보는 사람이 나 하나만은 아닐 겁니다. 어쩌면 당신의 손실이 나보다 더 클 수도 있습니다!"

부동산업자는 다시 한번 힐튼을 흘긋 보고서 귀찮다는 듯이 대꾸했다.

"댁이 호텔을 짓든 말든 나와 무슨 상관입니까?"

"아시겠지만 내가 이 땅을 사서 호텔을 짓기 시작한 후로 주변 땅값이 몇 배나 올랐습니다. 그런데 지금 공사가 중단되면 어떻게 될까요? 이 지역이 별로여서 공사를 중단하고 다른 곳으로 이전한다는 소문이라도 돌면 어떻게 되겠습니까?"

이제야 부동산업자는 긴장된 표정으로 힐튼을 바라보았다.

"그러면 어떻게 했으면 좋겠습니까?"

"간단합니다. 당신이 호텔을 완공하고 내게 다시 파세요. 합당한 가격으로 매입할 겁니다. 대금을 바로 드리는 건 어렵고, 분기별 이윤에 따라 차차 나누어드리죠!"

물론 원하지는 않았지만, 부동산업자는 다른 문제들을 전체적으로 고려해 '바보'가 되기로 했다.

사람들이 보기에 힐튼의 계획은 어불성설이었다. 부동산업자가 대신 호텔을 짓게 하고, 게다가 대금까지 천천히 갚겠다는 말은 '빌린 닭으로 달걀을 얻겠다'라는 말과 같았다. 하지만 힐튼은 더할 나위 없이 공정하고 합리적으로 문제를 해결해냈다!

힐튼의 사례에서 우리는 그의 놀라운 지략을 엿볼 수 있다. 알다시피 똑같이 위기 상황을 맞았을 때, 마음이 급해져서 오히려 실수를 저지르는 사람이 대부분이다. 하지만 힐튼은 당황하지 않고 사고를 통해 위기를 기회로 바꾸었으니 반드시 배워야 할 점이다. 광활한 비즈니스의 바다에서 정보 획득은 절대 목적이 될 수 없다. 정보를 얻었으면 열심히 머리를 굴려 그 안에 숨은 부의 기회를 찾아야 한다.

시대가 발전하면서 사회자원도 점점 더 많아지고 있다. 즉 사회에 돈이 고갈될 일은 없으며, 관건은 돈이 자기 주머니로 들어오게 할 수 있는가다! 지혜를 발휘하고 더 활발하게 사고해서 정보 안에 숨은 부의 기회를 발견한다면, 길이 보이고 통장에 돈이 쌓일 것이다. 심지어 빈손으로 큰일을 벌일 수도 있다.

보통 사람은 정보의 겉모습만 볼 뿐, 그 본질을 보지 못한다. 끊임없이 생각하고, 또 생각하는 사람만이 정보의 이면에 숨은 의미를 포착할 수 있다. 지혜와 사고로 돌파구를 찾고 부를 얻는다면 최후의 승자는 분명히 당신이다!

> 사람들은 더 많은 정보를 확보하는 데 혈안이 되어서, 정작 그 진짜 목적과 용도를 무시하곤 한다. 만사를 제쳐두고 정보와 데이터를 모으기만 하지, 머리를 써서 그 안에 숨은 비즈니스 기회를 볼 생각은 하지 않는다. 그 바람에 정보의 가장 깊숙한 곳에 숨어 있는 부의 기회를 최대한도로 이용하지 못하는 일이 발생한다. 뛰어난 비즈니스 엘리트들은 수많은 정보 속에서 비즈니스 기회를 찾고 이용해서 더 커다란 부를 얻는다. 멈추지 않고 사고하는 두뇌를 가진 덕분이다.

HARVARD
BUSINESS
LECTURE

# 70

# 정보는 태생이 비대칭적이다

실패의 90%는 스스로 만들며, 이는 정보의 비대칭성에서 비롯된다.
· 하워드 가드너 ·

　이른바 '정보 비대칭Information asymmetry'이란 시장에서 이루어지는 경제 활동에서 당사자들이 보유한 정보에 차이가 존재하는 현상을 일컫는 말이다. 단언컨대 많은 정보는 많은 인원보다 더 유리하다. 정보가 많으면 유리한 위치에 놓이지만, 정보가 부족하면 불리한 위치에 놓일 수밖에 없다. 예컨대 시장 거래 시, 일반적으로 판매자가 구매자보다 상품에 관련된 정보를 더 많이 이해하고 있다. 그렇다면 더 많은 정보를 가진 쪽이 덜 가진 쪽에 믿을 만한 정보를 건네주고,

이익을 얻을 수 있다. 또 정보를 덜 가진 한쪽이 상대방으로부터 정보를 얻어낼 수도 있다.

비즈니스 세상에서 정보는 대부분 상당히 불완전하고 비대칭이다. 기업을 이끄는 사람으로서 당신이 정보를 보이는 대로 가져오기만 한다면 현명한 행동이라 할 수 없다. 생산자와 소비자, 투자자와 피투자자, 고용주와 고용인 사이에는 어느 정도의 정보 비대칭이 늘 존재하기 마련이다. 비즈니스 엘리트들은 이런 정보 비대칭을 최소한도로 제어하려고 하는데, 그래야만 수집한 정보가 더 신빙성 있고 진실에 가깝기 때문이다.

1930년대에 미국은 대공황으로 사상 유례없는 큰 타격을 입었다. 전국 곳곳에서 기업들이 파산하고 공장이 문을 닫았으며, 노동자들이 하루아침에 일자리를 잃고 실직자가 되었다. 이 시기에 대학을 졸업한 청년은 취직하려고 갖은 애를 썼지만, 번번이 실패했다. 당시는 미국 전체가 절망에 빠진 암울한 시기였다.

어느 날 청년은 실업자들이 수도 워싱턴으로 모여든다는 소식을 들었다. 경제 위기를 몰고 온 정부에 항의하고 일자리 문제를 해결해달라는 시위를 벌인다고 했다. 자신만 가만히 있을 수 없다고 생각한 청년은 즉각 짐을 꾸려 워싱턴행 기차에 올랐다.

워싱턴으로 가는 도중, 청년은 우연히 한창 공장을 건설 중인 지역을 보았다. 다른 곳은 있던 공장도 문을 닫는데, 이곳은 활기가 넘쳐 보였다. 공장을 새로 지으면, 사람이 필요하지 않을까? 어쩌면 여기에 기회가 있을지도 몰라. 그래, 굳이 멀리 워싱턴까지 갈 필요는 없지……. 그는 즉각 기차에서 내려 마을로 가서 주민에게 공장에 관해 물었다. "맞아요! 우리 지역에 철강 공장이 하나 들어온답니다!"

청년은 곧장 이 철강 공장의 책임자를 찾아가 혹시 일할 사람이 필요하냐고 물었다. 책임자는 그 자리에서 전문지식 몇 가지를 질문하더니, 아주 흡족한 표정으로 전화번호를 적어놓고 가면 연락을 주겠다고 했다.

청년은 가슴이 터질 것 같았다. 그동안 그렇게 애써도 번번이 실패했는데, 오늘은 일이 이렇게 술술 풀리다니! 집으로 돌아온 그는 미래를 꿈꾸면서 연락을 기다렸다. 하지만 아무리 목이 빠지게 기다려도 전화가 오지 않았다. 시간이 한참 흐른 후에도 기다리는 연락은 끝내 오지 않았다. 청년은 크게 낙담해서 우울해하다가 나중에는 도무지 참을 수가 없어 배낭을 둘러매고 철강 공장으로 향했다.

뜻밖에도 공장 책임자는 청년을 보자마자 환하게 웃으며 반겼다. "오, 드디어 왔군! 그때 내가 아주 마음에 들어서 꼭 같이 일하려고 했는데, 글쎄 전화번호를 적은 쪽지를 주머니에 넣고 세탁하는 바람에 연락할 길이 있어야지!"

이렇게 해서 청년은 이 공장에서 일하게 되었다. 다들 힘든 현실에 괴로워할 때, 그는 자기 손으로 기회를 찾고 나아가 더 커다란 성취를 이루었다. 이후 철강산업 분야에서 줄곧 일한 청년은 후에 US스틸 US Steel 의 회장 자리에 올라, 1958년에는 소련 전체의 철강 생산량보다 더 많은 양을 생산하는 기업을 이끌게 되었다. 이 청년이 바로 그 유명한 벤저민 F. 페어리스 Benjamin Franklin Fairless 다!

페어리스는 후에 이 일을 회상할 때마다 '기적'이라고 말했다. 그는 워싱턴으로 가는 도중에 기차에서 내렸고, 연락이 오지 않자 철강 공장으로 직접 찾아갔다. 다시 말해 고용주와 고용인 사이의 정보 비대칭을 해소하려고 나선 덕분에 미국 경제가 가장 혼란하고 어려운 시기에 원하는 일자리를 얻을 수 있었다. 이 일은 페어리스의 인생에서 최고의 전환점이자 비즈니스 엘리트로 나아가는 이정표가 되었다.

혹시 고속으로 발전하는 현대 사회에서는 페어리스처럼 주동적으로 정보 비대칭을 바로잡을 수 없다고 생각하는가? 사람들은 열등감과 시기심으로 무너진다. 정보에 대한 해부를 포기하고 정보 비대칭을 해결하지 않는다면 성공의 가능성을 버리는 것과 같다. 시도하지 않으면 가능성조차 존재하지 않는다.

정보 비대칭은 정보를 이용하려는 사람에게 가장 골치 아픈 문제다. 이 비대칭 때문에 경쟁 상황에서 예측하기 어려운 각종 불확정성이 출현하기 때문이다. 정보자원 방면에서 경쟁자와 최대한 동일선 위에서 출발해야 성공의 기회가 생긴다. 지피지기면 백전백승이다. 상대방과 당신 사이의 정보 비대칭을 최소한도로 줄여서 성공 확률을 높여야 한다!

> 세상에 완벽하게 대등한 정보란 존재하지 않는다. 그런데도 대부분 사람은 용기가 없어 정보 비대칭을 해결하지 않는다. 아주 좋은 기회가 눈앞에 있어도 공포와 열등감에 짓눌려 잡지 않고, 하늘에서 떡이 떨어져도 맛보려고 하지 않는다. 정보 비대칭 상황을 마주하면 반드시 용기를 내어 한 발 더 내디뎌 문제 해결에 착수해야 한다. 이 작은 한 걸음이 당신에게 거대한 성공을 가져다줄 것이다.

HARVARD
BUSINESS
LECTURE

# 71

## 당신의 사과를 그의 귤과 바꿔라

*내가 가장 관심 있는 것은 세상을 어떻게 더 개방하는가다.*
• 마크 저커버그 •

매 순간 변화하는 현대 사회에서 한 사람의 역량만으로는 가장 좋은 결과를 내거나 기대한 목표에 도달하기 어렵다. 일과 생활에서 나의 자원이 부족할 때, 타인의 자원과 공유함으로써 더 많은 기회와 선택을 확보하곤 한다. 정보도 예외가 아니다. 비즈니스 세계에서 합작 파트너와 정보를 공유하고 그 안에서 각자 필요한 부분을 취하는 일은 비일비재하다. 쉽게 말해서 손에 쥔 사과를 다른 사람의 귤로 바꾸는 것이다. 이렇게 해야 좀 더 커다란 발전 공간을 얻을 수 있다.

소프트웨어 개발업체 오라클 Oracle Corporation 은 아직 아무도 점령하지 않은 '미들웨어 middleware' 시장에 야심만만하게 뛰어들었다. 기업들은 아무리 대량의 대형 컴퓨터 시스템을 이용해도 서로 연결할 방법 없이 분산되어서 자원을 공유하지 못하는 문제에 부딪힌다. 이때 모든 응용프로그램을 하나의 플랫폼으로 연결해 자원을 공유하게 만드는 소프트웨어가 필요한데 이것이 바로 미들웨어다.

이전에도 IBM, 노벨 Novell, DEC 등 여러 대기업이 미들웨어 상품을 생산했지만, 그들은 이 시장의 거대한 잠재력을 알아보지 못했다. 오직 오라클만이 이 시장을 주목하면서 미래 5년 안에 총가치가 80억, 많게는 100억 달러에 달한다고 예측했다. 투자회사 워버그 핀커스 Warburg Pincus 도 그 미래 가치를 기대하며 오라클에 5,000만 달러를 투자했다. 이는 미국 소프트웨어 산업 역사상 최대 투자액이었다. 미들웨어 시장의 잠재 가치는 정보자원 공유가 현대 기업발전에 얼마나 중요한지 잘 보여준다.

성공한 사업가 중에 합작의 중요성을 모르거나 잘하지 못하는 사람은 없다. 비즈니스 세계에서는 적이 친구, 그것도 지기 知己가 될 수 있으며, 필요하다면 경쟁자와도 얼마든지 손을 잡을 수 있다. 비즈니스 엘리트들은 정보 공유를 통해 필요한 것을 얻고, 합작을 성공의 수단으로 삼는다.

자신의 비즈니스를 성공시키고 싶으면 기회를 선점해야 하고, 그러려면 원하는 정보를 누구보다 빠르게 손에 넣어야 한다. 현대 경제에서 가장 중요한 것은 기술도, 자원도 아니다. 지금은 손에 쥔 사과를 다른 사람의 귤로 바꾸는 방법을 아는가가 가장 중요한 시대다. 정보가 넘쳐나는 이 시대에 정보 공유는 비즈니스의 핵심 요소로 자리 잡았다. 다른 사람의 손에 있는 정보를 가지고 싶으면, 그가 원하는 정보를 줘서 얻어낼 줄 알아야 한다. 이는 경영자가 반드시 상대방, 즉 경쟁자의 상황을 충분히 이해해야 한다는 의미다. 똑똑하게 정보를 공유하면 원하는 정보자원을 확보하는 일은 그다지 어렵지 않다.

좋은 인간관계를 원하면 끊임없이 사람들과 나누어야 하고, 유리한 경쟁 환경을 만들려면 정보를 공유할 줄 알아야 한다. 우리가 가진 정보는 절대 같지 않으며 언제나 비대칭이다. 정보 비대칭으로 인해 정책에 오류가 발생하고, 비즈니스 활동이 위기에 처할 수도 있다. 그러므로 정보 비대칭을 완전히 제거하지는 못해도 정보 공유를 통해 손실을 피해야 한다.

잔혹한 경쟁 압박 속에서 현명한 비즈니스 엘리트들은 무조건 일대일로 붙어 싸우는 것이 좋은 전략이 아님을 잘 안다. 가능하다면 협력과 합작을 통해 서로 정보를 공유하고 발전 공간을 더 확대해야 한다. 정보 공유는 합작의 첫걸음이며, 비즈니스 수단을 확보하는 방법인 동시에 커다란 부를 거머쥐는 기회다.

HARVARD BUSINESS LECTURE

· 열 번째 수업 ·

# CRISIS
위기

## 악착같이 살아남는 기업이 되어라

●

하늘은 예측하기 어려운 풍운이 일어나고, 인생은 길흉화복을 헤아릴 수 없다고 했다. 사회가 발전하면서 경쟁도 나날이 치열하고 잔혹해졌으며, 수많은 불리한 요소들이 기업의 생존과 발전을 위협한다. 위기를 만났을 때, 어떻게 대응해야 그것을 무력화할 수 있을까? 우선 경영자에게 '예지력'이 있어서 경영활동 중에 발생하는 문제 중에 위기의 싹이 보이면 가차 없이 뽑아버려야 한다. 이는 기업이 한 단계 더 발전할 때 꼭 필요한 작업이다. 또 돌발적인 위기에 대응하기 위해 과학적인 위기관리 시스템이 꼭 필요하다. 위기관리 시스템은 위기 예방 및 처리, 대응 조치부터 각종 상황에 따른 대응 매뉴얼, 조정 및 처리 방식, 직원 교육 등의 프로세스까지 모두 포함한다. 위기관리 시스템의 최종 목표는 위기가 조성하는 위협과 손실을 줄이거나 없애는 데 있다.

# 72

## 위기를 싹부터 잘라 없앤다

21세기에는 위기감이 없는 것이 가장 큰 위기다.
• 하버드 경영대학원 교수, 리처드 파스칼 •

    기업은 경영자를 비롯한 경영진, 각 층 관리자의 잘못된 결정이나 방식, 그리고 환경 변화 등의 원인으로 위기를 맞는다. 위기는 어느 날 갑자기 발생하지 않으며, 형성부터 확산까지 분명히 일련의 과정이 있고 그동안 꾸준히 각종 형태로 경고 메시지를 보낸다. 이 메시지를 알아차리고 즉각 조처해서 위기를 싹부터 잘라버려야 소 잃고 외양간 고치는 일을 피할 수 있다.

    일반적인 상황에서 기업에 나타나는 경고 메시지로는 다음의 12

가지가 있다.

### 1 | 경영진 노령화

어떤 기업은 경영진이 한 번 자리에 오르면 장장 8년, 심지어 그 이상도 물러나지 않는다. 기업이 오랫동안 새로운 것을 받아들이지 않고, 원래의 방식만 고수하려고 하면 경영진뿐 아니라 경영 상태가 전반적으로 노화한다. 혁신적인 사고가 부족한 기업에는 반드시 위기가 찾아온다.

### 2 | 시장집중도 하락

기업 총판매량의 60%는 주력 시장에서 발생해야 한다. 만약 주력 시장이 경쟁업체의 침투로 와해하면 경영 기반을 잃고 쫓겨나가야 하는 처지에 내몰린다. 판매라인이 너무 늘어지거나 바뀌면 전쟁터에서 병사들이 사방으로 흩어지는 상황이나 다름없으니, 바로 내림세로 접어든다.

### 3 | 직원 교육 시스템 부족

직원 교육 시스템이 부족하면 주요 관리직 및 핵심 기술직을 제대로 훈련할 수 없다. 그러면 직원들은 시장수요, 경쟁상황, 관리혁신의 최신 동향 및 기술발전에 대한 이해가 부족하고, 기업 전체의 혁신성이 떨어져 쇠락한다.

### 4 | 사용자 불만 무시

기업을 경영할 때, 사용자의 불만은 보물 같은 자원이다. 기업이 사용자 불만을 크게 중요하게 생각하지 않으면, 자기 문제를 알아차리지 못하고 현 상황에 안주하게 된다. 사용자가 불만을 품은 채로 이익에 정조준해서 경영하지 않으니 당연히 기업발전이 정체한다.

### 5 | 사용자 불만 증가

어느 순간, 사용자 불만이 두드러지게 늘어나면 경영자는 기업 각 방면을 전면적으로 면밀하게 심사해야 한다. 기업에 무시할 수 없는 문제나 허점들이 출현했다는 의미이기 때문이다. 사용자 수요를 최대한 만족하기 위해 기업은 반드시 모든 상품과 서비스를 완벽하게 제공할 필요가 있다. 어떠한 기업이든 경영자는 사용자 불만에 초점을 맞추고 경영관리 시스템의 완성도를 올리는 데 주력해야 한다.

### 6 | 상환할 대금 증가

일부 중국 기업은 신용도를 크게 중요하게 생각하지 않는다. 그들은 돈을 빌려 사업하는 일이 그리 큰 문제가 아니며, 오히려 돈을 빌리는 일도 일종의 능력이라고 생각한다. 자연히 상환할 대금이 점점 늘어나도 무시하기 일쑤다. 사실 상환해야 하는 대금이 점점 늘어나는 상황만큼 명확한 경고 메시지는 없다. 특히 상환할 대금을 기한 안에 갚지 못했다면 이미 심각한 위기에 빠졌다는 의미다. 이런 위기는 가장 먼저 원재료 구매에서부터 차질이 생기면서 수면 위로 드러나 점차 전 분야로 확산한다. 경영진은 상환할 대금을 관리하는 데 소홀해서는 안 된다.

## 7 | 주요 시장 등급 하락

시장 등급은 소비자층에 따라 로우엔드 마켓 low-end market, 미들 마켓 middle market, 하이엔드 마켓 high-end market[15]으로, 지역에 따라 농촌시장, 중소도시 시장, 대도시 시장으로 나뉜다. 만약 한 기업의 주요 시장 등급이 급격하게 내려간다면, 예컨대 대도시 시장에서 농촌시장으로, 혹은 하이엔드 시장에서 로우엔드 시장으로 이동한다면, 이는 곧 기업의 혁신능력이 하락했다는 의미다. 더불어 기업이 소비 트렌드의 변화에 주동적이지 못하고, 피동적으로 쫓아가기만 한 결과이기도 하다. 이런 기업은 이미 시장수요를 만족하는 데 실패해 시장에서 주도권을 상실했다.

## 8 | 피동적인 할인판매

할인판매는 기업이 박리다매로 이익을 얻는 판매 수단 중 하나다. 그런데 스스로 결정한 것이 아니라 피동적으로, 즉 어쩔 수 없어서 할인판매를 해야 한다면 분명히 문제가 있다. 상품과 서비스는 수명주기에 따라 어차피 가격이 점차 내려간다. 항상 경쟁업체의 뒤에서 쫓아가느라 바빠 할인이라도 할 수밖에 없게 '압박' 받는다면 경쟁에서 이미 주도권을 잃었음을 의미한다.

## 9 | 현금 유동 적신호

일정 기간, 현금 유출량이 유입량보다 많으면 현금 유동에 적신호

---

[15] 로우엔드 마켓은 가성비 좋은 제품을 판매하는 저가 시장, 미들 마켓은 중산층 소비자가 주요 소비자인 주류 시장, 하이엔드 마켓은 고소득층을 대상으로 고가 제품을 파는 프리미엄 시장을 가리킨다.

가 출현한 것이다. 이렇게 되면 기업이 자체 경영 시스템에 따른 자금 순환 주기에 따라 운영되기 어렵고, 채무 등의 다른 방식에 의존해서 현금을 보충하고 운영해야 한다. 이런 상황에서 자칫 외부 자금 조달 경로가 한 번 막히기라도 하면 기업은 끝없는 위기 속으로 떨어진다.

### 10 | 자금 흐름 경색

자금 흐름의 속도는 기업경영 상태를 알려주는 일종의 '날씨 정보표'다. 상품가격 하락, 판매수입 감소, 재고량 및 상환대금 증가, 생산주기 연장 등이 모두 자금 흐름이 경색되었다는 의미다.

### 11 | 손익분기점 상승

손익분기점의 상승은 주로 다음의 이유로 발생한다. 첫째, 판매입의 증가가 고정비용의 증가보다 적다. 둘째, 노동생산성 향상이 임금비용의 상승보다 적다. 셋째, 상품가격의 상승폭이 비용 증가폭 보다 적다. 이외에 상품가격 하락 등 다방면의 원인이 기업의 손익분기점을 상승하게 만든다.

### 12 | 상품 및 시장개발 난항

상품개발을 오직 순수 기술과 관련한 문제라고 생각하는 중소형 기업들이 많다. 이런 기업들은 기술이 부족해서 상품을 개발하기 어렵다고 토로하지만, 사실은 기술보다 시장 트렌드와 소비자 수요를 더 세심하게 살피지 않은 탓이 크다. 또 상품을 개발해도 누구에게 팔지, 어떻게 시장에 소개할지, 어떤 방식으로 유통망을 확보할지, 어떻게 판매 서비스를 조직할지 등의 시장개발 문제 역시 무시되기 쉽다. 그러다 보니 대다수 기업은 해마다 신상품을 개발해도 제대로 출시하지 못하는 문제에 직면한다. 계속 이런 식으로 하다가는 버티기 힘들다.

이상의 위기 경고 메시지가 출현하면 경영자와 관리자는 반드시 경계 태세를 갖추고 상응하는 조처로 문제를 싹부터 잘라 완전히 소멸해야 한다.

> 위기 경고 메시지는 이미 위기에 빠졌다는 의미가 아니라 기업경영 상태에 모종의 위기가 잠복해 있다고 알리는 것이다. 경영자가 경계를 늦추지 않고 있다가 경고신호가 눈에 보이자마자 즉각 조처해서 위기를 싹부터 잘라버린다면, 기업은 다시 주도권을 확고하게 틀어쥐고 안정적으로 발전할 수 있다.

HARVARD
BUSINESS
LECTURE

## 73

# 위기 속에서 기회가 자란다

성공할 가능성이 가장 큰 사람은 재능이 뛰어난 사람이 아니라,
모든 기회를 찾고 이용할 줄 아는 사람이다.
· 빌 게이츠 ·

비즈니스 현장은 거친 파도가 출렁이는 큰 바다 한가운데처럼 곳곳에 위기로 가득하다. 경영자로서 당신은 파도가 기업을 집어삼키지 않도록 전력을 다해 위기를 피해야 한다. 그런데도 기어코 위기를 만나고야 말았다면, 우선 상황을 담담히 받아들여야 한다. 그리고 나서 적극적으로 위기를 관리하는 동시에 시선을 멀리 두어 위기를 기업이 발전하는 기회로 바꿀 줄 알아야 한다.

위기관리의 핵심은 위기를 즉시 발견해서 잠재적 기회로 전환하

는 데 있다. 초기에 위기를 알아보지 못하고, 그나마도 잘못된 예측으로 상황을 더 악화하는 위기관리는 전형적인 '잘못된 위기관리'다. 다가온 위기를 '계기'로 삼아 더 큰 발전의 기회를 얻는 일을 드물지 않다. 미국 최대 방위산업체 록히드마틴 Lockheed Martin 의 CEO였던 노먼 R. 어거스틴 Norman R. Augustine 교수는 "모든 위기는 실패의 근원인 동시에 성공의 씨앗을 품고 있다."라고 말했다. 위기가 왔을 때, 혹은 오기 전에 두려워하지 않고 위기를 처리해서 잠재적 기회를 얻는 경영자야말로 최고라 할 수 있다.

1996년에 벨기에에서 '코카콜라 독극물 사건'이 터졌다. 코카콜라는 이 전대미문의 치명적인 위기를 기회로 바꾸는 데 성공했다. 처음 사건이 발생했을 때, 코카콜라 경영진은 흔들리지 않고 침착하게 사건을 근본적으로 조사해 손실을 최저수준으로 낮추는 데 힘썼다. 당시 CEO는 사건의 전말을 직접 소상히 알리고, 모든 일이 마무리되면 벨기에의 모든 가정에 코카콜라를 한 병씩 증정하겠다고 약속했다. 그는 과감한 결정과 행보로 소비자들의 신뢰를 되찾는 데 성공했다. 덕분에 사건의 진상이 밝혀진 후, 코카콜라는 빠르게 명성을 만회했으며, 이어서 출시한 신상품까지 소비자의 큰 환영을 받았다.

코카콜라 사례에서 볼 수 있듯이 위기가 발생했을 때는 표면적인 문제를 해결하는 동시에 적극적인 홍보, 대중을 대상으로 한 다양한 활동을 함께 진행해도 좋다. 이를 통해 대중의 시선을 분산하고 위기를 해결해서 이미지를 쇄신하는 효과를 얻을 수 있다. 코카콜라 CEO

는 아예 이 절체절명의 위기를 잠재적 기회로 삼아 더 친화적인 기업 이미지를 강화했다.

기업은 어떠한 위기에서도 책임과 의무를 다해야 하며, 특히 적극적으로 문제를 해결하려는 태도가 꼭 필요하다. 위기가 발생하면 책임자는 진정성을 가지고 피해자 등 사건 관련 고객에게 직접 상세하게 설명하고, 비판이 날아오면 겸허히 받아들여야 한다. 이렇게 해야 갈등을 해소하고 위기를 기회로 전환할 수도 있다. 설령 일의 원인이 피해자 측에 있다고 해도, 잘못을 추궁하기 전에 우선 사건이 조성한 직접적인 위해를 없애는 데 최선을 다하는 모습을 보여서 다른 많은 고객을 잃는 일이 없도록 해야 한다. 중요한 건 소비자가 기업의 위기 해결 방식이 타당하다고 느끼게 하는 데 있다.

냉동감자 생산업체 심플로트 Simplot 의 회장으로 '감자왕'이라 불리는 J. R. 심플로트 J. R. Simplot 역시 위기를 이용해 돈을 번 사업가로 유명하다. 제2차 세계대전이 발발하자 전 세계 경제가 끝을 알 수 없는 침체기에 들어갔다. 당시 J. R. 심플로트는 전선의 부대에 세척 채소를 공급하는 일이 돈을 벌겠다고 직감하고, 채소 가공 공장을 통째로 빌렸다. 그는 특히 감자를 바로 먹을 수 있게 씻고 탈수해서 공급함으로써 전쟁터 병사들의 수요를 만족했다.

1950년대 초, 심플로트는 극심한 불경기에 시달리는 와중에도 '냉동감자튀김'이라는 신상품을 개발했다. 하지만 아무리 열심히 판촉 활동을 벌여도 소비자의 주목을 받지 못했다. 하지만 J. R. 심플로트는 이 역시 꽤 많은 돈을 버는 기회라고 확신하고 꾸준히 생산해서 열심히 시장에 선보였다. 그 결과, 냉동감자튀김은 점점 인기를 끌며 베스트셀러가 되어 심플로트 주요 상품으로 발전했다.

1973년 말에 발생한 오일쇼크는 J. R. 심플로트의 사업에도 큰 충격을 안겼다. 유가가 크게 뛰어오르자 여기저기서 불만이 터져 나왔고, 대체 에너지원의 필요성이 대두되었다. 현명한 J. R. 심플로트는 새로운 위기에 동요하지 않고, 오히려 기회로 삼아 감자를 이용해 알코올을 주요 성분으로 한 연료 첨가제를 제조했다. 그의 혁신적인 발명은 많은 소비자의 환영을 받았으며, 이후로도 보유한 자원을 남김없이 사용하는 방법을 끊임없이 고안했다. 그 결과, 감자가공과정 중에 발생하는 당 함량이 높은 폐수를 밭에 관개했으며, 기르는 소의 쇠똥을 모아 발전소의 연료로 썼다.

작은 감자 한 알은 J. R. 심플로트의 손에서 그 가치가 끊임없이 커졌다. 그가 이끄는 거대한 감자 왕국은 미국 소비자의 눈길을 사로잡았고, 큰 명성을 얻었다.

J. R. 심플로트는 위기 속에서 비즈니스 기회를 알아보고 십분 활용해 부를 거둬들일 줄 아는 사람이었다. 이것이 바로 위기관리의 핵심이다.

위기 자체를 두려워하기보다, 위기에 제대로 대응하지 못해서 손만 뻗으면 잡을 수 있는 잠재적 기회를 놓칠까 봐 더 많이 걱정해야 한다. 이런 일을 막기 위해 모든 경영자는 위기가 왔을 때, 반드시 적극적으로 대처해 기회로 바꾸겠다는 태도를 유지해야 한다. 하버드 출신의 비즈니스 엘리트들은 위기가 발생하면 신속하고 주동적으로 해결하는 동시에 그 안에서 기회를 찾아낸다. 이렇게 해서 위급한 상황을 평정하고 더불어 의외의 성과까지 거둘 수 있다.

HARVARD
BUSINESS
LECTURE

## 74

# 살아남으려면 바뀌어야 한다

혁신은 간단하지 않다. 그러나 더 위로 올라가고 싶다면
반드시 옛것을 버리고 새것을 취해야 한다.
그렇지 않으면 영원히 성공의 문을 열지 못할 것이다.
- 중국 언어학자, 쟈오위안런 -

언제 어디서 갑자기 위기가 발생할지 모르니, 느닷없이 일이 터지면 당황스럽고 겁이 나서 속수무책으로 당하는 일이 많다. 하지만 그 와중에도 최선을 다해서 경영 및 제도 방면의 허점을 손보고, 더 높은 수준에서 상황을 조망하며 위기 속에서 변혁을 시도하는 경영자들이 분명히 있다. 이런 비즈니스 엘리트들은 위기를 타개할 방법으로 변혁을 채택해서 새로운 발전의 계기를 만든다. 하버드 경영대학원은 변혁이야말로 위기를 해결하는 가장 좋은 방식이라고 강조한다.

자기 회사가 오래도록 푸른 청춘을 유지하게 하려면, 위기가 발생

했을 때 변혁을 해결의 수단으로 삼아야 한다.

아메리칸 익스프레스American Expres와 올스테이트 Allstate Corporation는 변혁으로 위기를 벗어난 대표적인 기업이다.

아메리칸 익스프레스 회장은 '판매자가 신용카드 소비자에게 수수료를 부과하는 행위를 금지하는' 연방법안이 통과되면, 오히려 상인들이 지금보다 더 심하게 각종 방법으로 수수료를 챙기려고 할 거라 확신했다. 그러면 소비자는 점점 더 신용카드 소비를 꺼리게 될 것이 분명했다. 그는 조만간 다가올지 모르는 위기를 직감하고, 적극적으로 여러 소비자 단체와 접촉해서 함께 연방 입법 의원들에게 이 법안의 문제점을 알리는 데 힘쓰자고 호소했다.

미국의 손해보험회사 올스테이트는 보험료에 대한 도시 지역 소비자의 불만을 청취한 후, 즉각 전면적인 심사에 들어갔다. 그들은 내부의 몇 가지 정책을 수정해서 시장 요구에 맞추고, 개선 방안을 대외적으로 공표했다. 바로 이러한 신속한 반응과 경영진이 과감하게 실천한 변혁 덕분에 올스테이트는 효과적으로 위기를 저지하고, 심각한 물질적 손해를 비롯한 여러 부정적 영향을 피했다.

이상의 두 가지 사례에서 아메리칸 익스프레스와 올스테이트는 변혁을 시도해 발생 가능한 위기를 성공적으로 저지했다. 인력으로 저지할 수 없는 위기일수록 변혁을 통해 위기를 박멸한 힘을 키워야 한다.

위기는 기업을 그야말로 '하루아침에 무너뜨리는' 무서운 존재다.

경영자가 위기에 신속하게 반응하고 효과적으로 조처하지 못한다면 그 결과는 상상하기도 어렵다. 하지만 해내고야 만다면 그 힘을 바탕으로 더 커다란 발전을 이루는 일은 결코 꿈이 아니다.

2000년 천진-GSK는 PPA(퀴놀론계 항균제) 위기를 다음과 같이 성공적으로 해결했다. 1987년 설립된 '중미 천진-글락소스미스클라인 제약 유한공사(약칭 천진-GSK)'는 세계 최대 제약회사 중 하나인 글락소스미스클라인 GlaxoSmithKline이 중국 대형제약회사인 천진시 중신약업유한공사와 손잡고, 천진 태평그룹과 공동으로 투자 설립한 보건위생 소비재 기업이다.

2000년 11월 16일, 중국 국가약품감독관리국은 PPA 성분이 들어간 약품의 판매 및 사용을 금지한다고 발표했다. 이에 따라 중국 내 모든 제약업체는 PPA가 함유된 감기약의 생산과 판매를 즉각 멈춰야 했다. 이 금지령이 공표되고 중국의 수십 개 감기약 생산업체가 큰 충격을 받았는데, 그중에서도 대형 기업인 천진-GSK가 가장 큰 타격을 받았다. 이전 10년 동안 천진-GSK의 대표 감기약 캉친커 康秦克는 시장 점유율이 40%가 넘어 업계 1위를 달리고 있었다. 캉친커는 절대다수의 감기 환자가 가장 먼저 선택하는 약이었다. "아침 한 알, 저녁 한 알, 감기의 괴로움을 날려요."라는 광고 문구는 소비자의 귀에 아주 익숙하다. 하지만 이번 PPA 금지령으로 캉친커를 더 이상 생산, 판매하지 못하게 되면서 천진-GSK는 커다란 위기를 마주했다.

대표 상품을 포기해야 하는 위기 앞에서도 천진-GSK 경영진은 동요하지 않았다. 그들은 즉각 전문적인 위기관리 T/F를 가동했다. 또 미리 계획했던 대로 각자의 역할을 명확하게 구분해서 위기관리 지도팀, 소통팀, 마케팅팀, 생산팀 등 각 전문인원이 맡은 분야에서 좀 더 세심하게 위기에 대응하도록 했다.

상황이 심각했지만, 천진-GSK는 단 한 명의 직원도 해고하지 않았다. PPA 파동이 오래 가지 않으리라 예측했고, 숙련된 기술직원들이 이후에 만들어낼 경제 효익이 지금 그들을 남겨두어서 발생하는 손실보다 크다고 판단했기 때문이다. 또 경영진은 다른 주력상품들을 안정적으로 생산하기 위해서 불안해하는 직원들을 다독이고 위해를 최소화하고자 안간힘을 썼다.

주주들의 굳건한 믿음, 충분한 유동자금 및 우수한 신용도는 천진-GSK가 위기를 극복하는 데 큰 힘을 보탰다. 위기에 대응하는 전체 과정에서 천진-GSK에는 특별한 재무 위기가 출현하지 않았다. 천진-GSK는 이러한 대주주들의 신뢰에 화답하고, 투자가 계속될 수 있도록 과감하게 변혁을 시도했다.

천진-GSK는 캉친커 생산판매 금지로 발생한 7억 위안 상당의 손실을 감수하는 동시에 신약 연구개발에 박차를 가했다. 그들은 온갖 고생을 거친 끝에 마침내 2001년 9월에 PPA가 들어가지 않은 'NEW 캉친커'를 성공적으로 출시했다.

천진-GSK는 대주주, 판매상, 소비자, 직원이라는 회사를 구성하는 네 가지 커다란 산을 중심으로 위기를 관리하고, 변혁을 시도하며 손실과 위해를 최소한으로 줄였다. 덕분에 그들은 아주 순조롭게 위기를 해결하고, 이후 'NEW 캉친커' 출시를 위한 길을 다졌다.

기업이 오랫동안 번영을 이루려면 위기를 처리하는 수단과 변혁 모델을 정확히 찾아야 한다. 대부분의 경우, 일이 일어나기 전에 징조가 있기는 해도 명확하지 않아서 위기 예측에 어려움이 있을 수 있다. 하지만 뜻하지 않게 위기가 발생하고 당황한 나머지 우왕좌왕하지 말고, 반드시 냉정하게 위기의 원인을 분석하고 최선을 다해 변혁을 시도함으로써 위기를 안정시키고 기회로 바꾸어야 한다.

돌발적인 위기가 발생했을 때, 반응 시간은 최대한 짧게 해야 한다. 당황해서 지체하는 바람에 대응이 늦어지면, 손실이 어마어마하게 불어날 수 있다. 이런 상황에서 소통은 위기관리의 기본이고, 변혁은 위기대응의 주요 기조가 되어야 한다. 과감한 변혁은 대중의 신뢰를 회복하고, 사태 확산을 저지해 안정시키는 관건이다.

## 75

# 위기관리의 핵심은 속도다

성공한 사람은 문제를 보면 곧바로 움직여 해결하지, 걱정 따위는 하지 않는다.
걱정은 어떠한 문제도 해결하지 못하며, 시간만 낭비하기 때문이다.
· 빌 게이츠 ·

 속도는 무엇보다 중요하다. 위기는 사람을 기다려주지 않으며, 소비자 역시 인내심이 아주 부족하기 때문이다. 그러므로 위기를 마주했을 때, 경영자로서 당신은 우선 주동적으로 책임을 지는 용기를 보여야 한다. 그리고 아주 빠른 속도로 반응해서 위기의 영향 및 파급 범위를 최소화해야 한다.
 대부분 사람은 위기에 처했을 때, 매우 당황해서 갈피를 잡지 못하고 허둥거리거나, 이른바 '멘붕'에 빠진다. 하지만 이는 일반 사람들의 이야기고, 한 기업을 이끄는 경영자는 일이 터졌다 싶으면 최단 시간 안에 상황을 이해하고 신속하게 대응계획을 실행해 문제 해결 방법을 찾아야 한다. 이렇게 해야만 자기 기업을 환난에서 구할 수 있다.

비즈니스 엘리트들은 어떠한 종류의 위기이든 속도가 관건이라고 생각한다. 레드불 Redbull 의 경영자 역시 마찬가지였다.

2003년 중국에서 '가짜 레드불[16]' 사건이 일어났을 때, 중국 레드불은 전대미문의 위기에 빠졌다. 이 긴박한 상황을 마주한 경영자는 전투를 앞두고도 긴장하지 않는 장군처럼 '빠르고, 정확하며, 거침없이' 처리해서 위기로 인한 부정적 영향을 최소화했다. 그들은 문제를 회피하거나 도망가지 않고, 관련 브랜드와 상품의 신뢰성을 보호하는 데 주력했다. 이 위기처리 과정에서 중국 레드불의 CEO는 자신의 수준 높은 경영모델과 이념을 효과적으로 드러냈다.

위기를 맞은 기업의 경영자는 중국 레드불의 CEO처럼 '빠르고, 정확하며, 거침없이' 처리해야 한다. 위기의 원인이 내부에 있다면 마음을 굳게 먹고 관련 직원에게 책임을 묻고, 피해자와 여론에 합리적으로 조처해야 한다. 또 위기의 원인이 외부에 있다면 즉각 기업전략 목표를 조정하고, 기업의 발전 방향을 새롭게 확정해야 한다. 특히 위기가 발생하면 언론매체와 연계를 강화할 필요가 있다. 공정하

---

[16] 2003년 8월, 한 매체가 국가품질관리총국이 시중에 판매하는 레드불을 조사하라는 지시를 내렸다고 보도했다. 실제 조사 대상은 '밀수 레드불'로 중국 레드불에서 정식으로 생산, 판매하는 제품이 아니었다. 매체가 이를 제대로 명시하지 않은 바람에 중국 레드불은 큰 타격을 입었다.

고 권위 있는 언론기관의 힘을 빌려 위기를 해결하고 대중에게 정신적, 물질적 보상을 해야 한다. 동시에 경영자는 급한 불을 끄는 데 그치지 말고, 명예 회복을 위한 사후 관리에 힘써 신속하고 효과적으로 위기를 해결해야 한다.

위기는 기업에 악영향을 미치므로 즉각 대응하지 못하면 실적에 큰 타격을 입을 것이다. 도시바 Toshiba 역시 한때 중국에서 이런 위기를 맞은 적 있다.

1999년 도시바는 노트북PC의 FDC(플로피디스크 컨트롤러) 하자 건으로 미국에서 소송에 휘말려 10억 5,000만 달러를 배상했다. 사건은 그들이 미국에서는 보상한 노트북PC 하자를 중국에서는 배상할 수 없다고 발표하면서 시작되었다. 중국 소비자들은 이것이 중국을 무시하는 처사라며 불만을 토로했다. 여론이 조금이라도 더 확산하면 전국적인 불매 운동으로 번질 수도 있는 상황이었다. 여론이 심상치 않자 도시바 사장은 신속하게 위기대응계획을 실행했다. 그들은 중국 소비자협회 회장과 법률 전문가들을 초청해 이야기를 나누고, 중국 소비자가 이 문제를 이성적으로 이해할 수 있도록 도와달라고 부탁했다. 또 대리상인 렌샹에 중국 도시바 사용자들에게 보내는 공개서한을 발표해달라고 요청했다. 이 공개서한에는 지난 15년 동안 도시바가 중국에서 노트북PC 1,500만 대를 판매했는데, 단 한 번도 FDC 하자로 문제가 발생한 적이 없다는 내용이 담겨 있었다. 이 공개서한에서 도시바는 진정성을 담아 설명함으로써 소비자들의 이해를 얻었다. 이렇게 도시바는 다양한 방면에서 노력한 결과, 순조롭게 난관을 헤쳐 나갔다.

　도시바는 불만 여론이 조금씩 커지고 있을 때 이미 여론이 심상치 않음을 알아차리고 즉각 반응했다. 당시 빠르게 대응하지 않았다면, 오랜 시간 공들였던 중국 시장에서 쫓겨나갈 수도 있었다. 이처럼 위기처리에서는 속도가 매우 중요한 위치를 차지한다.
　기업이 위기를 처리할 때, 즉각적으로 하지 않으면 이익도 명예도 모두 잃는 최악의 결과를 맞는다. 더 크게 성공하고 싶다면 반드시 제도화, 시스템화한 위기관리 및 극복 프로세스, 전담 조직기구를 미리 마련해두어야 한다. 평소에는 그 작용이 명확하지 않겠지만, 위기가 생기면 매우 효과적으로 운영되어서 효율적으로 위기를 처리할 수 있다.

위기를 처리할 때는 반드시 '빠르고, 정확하며, 거침없이' 해야 한다. 폭풍 전야처럼 위기를 감지하는 즉시 신속하게 문제의 근원을 파악하고 그에 상응해 조처하는 것이 중요하다. 이를 위해 기업은 사전에 효율적인 조직관리 시스템, 성문화된 위기관리제도를 만들고, 평소에 성숙한 위기관리 교육을 꾸준히 해두어야 위기대응 능력을 향상할 수 있다.

## 76

## 위기에는 포기도 전략이다

위기 앞에서 우리가 할 수 있는 유일한 선택은 바로 완전한 책임을 지는 것이다.
· 중국 멍뉴蒙牛그룹 회장, 뉴건성 ·

　기업이 위기의 소용돌이에 휘말렸을 때, 경영자로서 당신의 시선을 어디에 두겠는가? 그 약간의 차이가 기업을 재난에서 구해낼 수도 있고, 하루아침에 무너지게 할 수도 있다. 관건은 경영자가 좀 더 멀리 보며 눈앞의 이익을 포기할 수 있는가다.
　위기는 보통 준비하지 않은 때에 느닷없이 발생해 두 눈 멀쩡히 뜬 채로 당할 수밖에 없게 만든다. 아무런 방비도 하지 않은 상황에서 악어가 당신의 왼쪽 다리를 물었다면, 어떻게 하겠는가? 대부분 사람은 두 팔과 오른쪽 다리를 이용해 어떻게든 왼쪽 다리를 악어 입에서 빼내려고 할 것이다. 하지만 이렇게 하면 당신의 두 팔과 오른쪽 다리까지 모두 악어 입속으로 들어갈 확률이 높다. 벗어나려고 발버둥 칠수록 악어의 수확은 더 많아진다. 어쩌면 악어는 왼쪽 다리를 물었을 때부터 당신이 발버둥 치기를 기다리고 있다가 통째로 삼킬 수 있기를 기대했는지도 모른다. 이런 위기에 봉착했을 때, 당신이 유일하게 할 수 있는 행동은 바로 왼쪽 다리를, 그것도 최대한 빨리 포기하는 것이다. 이것이 바로 유명한 '악어의 법칙 alligator principle'이다.

'악어의 법칙'은 사냥감이 벗어나려고 시도할수록 악어 입에 들어가는 부위가 커지는 데서 비롯된 말로, '더 큰 손해를 막기 위해 작은 손해는 감수하라는' 의미다. 장기판에서 '졸을 죽이고 차를 지키는 것'과 같은 이치다. 당신의 기업이 위기에 빠졌고 되돌릴 여지가 없음을 발견하면, 기존의 방식과 방향에서 즉각 손을 떼고 돌아서서 멀어져야 한다. 설령 바로 눈앞에 이익이 있더라도 말이다. 경영자가 눈앞의 이익에 미련을 못 버리고 주저하면서 결정을 내리지 않으면 스스로 불구덩이에 걸어 들어가는 것과 같다. 기업이 붕괴의 위험에 직면했는데 도무지 결단을 내리지 못하고 이리저리 시간만 끌수록 손실도 점점 더 커진다.

이와 관련해서 기업 컨설팅 전문가 오모웨일 크렌쇼 Omowale Crenshaw는 "정확한 길이 무엇인지 모를 수도 있습니다. 하지만 잘못된 길 위에서는 반드시 너무 멀리 걷지 않아야 합니다."라고 말했다. 그의 말은 악어의 법칙과도 일맥상통한다.

또 하버드 교수 윌리엄 제임스는 다음과 같이 말했다. "기정사실을 인정하고 이미 발생한 사실을 받아들이는 태도는 불행한 결과에 대응하는 선결 조건이다. 잘못된 결과를 알면서도 손실을 마주할 수 없어 '미봉책'을 쓴다면 심리적으로 미성숙하다는 의미다. 바꿀 수 있는 일을 용감하게 바꾸고, 바꿀 수 없는 일은 넓은 가슴으로 받아들여야 한다, 지혜로 이 두 가지를 분명히 구분할 줄 알아야 성장했다고 할 수 있다."

기업이 위기에 처했을 때, 현명한 경영자는 과감하게 눈앞의 이익을 포기하고 올바른 길을 찾아간다. 뒷일을 생각하지 않고 미봉책을 써봤자 결과적으로 손해를 더 키우고, 더 빨리 무너진다는 걸 알기 때문이다. 지금 당신이 올라탄 말이 낭떠러지를 향해 달려간다면 어떻게든 말고삐를 잡아채 멈추고 되돌아가게 해야 하지 않겠는가? 눈앞의 이익에 연연하지 말고 깨끗하게 포기하자. 그러고 나서 좀 더 높은 각도로 멀리 바라보아야 위기에서 벗어날 준비가 되었다 하겠다. 그래야만 더 주동적으로 자신에게 속한 길을 찾고 새롭게 돛을 올려 항해를 시작할 수 있다.

하버드 경영대학원의 위기관리 강의에서는 위기가 발생했을 때, 과감하게 눈앞의 이익을 포기해야 한다고 강조한다. 포기하지 못하고 잘못된 항로로 계속 가봤자 얼마 지나지 않아 좌초될 뿐이다. 즉각 위기에서 벗어나기 위해 썩어 문드러지는 일부분을 도려내야 할 수도 있다. 고통스럽겠지만, 그래야 근본을 지킬 수 있다.

HARVARD BUSINESS LECTURE

# 77

## 혼자서는 해결할 수 없다

강한 적을 마주했다면 반드시 합작해야 한다. 합작을 잘하기만 해도
사람들의 역량을 모으고 강적을 무찌를 수 있다.
· 프랭클린 루스벨트 ·

모든 기업은 위기에 빠질 가능성이 있다. 아주 우수한 기업이어도 시장 변화로 인한 돌발성 위기를 피하기는 어렵다. 기업이 위기에 처했을 때, 경영자는 뛰어난 호소력으로 직원 모두와 함께 어려움을 극복해야 한다.

1990년대, '빅블루' IBM에 3년 연속 적자가 발생했다. 적자액은 무려 110억 달러에 달했다. 1993년 4월 1일, 위기에 빠진 빅블루를 구하

라는 중임을 받고 취임한 CEO 루이스 거스너 Louis Gerstner 는 전 직원을 향해 모두 함께 힘을 내서 위기를 극복하자고 호소했다. "나는 여러분이 우리를 향해 불어오는 이 폭풍이 곧 지나간다는 사실을 알기 바랍니다. 언제쯤 우리를 흥분시킬 변화가 생길지는 나도 정확히 예측할 수 없습니다. 하지만 이 폭풍이 반드시 사라진다고 확신합니다."

거스너는 IBM 각 방면을 두루 살피고 문제가 되는 부분을 개선했다. 그는 연이은 실패의 원인으로 IBM이 너무 자만한 나머지, 방향을 상실했기 때문이라고 결론 내렸다. 방향을 잃었으니 관료주의가 만연했고, 회사가 하나로 뭉치지 못해 '각개 전투'를 벌이니 전투력이 효력을 발휘하지 못했다. 즉 전투력을 완전히 잃은 것은 아니었다. 이에 거스너는 IBM의 '몸집 줄이기'와 '프로세스 개선' 작업에 착수했다.

CEO 거스너와 전 직원의 공동 노력 덕분에 IBM은 차츰 에너지를 되찾았다. 그들은 새롭게 전투력을 키웠으며, 그것을 가장 효과적으로 발휘하는 방식도 마련했다. 1995년 IBM의 영업판매액은 700억 달러를 돌파했고, 메인프레임 사업도 부활했다. 이듬해인 1996년 11월 15일, IBM의 주가는 145달러까지 올라 9년 만에 최고가를 달성했다.

기업이 위기에 빠지는 원인은 다양하다. 외부원인으로는 신기술의 출현, 경쟁업체의 혁신능력 향상 등이 있다. 또 불경기가 수출 시장에 영향을 미치고, 달러 환율이 국제이윤을 감소할 수도 있다. 하지만 일반적인 상황에서 위기는 기업의 내부원인 탓에 발생한다. 예컨대 전략 오류, 조직 비대화, 기율 관리 실패 등이 있다. 이런 상황에서 경영자가 신속하게 위기를 벗어나려면 반드시 전체 직원이 동참하게 해야 한다. 그렇다면 어떻게 해야 직원들이 일심단결해서 기꺼이 이 위기와 싸우게 만들 수 있을까?

### 1 | 사기를 북돋는다.

자기가 다니는 회사가 위기에 빠지면 당연히 직원들도 당황하고 마음이 붕 떠서 업무에 집중하기 어렵다. 이때 경영자와 관리자가 같이 놀라고 당황하는 모습을 보인다면 직원들의 불안감은 더 커질 것이다. 아무리 힘들어도 위기를 무사히 극복하려면 성공을 추구할 때처럼 대가를 치러야 한다. 가장 먼저 해야 할 일은 바로 '사기'를 북돋는 일이다. 우선 마음을 하나로 만들어야 어려움을 타개할 수 있다.

### 2 | 정보를 공유한다.

재무 상황에 구멍이 생겼거나 문제가 발생했을 때, 그 내용을 직원들과 공유할 수 있겠는가? 아마 대부분 경영자와 관리자가 선뜻 대답하지 못하고 고민할 것이다. 하지만 비상 시기에는 평소와 다른 기개를 보여야 한다. 어려울 때일수록 직원들과 재무 상황을 공유하고 그들이 현 상황을 정확히 보고서 자연스럽게 책임감을 느끼도록 해야 한다.

물론 정보를 공유할 때는 주의가 필요하다. 나쁜 소식을 전할 때는 말투와 태도에 신경 써서 괜히 너무 무거운 분위기를 만들 필요 없다. 또 정보를 공유하는 목적이 직원들을 겁주려는 것이 아니라, 위기 상황을 인식하는 동시에 단결해서 헤쳐 나가자는 의도임을 전달해야 한다.

정보 공유는 직원들에게 어려운 상황이지만, 함께 이겨낼 수 있고 그러려면 여전히 새로운 창의성이 필요하다는 메시지를 전달하는 데 그 목적이 있다. 텍사스항공복합소재 Texas Air Composites 의 CEO 랜디 하란 Randy Haran 은 솔직한 태도와 강한 리더십으로 회사 전체를 하나로 만들어 위기를 극복했다.

텍사스항공복합소재는 항공기 유지보수 서비스를 제공하는 기업이다. 2005년에 이 회사는 판매액이 배로 뛰어올라 이윤이 크게 불어나고 매우 안정적으로 성장했다. 하지만 이듬해인 2006년에는 고객인 항공업체들의 비용 절감 정책, 경쟁업체의 저가 마케팅 등의 영향으로 수입이 점점 줄어들었다. 직원들은 열심히 일했지만, 수확은 크지 않았다. CEO 랜디 하란은 2006년을 '매우 도전적인 해'였다고 묘사한다. 그는 회사가 가장 큰 위기에 처했을 때, 직원들에게 정보를 공유하기로 마음먹었다.

당시 마흔네 살이던 하란은 직원들에게 4시간가량의 재무지식 교육을 이수하게 했다. 그리고 매주 정기적으로 회사의 손익 상황, 채무, 판매액, 현금 유동 지표 및 이를 바탕으로 한 예측 등을 모든 직원에게 알렸다. 그는 직원을 해고하지 않는 일이 보너스를 많이 주는 것보다 중요하며 그러려면 회사가 아무리 힘들어도 재무 상태를 공개해야 한다고 생각했다. "직원들은 가져가는 돈이 예전보다 줄어들면 기분이 상하고 회사에 불만을 품죠. 하지만 상황을 이해하면 어떻게 해야 이 문제들을 해결할 수 있을지 생각합니다."

하란의 진정성 있는 태도는 모든 직원의 지지를 받았다. 그들은 똑같은 마음으로 힘을 합쳐 회사를 되살리기 위해 노력했고, 마침내 위기를 극복했다.

랜디 하란의 이야기는 많은 경영자가 생각해볼 만하다. 위기에 직면했을 때 직원들과 정보를 공유하기를 꺼리는 태도는 그들의 신뢰를 잃을 수 있는 모험이나 마찬가지다. 어떤 경영자는 회사가 어려워지면 직원들에게 거짓을 말하거나 그들을 현혹하는 정보만 전달한다. 반면에 용기 있는 경영자는 설령 곤란한 상황이 발생할 가능성이 있어도 직원들이 회사의 현 상황을 정확히 알게 한다.

물론 정보를 공유했을 때 발생할 수 있는 문제도 있다. 경영자가 직원들에게 회사 상황이 나쁘다고 말하면, 어떤 직원들은 즉각 이직을 선택할 것이다. 그러므로 정보를 공유하되 회사의 특허 정보나 대외비를 함부로 유출해서는 안 된다. 그랬다가는 자칫 경쟁업체에 스스로 기회를 제공하는 셈이 될 수도 있다. 또 직원들에게 안 좋은 상황을 이야기할 때, 과하게 의기소침한 모습 혹은 전혀 아랑곳하지 않는 태도를 보이면 좋지 않다. 무슨 일이 생길 때마다, 그것이 좋은 일이든 나쁜 일이든, 최신 정보를 너무 빈번하게 업데이트해도 직원들을 지치게 만들 수 있으니 융통성을 발휘해야 한다. 현명한 경영자는 기업이 위기에 빠졌을 때, 합리적인 방식으로 정보를 공유함으로써 직원들과 함께 난관을 뚫고 나간다.

이상 사기를 북돋고 정보를 공유하는 방법 외에 회의나 교육 등의 방식으로 직원의 주인의식, 책임감을 키우는 방법도 좋다. 평소에 이를 꾸준히 실천한 기업이라면 위기에 빠졌을 때, 직원들이 스스로 나설 테니 단결해서 함께 난관을 돌파하는 일이 어렵지 않을 것이다.

완벽한 시스템이나 완벽한 계획이란 없다. 모든 기업은 위기에 빠질 수 있고, 이때 아무리 뛰어난 비즈니스 엘리트라도 혼자 해결하기란 쉽지 않다. 회사가 곤경에 빠지면 즉각 전체 직원의 사기를 북돋고, 상황을 솔직하게 설명해서 함께 문제를 해결하고 위기를 처리하자고 독려해야 한다. 집단의 힘을 중요하게 생각하는 하버드 출신의 비즈니스 엘리트들은 신속하게 직원들을 동원해 위기에서 벗어나고 난관을 돌파한다.

## 78

## 위기를 통해 새로워진다

당신이 곤경에 빠진 것이 부모의 잘못은 아니다.
스스로 마땅히 져야 하는 책임을 그들에게 떠넘기지 말고,
그 곤경 속에서 교훈을 얻어야 한다.
· 빌 게이츠 ·

기업에 있어 '개선 시스템'이란 완전히 개방된 시장 환경에서 위기에 처했을 때, 스스로 문제를 해결하고 잘못된 것이나 나쁜 것을 고쳐 더 좋게 만드는 제도를 말한다. 기업이 잘 되려면 그동안 걸었던 '익숙한 길'을 되돌아보고 교훈을 얻어 잘못된 전철을 밟지 않아야 한다. 이를 위해 개선 시스템이 꼭 필요하다. 훌륭한 개선 시스템을 갖춘 기업은 위기를 맞닥뜨렸을 때, 즉각 스스로 문제를 해결하며 최대한 위기에서 멀어져 불필요한 손실을 줄이고 손해를 최소화한다.

하버드 학생들은 모두 자기관리의 귀재다. 그들은 자신에게 한 약속을 엄격하게 지키며 놀라운 자제력을 발휘하고 자기관리를 일종의 생활 습관으로 삼는다. 사회에 진출해 우수한 비즈니스 엘리트로 성장하면 이러한 자제력과 자기관리가 더욱 커다란 효과를 발한다. 자제력은 일종의 동태적 관리로 위기와 난관을 무력화하는 강한 힘이다. 또 자기관리는 정태적 관리로 스스로 이성의 힘을 기르는 노력으로 완성되며, 사람의 경험과 지식을 부로 바꾸어주는 촉매제 역할을 한다. 자제력과 자기관리는 개인이 자아를 실현하는 데 없어서는 안 되는 중요한 역량이다. 이 점은 기업에도 똑같이 작용한다. 기업이 전대미문의 위기에 빠졌을 때, 경영자는 당연히 전력을 다해 대응해야 한다. 더욱 중요한 부분은 사후에 즉각 위기를 되돌아보고 그 안에서 얻은 경험과 교훈을 바탕으로 개선해야 한다는 점이다. 그래야 지속적이고 체계적인 고효율 운영이 가능하며, 비슷한 유형의 위기를 피할 수 있다.

일반적인 상황에서 위기는 의외성과 잠재성이라는 두 가지 중요한 특징이 있다. 돌발적인 위기가 발생했을 때, 기업의 경영진이 갈피를 못 잡고 우왕좌왕하면 안 된다. 당황하면 위기의 본질을 정확히 볼 수 없고, 무엇보다 회사를 효과적으로 제어할 수 없기 때문이다. 경영자는 최대한 빨리 위기의 실체를 파악하고, 그 발생 원인을 분석해야 한다. 품질 문제? 디자인 문제일까? 아니면 마케팅 방법이 잘못되었나? 광고에 문제가 있었을까? 판로가 부족한가? 혹시 가격경쟁력이 떨어지나?…… 어떤 원인으로 발생한 위기든 경영자는 그것을 알아차리자마자 신속하게 원인을 파악하고 상응하는 대응 방안을 결정해야 한다.

기업은 깊이 있는 조사를 기반으로 명확한 위기대응 방안을 제정해야 한다. 이런 방안들은 정확하게 배치하고 실천해서 최대한 빠르게 효과를 내는 것이 중요하다. 위기 발생의 전후 관계에 근거해서 몇 가지 실행 가능한 반응의 장단점을 비교한 후에 선택한다. 어떻게 해야 경험을 종합해서 정확한 개선 시스템을 세울 수 있을까?

### 1 | 위기를 확인한다.

위기 확인이란 해당 위기를 분류하고 관련 정보를 수집해 그 원인을 찾아내는 일을 가리킨다. 더불어 위기가 조성하는 부정적 영향의 범위와 정도를 가늠해야 한다.

### 2 | 위기를 제어한다.

모종의 위기가 존재한다고 여긴다면 즉각 효과적인 조처로 제압해 더 이상 확산하지 않게 해야 한다. 초기에 위기를 제압하지 못하면 그 위해는 당신이 상상한 속도와 수준을 훨씬 뛰어넘을 것이다. 큰 화재로 번질 수 있는 불씨를 죽이듯 최대한 민첩하게 움직여야 한다.

### 3 | 위기를 처리한다.

위기 제어에 성공했다면 신속하게 처리해야 한다. 이때도 관건은 속도다. 최단 시간 안에 위기를 처리해야 불필요한 손실을 최대한 피할 수 있다. 어떤 경영자들은 위기가 발생하면 인상을 찌푸리며 최대한 회피하거나 소극적으로 움직인다. 위기가 자기 발로 걸어 나가기라도 바라는 것처럼 말이다. 그래봤자 위기처리 시간만 늦어지며 어떠한 긍정적인 효과도 기대하기 어렵다. 위기를 처리할 때, 경영자는 적극적이고 긍정적인 태도로 전 직원들을 독려하며 용기를 북돋아야 한다. 머리로 끊임없이 사고하고 가슴에 희망이 충만한 사람만이 함께 어려움을 겪는 직원들에게 보이지 않는 에너지를 전달할 수 있다.

자제력이 부족하고 자기 개선 태도가 없는 개인은 현실의 욕망에 짓눌려 성공하기 어렵다. 마찬가지로 개선의 의지도 능력도 없는 기업은 절대 더 나아질 수 없다. 빌 게이츠는 오류로부터 뭔가를 배워 문제를 해결하라고 했다. 위기가 발생하고 나서야 급하게 수습해보려고 허둥대봤자 잘 해결될 리도 없고, 설령 어찌어찌 수습했다 하더라도 똑같은 위기를 다시 만날 확률이 높다. 이런 이유로 평소에 위기로 번질 만한 크고 작은 문제들을 조정하고 개선해야 한다. 동시에 위기가 발생한 후, 그 안에서 얻은 경험과 교훈으로 성장하는 개선 시스템이 꼭 필요하다.

하버드 비즈니스 엘리트들은 위기에 대응할 때, 이전에 겪었던 위기들, 절체절명의 순간과 그로부터 얻는 교훈들을 머릿속에 쭉 떠올린다. 그들은 이를 마음에 새기며 비범한 대응 능력과 성숙한 심리적 자질로 용감하게 위기와 맞부딪친다. 위기가 발생했을 때, 침착하게 대응하려면 반드시 개선 시스템을 건립해야 하고, 신속하게 결단을 내려 위기에 대응해야 한다.

HARVARD BUSINESS LECTURE

· 부록 ·

# 하버드 경영학 강의 사례

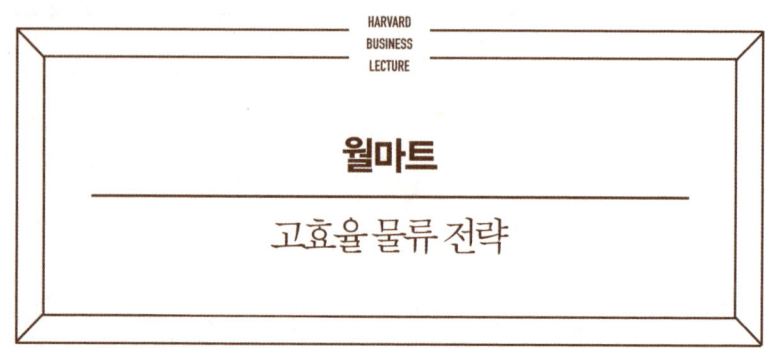

# 월마트
## 고효율 물류 전략

2013년 〈포브스〉가 선정한 '세계 500대 기업'에서 월마트는 판매 수입 4,691억 6,200만 달러로 2위 자리에 올랐다. 미국 남부의 작은 소매상이었던 월마트는 꾸준히 발전을 계속해서 세계 3대 대형마트로 우뚝 섰다. 이는 '고객은 항상 옳다'라는 원칙을 엄격하게 지켰을 뿐 아니라, 모든 부분에서 비용 절약을 실천해서 고객에게 '저가로 좋은 상품'을 제공한 덕분이었다.

월마트는 매년 시간과 돈을 절약하는 고효율 물류 계획을 새롭게 제정한다. 전 세계 월마트 지점도 여기에 상응하는 목표를 설정한다. 그중 가장 눈에 띄는 부분은 물류비용이 반드시 경쟁업체보다 크게 낮아야 한다는 점이다. 그러려면 상품의 가치 흐름 value stream [17]을 새롭게 하는 것이 관건이다. 다시 말해 매장에서 가능한 한 최저가로 상품을 진열대에 올려야 한다는 의미다.

얼핏 듣기에는 매우 간단하고 명확한 목표 같지만, 사실 막상 해

---

[17] 특정 제품을 구현하는 데 필요한 모든 개별 활동을 말한다.

내려면 각 부서가 서로 유기적으로 결합해 매우 체계적으로 완성해야 하는 까다로운 과정이다. 이를 위해 월마트는 매우 복잡한 자원 조달 보장 시스템을 마련해야 했다. 이 시스템의 목적은 최소 비용으로 상품을 대량 구매하고, 이후 적시에 적량으로 상품을 각 지점에 배분하는 것이다.

이 시스템은 바코드 리더기로 정보를 수집하는 일부터 시작한다. 수집된 정보는 컴퓨터로 전송되고, 교차검증 프로세스를 이용해서 재고를 관리, 감독한다. 월마트는 여기에 맞춘 '교차 입고' 시스템까지 완벽하게 갖추었다. 그들은 이 시스템을 이용해서 입고된 상품을 선택, 대체하며 각 매장으로 빠르게 조달한다. 이는 월마트가 고효율 물류 조달과 최저가 보증을 실현하는 가장 합리적인 방식이다.

이 같은 고효율 전략 시스템은 업계에서 쉽게 모방, 보급되기 때문에 월마트는 교차 입고 시스템을 계속 새롭게 바꾼다. 아무리 좋아도 업계에서 통용하는 시스템이 되면 우위를 장기간 지속할 수 없다. 이런 이유로 월마트는 반드시 맨 앞자리를 사수하기 위해서 시스템을 부단히 새롭게 개량하고 발전시킨다. 이것이 바로 월마트가 전 세계 소매업계의 최고 자리에 서서 업계의 발전과 방향을 선도하는 까닭이다.

이외에 월마트는 매우 빠르고 효율이 뛰어난 컴퓨터 정보 처리 시스템을 갖추었다. 이 시스템은 매장에 있는 4,000여 개 무인 판매대의 정보를 수집하고 연계해서 유효한 정보흐름 information flow 을 만든다. 특별히 프로그래밍한 컴퓨팅 네트워크는 좀 더 빠른 물류를 꾀하며, 각 매장이 고객의 수요에 알맞은 상품을 갖추고 창고보관료까지 최저로 할 수 있도록 돕는다. 컴퓨터는 고객 행위의 구체적인 정보를 매장 관리자에게 전하고, 이를 바탕으로 각 매장은 운영 정책, 예컨대 어떤 상품을 구매하고 보관할지 등을 결정할 수 있다.

월마트는 시스템을 서로 유기적으로 결합해 재고 보충에 관한 전략적 능력을 키운다. 또 공급상과 연계를 강화함으로써 그들이 주동적으로 매장 진열대에 상품을 보충할 수 있도록 한다.

월마트는 상품을 빠르게 보충하고 창고보관료를 낮추어서 상품을 저가에 판매하기 위한 교차입고 시스템을 건립했다. 또 고효율 컴퓨터 정보 처리 시스템으로 정보흐름을 막힘없이 원활하게 만들었다. 동시에 월마트와 공급상이 이 두 가지 시스템 사이에서 완벽하게 결합하여 가능한 한 낮은 가격으로 물류가 가능케 했다.

하버드 경영대학원은 경영자들에게 기업이 반드시 과학적이고 완전한 창고저장 시스템을 건립하고 끊임없이 개선해서 물류 흐름을 원활하게 함으로써 처음부터 소비자 수요를 만족해야 한다고 강조한다. 창고보관 관리는 크게 다음의 세 가지를 포함한다.

- 창고 관리: 창고의 유형, 규모와 수량, 지역 선택 등
- 상품 보관: 최고 및 최저 보관량, 입고 물량의 제정 및 관리 집행 등
- 재고 관리: 발주, 일상적 창고 관리

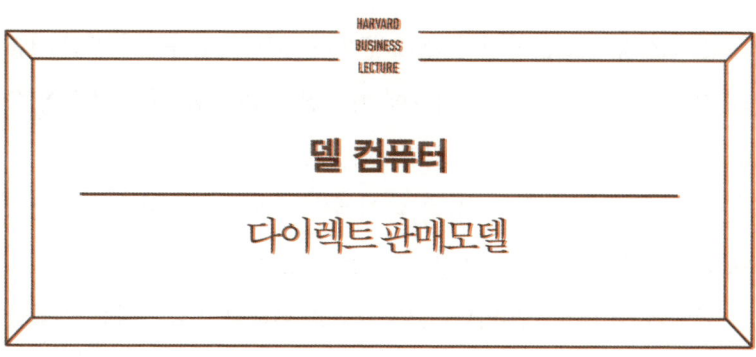

## 델 컴퓨터
### 다이렉트 판매모델

'다이렉트 판매모델'은 지금 여러 세계적 기업에서 보편적으로 응용하는 판매 방식 중 하나다. 그중에서도 'ZERO 재고', '고객과의 파트너십', '직판'의 3원칙으로 구성된 델 컴퓨터의 다이렉트 판매모델은 업계의 큰 찬사를 받는다.

현대 기업경영에서 이른바 'ZERO 재고'는 통상 화물 저장 방식을 조정하는 것으로 실현한다. 정보와 기술이 고속으로 발전하는 시대에 재고의 생명을 따지는 일은 전혀 의미가 없으며, 실제 재고의 생명이란 아주 짧은 기간에 불과하기 때문이다. 델 역시 이를 잘 알고 있기에 그야말로 재고를 ZERO로 만드는 데 집착하지 않으며, 단지 공급사슬을 조정함으로써 최대한 재고를 줄이는 방식을 추구한다. 공급사슬 관리 이론에서 재고 문제는 크게 두 가지 방면으로 드러난다. 하나는 기업이 재고를 관리하는 능력이고, 다른 하나는 기업과 부품 공급상의 협력 관계다.

델은 이중에서도 후자를 무척 중요하게 생각한다. 부품 공급상과의 협력 관계에서 핵심은 상대방에게 정확한 정보를 신속하게 전하는 데 있다. 즉 쉽게 말해서 정보로 재고를 줄이는 것이다. 델은 재고를 줄이는 방안을 끊임없이 찾고, 생산라인과 고객 사이에 놓인 시공간 거리를 모두 단축한다. 자료에 따르면 델은 평균 제품 보관 일수를 8일 안으로 줄일 수 있는 기업이라고 한다.

델은 '고객과의 파트너십'을 다이렉트 판매모델의 최고 지향점으로 삼는다. "고객만 생각할 뿐, 경쟁은 신경 쓰지 않는다." 그들이 모든 사업과 경영에서 얼마나 깊이 고객을 이해하는지는 다른 기업들이 반성하고 배워야 할 정도로 뛰어나다. 대다수 기업은 경쟁업체들의 행위에만 신경을 쓰는 탓에 도리어 견제 받고, 그들의 뒤꽁무니를 뒤쫓아 다니는 데 너무 많은 시간을 쏟다. 이런 기업들에 앞을 바라볼 시간 따위는 없다.

시장의 대리상들이 벌이는 과도한 경쟁은 이미 의심할 여지가 없는 사실이다. 다이렉트 판매모델에서 델은 바로 중간 대리상의 경쟁을 줄임으로써 직접 고객집단과 마주하고, 고객의 요구에 근거해서 상품을 만들 수 있었다. 이러한 과정은 모두 매우 순조롭게 진행되었다.

**사례 분석**

일반적으로 기업의 판매경로는 여러 층으로 구성된 다중 구조다. 이러한 다중 구조는 제조업체부터 판매점을 통해 소비자까지 가는 과정에 너무 많은 '전달'을 거쳐야 한다. 그 과정에서 중간 이윤이 계속 붙고 또 붙어서 비용이 상승할 수밖에 없다. 이 때문에 경쟁우위를 확보하기 위해 판매점이라는 경로 없이 직접 판매하는 '다이렉트 판매모델'이 광범위하게 응용되고 있다. 이렇게 하면 전체 과정이 단축되어 물류비용을 대폭 줄이고, 좀 더 효과적이고 경제적이며 편리하고 빠르게 소비자에게 물건을 판매할 수 있다. 이런 이유로 다이렉트 판매는 경쟁우위를 확보하기 위한 가장 현명한 방식 중 하나로 손꼽힌다.

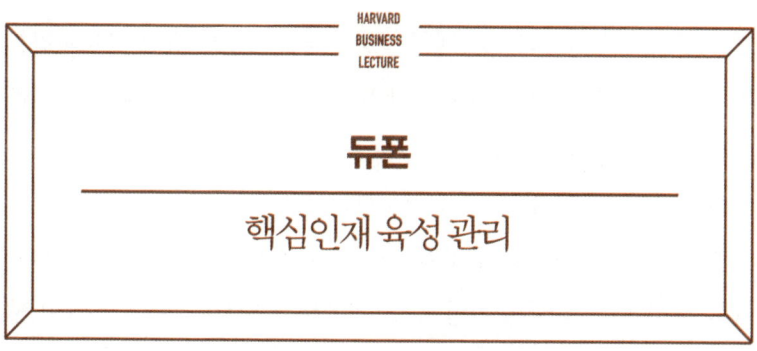

듀폰 DuPont은 세계 화학공업 분야의 선두주자로서 수준 높은 경영 전략을 갖추었을 뿐 아니라, 인재 경영에서도 빼어난 면모를 자랑한다. 인재의 선발과 임용에 공을 들이는 듀폰은 기업의 핵심 경쟁력과 응집력이 업계의 일반 수준을 이미 크게 뛰어넘었다. 듀폰 본사에서는 30년 이상 근속 직원들을 쉽게 찾아볼 수 있다. 이는 인재 이동이 매우 빈번한 미국에서 거의 불가사의에 가까운 일이다.

듀폰이 인재 지키기에 이처럼 뛰어난 까닭은 모든 직원에게 독특한 교육을 제공하기 때문이다. 세계적인 수준을 자랑하는 이 교육 시스템은 '인해전술'로 묘사되는 전통적 교육방식과는 전혀 다르다. 이렇게 큰 기업이지만, 몇 명 되지 않는 교육담당자들이 매우 특색 있는 직원 교육을 전개하고 있다.

듀폰의 직원 교육담당자들은 매년 직원들의 소질, 업무 상황, 각 부서 업무에 필요한 내용 등을 근거로 교육계획을 작성한다. 여기에는 그해 교육과정의 명칭, 내용, 강사, 시간, 장소 등이 포함된다. 매해 연말, 교육담당자는 이 교육계획을 각 부서 주요 관리자에게 발송한다. 그러면 관리자들은 직원의 업무 범위와 성적에 따라, 그리고 직원의 니즈와 회사의 교육계획을 종합해서 직원별 맞춤 교육계획을 완성한다. 이렇게 해서 매우 체계적이고 개별적인 교육방안이 모든 직원에게 각각 배부되고, 직원들은 모두 이 방안을 기준으로 목표를 세워 회사가 제공하는 교육에 참여한다.

듀폰은 모든 직원에게 공평하고 다원화된 교육기회를 제공한다. 예를 들어 모든 직원은 기업 개황, 비즈니스 영작문, 업무 효율성 향상 등의 방면에서 다양한 기회를 얻을 수 있다. 직원 교육의 중점은 직원들의 잠재력을 발굴하는 데 맞춰져 있으며, 회사는 교육을 통해 특별한 인재들을 발탁해서 맞춤 교육방안을 제시한다. 이 교육방안은 해당 직원의 학력, 업무 경험, 직위 등을 종합적으로 고려하고 여러 차례 논증과 심사를 거쳐 완성된다. 듀폰의 직원 교육은 그 범위도 매우 넓어서 사원들을 위한 전화 영어에서부터 고위 관리직을 대상으로 한 위기관리 이론까지, 회사의 일상적인 업무와 경영관리에 관련한 다양한 분야를 모두 아우른다. 이뿐 아니라 직원들이 회사 외부에서 업무에 도움이 될 만한 교육을 받고자 할 때도, 역시 보고만 하면 최대한 직원 요구에 맞춰 합리적으로 지원한다.

이외에 듀폰은 직원들이 좀 더 적극적으로 교육에 참여하고, 전체 소질과 능력을 향상하게 하려고 특별 초빙강사제도를 운영한다. 외부에서 전문 교육기관의 강사, 대학교수, 기술 전문가 등을 초빙하거나 듀폰 내부의 베테랑 직원들이 교육하는 방식이다. 당연히 후자의 경우가 더 많은데, 그래야 교육 내용이 더 구체적이고 실정에 맞는 동시에 비용도 절감할 수 있기 때문이다.

듀폰에서는 업무 전문성이 뛰어나다면 직위나 나이와 관계없이 누구나 강사가 되어 직원들에게 관련 전문지식과 기술을 전수할 수 있다. 듀폰이 실시하는 개인별 맞춤 교육은 모두 직원들이 자기 능력을 최대한 발휘하게 하는 데 초점을 맞추고 있다.

일의 가치와 자유를 중요하게 생각하는 미국에서 인재 이동은 대부분 기업이 피할 수 없는 난제다. 듀폰은 개인별 맞춤 교육을 통해 많은 훌륭한 인재를 길러냈을 뿐 아니라, 그들이 회사에 강한 귀속감을 가지고 열정적으로 일하게 했다. 무엇보다 이를 통해 인재 유실을 피하는 데 성공했다. 이러한 결과는 듀폰이 인재 경쟁의 중요성을 알고, 매우 과학적인 인재 유실 방지법을 완비했다는 의미다.

하버드 경영대학원은 경영자들에게 현대의 기업 경쟁이 곧 인재 경쟁이라고 강조한다. 인재가 회사에 남아 있게 한다면 고귀한 자원을 지킨 것이나 다름없다. 하지만 인재 자원은 대부분 불안정한 요소들이 존재하기 마련이고, 인재 유실 문제는 기업의 성장과 발전에 영향을 미친다. 경영자라면 듀폰의 방식을 보고 배워 인재 유실을 최대한 막을 수 있다. 개인별 맞춤 교육방안을 확정하고 교육을 통해 직원의 충성도를 기르며, 직원과 기업이 함께 협조하며 성장, 발전해서 양측 모두 무한한 잠재력을 발휘할 수 있게 해야 한다. 그래야 직원들이 기업을 진심으로 받아들이고 그 경영방침과 계획에 수긍하며, 업무를 곧 자기 목표의 실현 방식으로 삼는다. 이런 기업이야말로 인재 유실을 피할 수 있다.

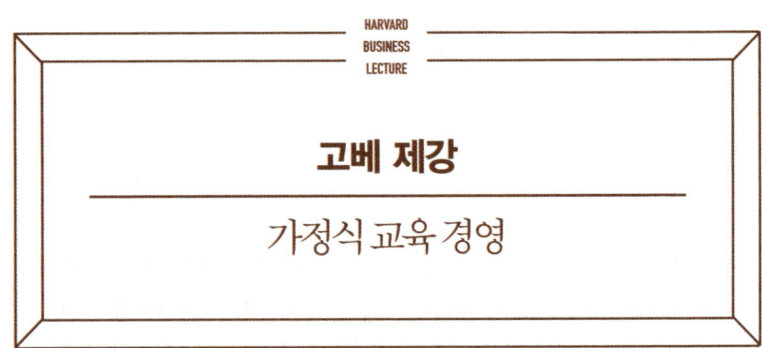

# 고베 제강
## 가정식 교육 경영

고베 제강 Kobelco은 일본의 3대 철강 업체로 '세계 500대 기업'에 이름을 올린 대기업이다. 1905년 9월에 철강 제조 및 단조 鍛造 회사로 설립했으며, 전신은 고베 철강 공장이다.

1960년에 해외로 진출했으며, 지금은 철강, 기계, 공사, 부동산 및 전자 정보 시스템 방면 등 과학기술 분야까지 업무가 확대되었다. 고베 제강은 철강 제조를 핵심으로 하는 종합 다국적 기업으로서 일본 본토 및 미국을 비롯해 아시아, 유럽 국가와 지역에 영향력이 큰 많은 자회사와 해외 사무소를 설립, 운영하고 있다.

고베 제강이 현재와 같이 승승장구할 수 있었던 이유로 탄탄한 자금 지원뿐 아니라, 선진화된 경영 시스템과 완벽한 직원 양성제도를 들 수 있다. 이 기업은 신입사원이 들어오면 '가정식 교육'을 실시한다.

그들은 신입연구원의 실력을 향상하기 위해 이른바 '형제 제도'를 도입했다. 형제 제도란 새로 들어온 '가족 구성원', 즉 신입사원이 고베 제강에서 5년 이상 일한 베테랑 직원들과 짝꿍을 맺고 형제가 되는 것이다. 이들은 하나의 가정(고베 제강)에서 생활하면서, 형(기존 직원)이 동생(신입 직원)을 위한 업무 교육을 책임진다. 동생은 공손한 자세로 배우면서 자기가 속한 이 커다란 '가정'의 발전에 공헌하기 위해 최선을 다한다.

형제 제도는 신구 직원 사이에 긴밀하게 엮인 유대감을 만든다. 비록 진짜 혈연관계는 아니지만, 아침저녁으로 함께 지내고 소통하면서 조직 생활을 하다 보면 신구 직원 사이에 정말 형제 같은 정이 생기기도 한다. 덕분에 줄곧 차가운 연구개발 분야가 이 제도 덕분에 인정이 넘치는 장소로 바뀔 수 있었다.

고베 제강은 이처럼 회사를 하나의 커다란 '가정'으로 만들어 높은 응집력, 전투력을 길렀고, 100여 년의 풍파를 견뎠으며 혁신을 멈추지 않고 있다. 더불어 오랫동안 멈추지 않고 경영관리 시스템을 개선하고, 전 세계 선진 기술과 경험을 적극적으로 받아들이며, 건설 기계 연구개발 기술을 축적한 덕분에 특유의 경쟁우위와 브랜드 우위를 확보할 수 있었다.

고베 제강의 '가정식 교육'은 '형제 제도'로 신입사원을 교육하는 방식이다. 이는 직원의 귀속감을 기르는 일이 기업의 성장과 발전에 매우 유리하며, 고베 제강이 일류 인재를 길러내고 장기적으로 발전한 원인 중 하나였음을 보여준다.

기업이 발전하는 과정에서 만나는 가장 큰 난제는 외부 환경이 아니라 내부 분위기인 경우가 많다. 만약 모든 직원이 회사라는 가정 안에서 자신이 맡은 역할을 인식한다면 더 적극적으로 업무를 처리하고 화목한 분위기 속에서 정보를 교류할 것이다. 귀속감이 생기면 자연스레 주인의식이 생겨난다. 그렇게만 되면 모든 직원은 업무를 곧 자기 가치를 실현하는 최종 목표로 삼을 것이다.

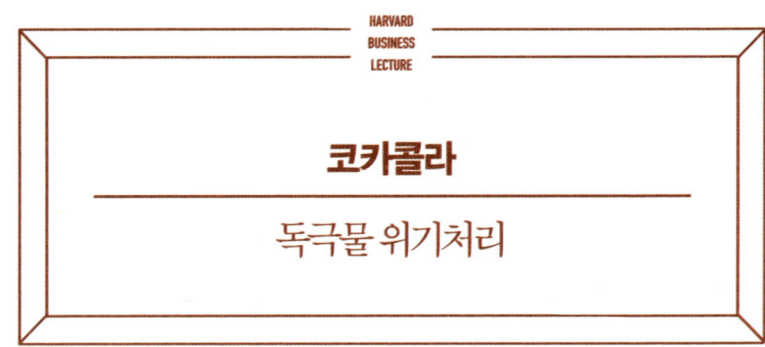

# 코카콜라

## 독극물 위기처리

알다시피 코카콜라는 세계 최대의 음료 제조기업이다. 세계 시장 점유율이 48%에 육박하며 세계 3대 음료수 중 누 가시가 코카콜라 제품이다. 그런데 만약 어떤 매체가 '코카콜라에서 독극물 성분이 나왔다'라고 보도한다면 어떻게 될까?

이것은 단순한 가정이 아니다. 실제로 코카콜라는 1999년에 똑같은 위기에 빠졌다. 1999년 6월, 언론들은 벨기에의 일부 학교에서 초등학생과 중학생이 마신 코카콜라에서 독극물이 검출되었다고 일제히 보도했다. 이 일이 아직 많이 알려지기도 전에 이번에는 프랑스에서 한 소비자가 코카콜라를 마시고 이상증세를 보여 치료 중이라는 보도가 나왔다. 이 두 차례 보도로 유럽 대륙에서 코카콜라를 마신 사람들이 모두 심리적 공황상태에 빠졌다. 소비자들의 항의와 분노가 거세지자 벨기에 정부와 프랑스 정부는 즉각 코카콜라 판매 금지를 선포했다. 하루아침에 코카콜라는 큰 비난을 받으며 113년 역사상 한 번도 겪어보지 못한 중대한 위기에 놓이게 되었다. 코카콜라의 주가 그래프는 직선을 그리며 하강했으며, 브랜드 이미지와 기업 명성이 크게 손상되었다.

코카콜라는 상황의 심각성을 인식하고 즉각 진상조사단을 파견해 원인 조사에 착수했다. 얼마 후, 벨기에 사건은 독극물이 콜라병에서 나왔으며, 이 병을 제조한 앤트워프 Antwerp 지역 공장의 문제였음이 밝혀졌다. 또 프랑스 사건은 덩케르크 Dunkerque 공장에서 살균제를 저장실에 있는 나무판에 뿌려서 발생한 것이었다. 사건의 진상을 확인한 후, 코카콜라는 전 세계 시장을 대상으로 이 엄청난 위기의 영향을 완전히 없앨 정도로 막강한 홍보 활동을 펼쳤다.

1999년 6월 17일, 코카콜라 CEO 더글러스 아이베스터 Douglas Ivester 는 직접 미국에서 벨기에 수도 브뤼셀로 날아가 기자 회견을 열었다. 이 자리에서 아이베스터는 앞에 놓인 전 세계 언론매체의 수많은 카메라 렌즈 앞에서 코카콜라 한 캔을 단숨에 마셨다. 제발 소비자들이 더 이상 코카콜라를 두려워하지 않기를 간절히 바라면서 말이다. 하지만 그 역시 이런 방법만으로 충분하지 않다는 걸 잘 알고 있었다. 이에 친필로 서명한 '소비자에게 드리는 편지'를 공개해 사고의 원인을 자세하게 설명했다. 또 벨기에에서 해당 분기에 출시한 코카콜라를 전량 회수하고, 독극물에 노출된 모든 소비자의 의료비를 전액 부담하겠다고 밝혔다. 마지막으로 벨기에의 모든 가정에 코카콜라를 한 병씩 증정하겠다고 덧붙이며 거듭 사과의 뜻을 표했다.

코카콜라는 적극적으로 사태를 해결하기 위해 전담 콜센터를 설치하고, 인터넷에는 벨기에 소비자들을 위한 홈페이지를 따로 만들어 각종 질문에 답변했다. 여기에는 사건이 영향을 미친 범위, 새로운 공장에서 만든 콜라와 오염된 콜라를 구분하는 법, 배상 방법 등 소비자들의 다양한 질문이 올라왔다. 적극적인 홍보 활동이 전개되면서 코카콜라의 이미지는 점차 회복되기 시작했다.

얼마 지나지 않아서 벨기에와 프랑스 정부가 차례로 판매 금지 처분을 취소하고, 코카콜라 계열의 상품을 재출시해도 좋다고 허락했다. 코카콜라 입장에서 매우 만족스러운 결과인 이 빅뉴스는 전 세계 언론을 통해 일제히 전파되었다. 얼마 후, 벨기에 국민은 코카콜라가 보낸 증정권을 받았는데 거기에는 "다시 만나게 된 것을 알릴 수 있어 무척 기쁩니다."라고 적혀 있었다. 아이들은 이 증정권을 들고 신이 나서 가게에 들어가 코카콜라로 바꿔 마셨다. 가게 안에는 사람들이 코카콜라를 한 상자씩 사서 돌아가는 모습을 쉽게 볼 수 있었다.

**사례 분석**

코카콜라는 위기가 발생하자 가장 먼저 진상 조사팀을 조직해서 매우 객관적으로 일을 처리했다. 동시에 고위 경영진들은 적극적으로 언론을 만나 소비자들의 공포와 분노를 누그러뜨리는 데 애를 썼다. 또 그들은 전담 콜센터를 설치해서 물밀 듯이 밀려오는 각종 질문에 소상히 대답함으로써 소비자의 알 권리를 실현했다. 이러한 조처들은 민심을 안정시키고 위기가 더 커다란 불길로 번지는 일을 막았다. 코카콜라는 이러한 위기처리 방식으로 절체절명의 위기 속에서도 매우 효과적으로 기업 이미지를 만회했다.

성공적인 위기관리는 다음의 몇 가지 조건을 만족해야 한다.

- 사전에 준비하고 위기 응급센터를 만든다.
- 언론 보도의 주도권을 확보한다.
- 적극적으로 책임을 부담한다.
- 효과적인 위기처리 시스템을 갖춘다.
- 공식정보 발표본부를 확정해서 허위 정보 확산으로 기업 이미지가 받는 타격을 최소화한다.

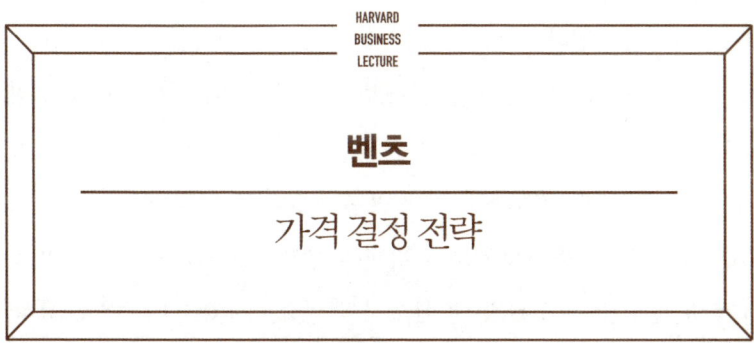

# 벤츠
## 가격 결정 전략

1980년대 후반, 미국 자동차 업계는 일종의 과열 경쟁 상태에 들어갔다. 이런 상황에서 경기까지 나빠지면서 대형 자동차 기업들은 재난에 가까운 타격을 입었다. 벤츠 Benz도 예외가 아니어서 1993년 한 해에만 적자가 자그마치 8억 달러에 달했다.

시장 조사 후, 벤츠는 회사의 성장 발전 추세가 말로에 접어들었음을 알게 되었다. 당시 주력 차종은 E클래스와 C클래스인데, 모두 이미 출시한 지 8~10년은 지난 구형이었다. 이제는 판로도 나날이 좁아져서 생산량이 50만 대도 넘지 못했다. 세계적인 자동차 기업으로서 이 정도 성적은 청천벽력과 다름없었다.

이런 상황에서 취임한 회장 헬무트 베르너 Helmut Werner는 상황을 호전시켜야 한다는 중압감이 컸다. 그는 우선 전통적인 '엔지니어 주도의 가격 결정' 구조를 폐지했다. 그동안 벤츠는 엔지니어들이 거의 모든 것을 주도했다. 그들은 좋은 차를 만들기 위해서라면 비용이 얼마나 들어가는지 크게 신경 쓰지 않았고, 그렇게 들어간 놀랄 만한 비용에 일정한 이윤을 더해서 판매가가 결정되었다. 당시 상황에서 이런 방식을 계속 고집한다면 자기 손으로 무덤을 파고 들어가 앉는 꼴이나 마찬가지였다.

또 베르너는 전체적인 구조도 천천히 바꾸었다. 1990년에 ITI International Technology Institute 의 자동차 개발 프로젝트팀과 다국적 컨설팅 전문 회사 매킨지 McKinsey가 발표한 보고자료에 따르면 벤츠는 도요타 같은 일본 자동차 기업과 비교해 생산율이 35%나 낮았다. 매우 놀라운 결과였다. 1989년에 선보인 렉서스 LS400을 내놓은 도요타, BMW 같은 경쟁업체들은 모두 이미 회생한 상황이었다.

도요타와 BMW의 압박이 벤츠의 코앞까지 닥친 상황에서 베르너는 전통적인 제조 프로세스를 바꾸기로 했다. 그렇지 않으면 두 눈을 멀쩡히 뜬 채로 그나마 있는 시장을 다 빼앗길 판이었다. 베르너는 우선 엔지니어들에게 제조 프로세스를 최대한 간소화해달라고 요구했다. 그의 전략적 판단은 탁월해서 이어진 2년 동안 벤츠의 생산율은 30%나 뛰어올랐다. 이때 벤츠는 공급상에게 조립 부품을 구매하는 데서만 23억 달러를 절약했다.

베르너는 현 상황에서 벤츠가 최대 수익을 올리려면 차종 개선이 관건이라고 여기고, 주요 차종에 전면적인 디자인 개선과 제조원가 대폭 삭감을 요구했다. 예컨대 C클래스 한 대를 조립하는 시간을 35시간으로 단축해서 10시간을 절약했다. 분할 조립 시간 역시 각각 단축해서, 여기에서도 시간과 비용을 크게 절약했다. 계기판, 차 문 내측 부품 같은 무선 전자장치는 수시로 공급받도록 했다. 덕분에 이전에는 하나씩 설치했던 것을 지금은 생산라인을 한 번 통과하면 완벽하게 설치할 수 있었다.

이렇게 해서 탄생한 신형 C클래스는 판매가가 4만 9,900달러에 불과했다. 이는 동급 차종인 렉서스 ES300보다도 700달러나 싼 가격이었다. 5년 전만 해도 벤츠 C190의 판매가가 렉서스 첫 출시 모델인 ES250 판매가보다 9,800달러 비쌌던 걸 생각하면 놀라운 일이다. 이처럼 엄청난 변화는 벤츠에게 거대한 수익을 안겨주었다.

이외에 베르너는 나날이 늘어나는 자금 예산을 조절하기 위해 각 부서장에게 생산 비용을 줄이는 동시에 각자 쓰는 자금의 수익률에 책임을 지게 했다. 이때 회사 내부에 만연하던 예산을 많이 쓸수록 좋다는 행위 방식이 완전히 바뀌었다. 소형버스 사업부 책임자는 벤츠가 수년간 꾸준히 다양한 노력으로 이 부문의 예산을 줄였으며 베르너의 과감한 정리 작업은 큰 효과를 보았다고 말했다.

자동차 사업부는 1993년에 고정자산 비용투입을 절반 이상 줄였고, 1995년에는 신상품 출시에 많은 돈이 들어갔음에도 총 소비비용이 12억 달러를 넘지 않았다.

다양한 시도와 갖은 노력 끝에 베르너는 마침내 비용을 예산 내로 절감하는 법을 찾아냈다. 베르너 이전에는 절대 불가능한 일이었다. 또 베르너는 벤츠가 대형 럭셔리 등급인 S클래스에만 너무 의존하는 경영 전략을 개선했다. 물론 S클래스로 벌어들이는 수익이 크지만, 분명히 한계가 있었기 때문이다.

당시 시장을 전체적으로 볼 때, 럭셔리 자동차에 대한 수요는 증가세가 매우 완만했다. 성숙한 시장 Mature Market[18]에서는 구매자의 나이가 대부분 50세 이상이기 때문이다. 만약 벤츠가 계속 럭셔리 등급

---

[18] 조금 비싸더라도 더 잘 만들고 더 가치 있는 소비가 가능한 시장

에만 집중한다면 GM의 캐딜락처럼 '부모님이 모는 차'라는 치명적인 이미지를 얻을 게 뻔했다.

이에 베르너는 도요타, BMW와 경쟁하려면 반드시 소비자 포지셔닝이 필요하다고 여기고 40세 전후의 부유한 소비자를 겨냥해 SLK 클래스를 내놓았다. 현재 벤츠 SLK클래스는 소비자들이 가장 원하는 자동차로 신형 SLK의 판매가는 4만 달러 정도다. 이런 컨버터블 차는 접을 수 있는 자재로 지붕을 만들어 원할 때 후미의 트렁크 안으로 넣을 수 있다. 벤츠는 새로운 발전계획에 따라 목표 고객에 딱 맞는 여러 차종을 연이어 개발해냈다. 그중 가장 비싼 E클래스는 단번에 '아름다운 컨버터블'이라는 수식어를 얻었다.

베르너의 신형 상품개발, 가격 결정 전략은 절묘했다. 벤츠는 1996년 상반기에만 31만 5,000대를 팔아치우며 자동차 판매역사상 최고액을 기록했는데 이는 1995년 같은 분기보다 7.2% 증가한 액수였다. 수입도 1995년 같은 분기보다 5.3% 증가해 150억에 달했다.

**사례 분석**

원래 벤츠는 엔지니어들이 가격을 결정하는 구조였다. 시간이 곧 돈인 자동차 기업에서 이런 방식은 비용을 크게 낭비했다. 엔지니어 가격 결정방식은 시간과 에너지를 대량으로 소비할 뿐 아니라 비용 문제를 전혀 고려하지 않았다. 베르너는 이 문제의 심각성을 인식하고 시장 목표로 가격을 결정하는 방식을 도입했다. 매우 전략적이고 과학적으로, 가격 결정에 영향을 미치는 주요 요소, 예컨대 수요, 경쟁, 시장 환경 등을 토대로 가격을 결정하는 방식이었다. 그는 시장수요와 자동차 발전 추세에 근거한 가격 결정방식으로 어려움에 빠진 회사를 구해냈다. 베르너는 단 몇 년 사이에 1993년에 발생했던 거액의 손실을 메우고, 벤츠에 청춘의 옷을 입혀 경쟁에서 승리를 거두었다.

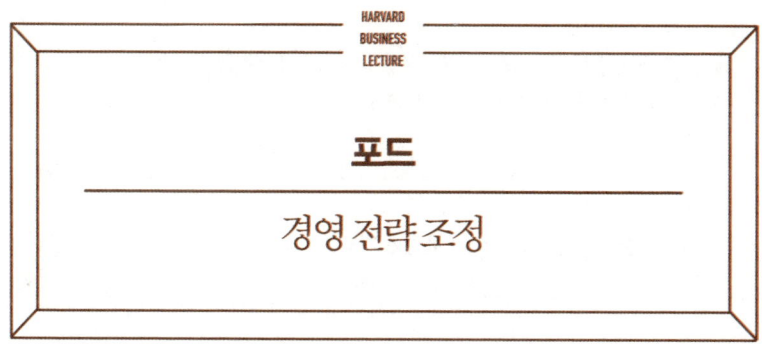

# 포드
## 경영 전략 조정

　세계 최대 자동차 기업인 포드가 지금처럼 거대한 성공을 거둘 수 있었던 까닭은 안주하지 않고 적극적으로 도전하며, 끊임없이 기술을 혁신했기 때문이다. 그들은 이미 훌륭했지만 더 완벽을 추구했고, 세상의 모든 사람이 포드를 운전하며 커다란 즐거움을 얻기 바랐다. 바로 이러한 경영 이념이 있었기에 포드는 치열한 경쟁과 험난한 도전을 모두 이겨내고 지금의 모습이 되었다.

　포드는 1980년대 초부터 한 단계 더 도약하기 위한 프로젝트들을 차례로 시도했다. 당시는 금리가 높아지고, 전 세계적으로 시장이 불안하며 경쟁이 날로 치열해지는 어려운 상황이었다. 여기에서 살아남기 위해 포드는 경영 전략을 조정하기로 하고, 대부분 사람이 불가능하다고 여기는 일들을 하나씩 착착 해냈다.

　우선 그들은 새로운 기술, 새로운 방법, 새로운 모델을 갖추는 데 수십억 달러를 투자했다. 이와 관련해서 1980년 이후 포드가 이룬 성취는 다음의 몇 가지로 요약할 수 있다.

- ◆ 미국 내 자동차 생산업체 중 최고 품질의 자동차와 트럭을 생산했다.
- ◆ 직원 참여와 교육 면에서 크게 발전했다.
- ◆ 새로운 자동차 생산라인 30개를 개발했다.
- ◆ 한 세대 앞선 기술로 자동차 전자설비, 로봇, 휴먼엔지니어링, 공기역학 등에서 세계 최고 수준에 올랐다.
- ◆ 새로 내놓은 자동차와 트럭이 훌륭한 디자인과 완벽한 장치로 큰 찬사를 받았다.

시장 추세를 살피며 꾸준히 경영 전략을 조정한 회장 도날드 페터슨 Donald Petersen과 부회장 해롤드 폴링 Harold Poling은 연간보고서에 다음과 같이 전략적 성과를 서술했다.

포드 그룹의 3대 주요 사업은 자동차, 비자동차 상품, 금융서비스로, 모두 해당 업계에서 실력이 뛰어나고 높은 성장세를 보인다.

먼저 자동차 사업의 경우, 포드는 1987년부터 1988년까지 시장 점유율이 1.5%가량 늘어나 1988년에 10년간 최고치인 21.7%를 달성했다. 미국 트럭 역사상 가장 많은 판매고를 올렸으며 시장 점유율도 꾸준히 29%를 유지했다. 1987년에는 미국에서 얻는 이윤이 약간 하락했는데, 불합리한 상품 구조와 비교적 높은 생산 및 판매 비용이 주요 원인이었다.

포드의 소형 자동차와 트럭은 캐나다에서 최다 판매 기록을 경신했다. 특히 소형 자동차 시장 점유율이 1.6%p 올랐는데 이는 업계에서 가장 큰 증가폭이었다.

유럽에서 4대 자동차 판매업체로 손꼽히는 포드는 시장 점유율이 11.5%에 달했으며 시장경쟁력도 강했다. 소형 자동차의 판매량은 1987년과 같은 수준을 유지했고, 트럭 판매량은 신기록을 세웠다. 트력의 시장 점유율은 11.1%로 유럽 시장에서 3위에 해당했다.

라틴 아메리카는 아르헨티나와 베네수엘라에서 포드의 트럭 판매량이 단연 1위였다. 또 아시아태평양의 호주와 뉴질랜드에서도 자동차 시장 선두 자리를 고수했다. 나날이 발전하는 대만 시장에서는 생산업체 포드 리오호 Ford Lio Ho가 소형 자동차 판매에서 처음 1위에 올랐다.

북미에서 생산하는 자동차와 트럭의 수출량은 4만 1,000대까지 늘어났는데, 1987년보다 87% 상승한 결과였다. 마지막으로 포드는 중동에서도 역시 빠른 성장세를 보였다.

다음으로 비자동차 상품 사업은 판매액이 1987년보다 14억 달러나 증가해서 133억 달러를 기록했다. 이로써 1977년 이후, 포드 내 모든 비자동차 사업 부문에서 처음으로 흑자를 달성했다.

1988년 12월, 포드는 전자상품을 생산하는 필코 브라질 Philco Brazil의 자회사 세 개를 브라질 기업에 팔았다. 이후 남은 사업체는 자동차 음향기기와 에어컨 설비를 생산했다.

자동차 전자설비의 중요성이 커지자 포드는 1988년 가을에 회사 두 개를 새롭게 설립했다. 바로 포드 항공과 포드 금융서비스 그룹이다.

포드 항공은 BDM 인터내셔널을 합병해 국방 안전, 통신, 에너지, 물자 조달, 공간 공예 분야에서 전문화된 기술 서비스를 제공했다.

포드 금융서비스 그룹은 내부 발전과 합병을 통해 끊임없이 확장했다. 현재 여러 자회사를 운영 중이며 전미 리스캐피탈업체 제2위로 자산은 약 350억 달러다.

지금은 낮은 순이자와 높은 신용대출 손실로 금융서비스 그룹의 수익이 다소 줄어들었으나 포드 모토 크레딧 Ford Motor Credit, 퍼스트 내 이션와이드 First Nationwide 등 자회사들은 포드 그룹 전체의 총수익에 중요한 한몫을 담당한다.

포드가 1980년대에 선택한 전략 조정은 매우 성공적이었다. 경쟁이 치열해지고 시장이 과열될수록 기업들은 적시에 경영 전략 조정을 단행할 필요가 있다. 다원화 발전 경로를 개척하고, 사고방식을 전환해 여러 각도에서 기업의 우위와 열위를 확인한다. 끊임없는 개선과 조정을 진행해서 세계화 발전 추세에 발맞추어야 한다. 이러한 목표를 달성하기 위해 경영자는 다음의 몇 가지를 고려해야 한다.

- 고품질의 상품과 서비스를 제공함으로써 고객의 수요를 만족하고 고가치 상품을 만든다.
- 사람을 본(本)으로 하는 기업 문화를 만들고, 협력과 소통, 상호존중을 바탕으로 업무 범위를 확정한다.
- 전 세계 투자 활동 시, 가장 효과적인 비용 운영 및 경영 방안을 제정, 실시한다.
- 판매상, 공급상과의 파트너십을 강화한다. 고객 만족, 개인과 기업의 성공을 실현하기 위한 장기 전략적 합작 파트너십을 구축한다.